Josef Lewkowicz, Michael Calvin

»Mein Überleben musste einen Sinn haben«

JOSEF LEWKOWICZ, MICHAEL CALVIN

»Mein Überleben musste einen Sinn haben«

Der Holocaust-Überlebende, der zum Nazijäger wurde – Von der Macht des Glaubens und der menschlichen Stärke

Aus dem Englischen von Dr. Ulrike Strerath-Bolz

HEYNE

Die Originalausgabe erschien 2023 unter dem Titel
The Survivor: How I survived six concentration camps and became a Nazi Hunter bei HarperCollins Publishers.

MIX
Papier | Fördert gute Waldnutzung
FSC® C014496

Penguin Random House Verlagsgruppe FSC® N001967

Deutsche Erstausgabe 2023

Redaktion: Jan W. Haas, Berlin
Umschlaggestaltung: Nele Schütz Design
unter Verwendung eines Fotos von: Blake Ezra Photography
Satz: Uhl + Massopust, Aalen
Druck und Bindung: GGP Media GmbH, Pößneck
Printed in Germany
ISBN: 978-3-453-21848-2

www.heyne.de

PROLOG
GEISTER

Aber… wenn ich schon redete, so würde mich mein Schmerz nicht verschonen; hörte ich auf zu reden, so bliebe er dennoch bei mir (Hiob 16,6).

Ich bin kein Held. Ich fürchte, dass ich gleich zusammenbrechen werde. Ich seufze tief und sacke nach vorn, als hätte man mir einen Schlag in die Magengrube versetzt. Ich weine, obwohl ich dachte, ich hätte keine Tränen mehr. Mir bricht das Herz. Fast 80 Jahre habe ich gebraucht, bis ich den Mut aufbrachte, an diesen verfluchten Ort zurückzukehren, wo ein Feld von zerbrochenen Felsblöcken und kleinen Steinen – schwarz, grau und vom Tode befleckt – als Grabmal dient.

Eichen säumen den Abhang. Sie wurden verschont, als man die Tannen, die die Nazis pflanzten, um den Massenmord zu tarnen, aus Abscheu fällte. Ein eiskalter Wind weht von Osten her, während sanfter Regen fällt. Das Gelände, nicht größer als drei Fußballfelder, enthält menschliche Asche und pulverisierte Knochen, vermischt mit Sand. Sechshunderttausend Juden fanden hier von März bis Dezember 1942 den Tod.

Das Vernichtungslager Belzec.

Schon der Name erschreckte mich als Erwachsenen, so wie Hitlers Name mich als Kind in Angst versetzte. Meine Mutter

Sheindel und meine drei jüngeren Brüder Meir Wolf, Hershl Zvi und Dovid Leib wurden durch die willkürliche Bewegung eines SS-Offiziers mit seiner Reitpeitsche dorthin geschickt. So wie etwa 15 000 weitere Menschen aus unserem *Schtetl*, unserem Heimatort Działoszyce im Südosten Polens, die dorthin deportiert wurden, kamen sie nicht zurück.

Ich habe mir geschworen, dass ich diesen Ort niemals besuchen würde, doch ihre Seelen haben mich gerufen. Sie gehören zu den Millionen, die keinen Friedhof, keinen Grabstein, keine Aufzeichnungen über ihre Existenz besitzen, nur die persönliche Erinnerung der Hinterbliebenen. Sie träumten und liebten, hatten ein Leben, das zu leben man ihnen verwehrte. Sie erzählen uns, was unserem Volk, unserer Nation widerfahren ist. Sie starben wegen eines einzigen Verbrechens: weil sie als Juden geboren waren. Können wir verstehen, wie so etwas in unserer Welt geschehen kann?

Wir müssen es.

An diesem trüben Tag im Spätwinter, als der Regen den letzten Schnee zum Schmelzen brachte, bezog ich meine Kraft aus einer heiligen Pflicht. Die Kinder der Verstorbenen haben die Verpflichtung, das Kaddish zu sprechen, das Totengebet, das zu den Eckpfeilern des Judentums gehört. Es ist ein Akt der Hoffnung, der es den Trauernden ermöglicht, Gott zu loben, ihre Trauer auszudrücken und ihren Glauben zu stärken, dass sie ihre Lieben eines Tages wiedersehen werden.

Ich zündete Kerzen an zum Gedenken an eine schöne, freundliche Frau und drei liebenswerte Jungen, und ich barg die Kerzen in meiner Hand, um die Flammen zu beschützen, bevor ich sie in Gläser stellte. Ich erwies meiner erweiterten Familie die Ehre, 150 Menschen, die im Holocaust vernichtet wurden. Als einziger Überlebender war es meine Pflicht, Zeugnis abzulegen, meine Stimme denen zu leihen, die nicht mehr sprechen können, denen, die niemand mehr nennt oder kennt.

Ich spürte ihren Geist, ihre *neshama*. Ich schloss meine Augen fest, senkte den Kopf und sprach: »Gottes großer Name sei gepriesen in Ewigkeit und Ewigkeit der Ewigkeiten. Gepriesen und gerühmt, verherrlicht, erhoben, erhöht und gefeiert, hocherhoben und gepriesen sei der Name des Heiligen, gelobt sei Er, hoch über jedem Lob und Gesang, jeder Verherrlichung und Trostverheißung, die je in der Welt gesprochen wurde, sprecht: Amen!«

Ich bin 96 Jahre alt und bereit, meinem Gott jederzeit gegenüberzutreten, wann immer Er mich ruft. Ich dachte, all die Dinge, die ich durchgemacht habe, hätten mich hart gemacht. Ich habe schreckliche Dinge gesehen: ritualisierte Erhängungen, willkürliche Erschießungen, unaussprechliche Grausamkeit und die Verderbtheit des Kannibalismus. In sechs Lagern habe ich Hunger, Schläge und Folter ertragen und habe obsiegt, damit ich ein Ungeheuer der Gerechtigkeit überantworten konnte: Amon Göth, den Schlächter von Płaszów (dt. Plaszow).

Er verfolgt mich in einem wiederkehrenden Albtraum, schreit, dass er mich töten wird, weil ich in sein Zimmer stolperte, als er gerade beim Essen saß. Ich verstecke mich im Schatten unter einer Brücke oder kauere unter einer Baracke, um mich zu retten. Manchmal materialisiert sich Göth, den man heutzutage vor allem als den sadistischen Lagerkommandanten in dem Film *Schindlers Liste* kennt, als eines von vielen verzerrten Nazi-Gesichtern, die sich auf mich stürzen wie Raubvögel. An manchen Morgen erwache ich keuchend und schweißgebadet, nachdem ich im Traum mit einem SS-Mann im langen Mantel und mit Helm auf dem Kopf gerungen habe. Er versucht mich zu erschießen, ich versuche, ihm die Waffe zu entreißen.

Ich bin auf Gewalt konditioniert, sei es in der Realität oder in meiner Fantasie. Ich habe in ständiger Furcht gelebt, habe mich an Gefahr und Erniedrigung gewöhnt. Ich bin ein stolzer Jude, der nach dem Krieg geholfen hat, jüdische Waisenkinder zu retten. Doch in Belzec bin ich zusammengebrochen, als ich die Namen derer aussprach, die ich in meinem Lieblingstraum sehe. In diesem Traum sitze ich mit meiner Familie am Esstisch, und wir reden und singen.

Mein Vater Symcha hat den Vorsitz am Tisch, Großeltern, Tanten und Onkel sind bei uns. Ich kenne ihre Namen, auch wenn ich mich nicht mehr an alle ihre Geschichten erinnere. Ich habe meine Brüder auf meinem geliebten Dreirad fahren lassen. Ich sehe, wie unsere Mutter mit dampfenden Platten voller Essen hereinkommt, mit Hühnersuppe, *gefilte fish* und Käsepasteten. Ich falle in erwartungsvolles Schweigen. Wir dürfen uns selbst nehmen, und das Essen ist köstlich. Ich hätte gern mehr, obwohl ich normalerweise ein schlechter Esser bin, aber ich halte mich zurück.

Als ich mich umschaue, erkenne ich, dass keiner der Menschen am Tisch ein Gesicht hat. Es sind nur Silhouetten, Geister bei einem Festmahl.

Für mich ist das ein glücklicher Traum, doch vielleicht liegt darin der Grund, warum ich auf dem Weg zu dem Ort, an dem sie hingerichtet wurden, so verstört war. Ich erinnere mich an die Wärme und Eleganz meiner Mutter, kann mich aber bis heute nicht an ihre Gesichtszüge erinnern. Und obwohl ich die Aufzeichnungen in Yad Vashem, der Internationalen Holocaust Gedenkstätte in Jerusalem, durchforscht habe, weiß ich bis heute nicht genau, wie sie und meine Brüder starben.

Es gibt dort Listen von deportierten Dorfbewohnern und liquidierten Städten, doch der größte Teil der Dokumentation wurde absichtlich von den Nazis zerstört. Die Aufzeichnungen der Eisenbahn aus dieser Zeit sind notorisch unzuverlässig. Nur zwei Häftlinge haben überlebt. Der eine, Chaim Hirszman, wurde von antikommunistischen Widerstandskämpfern im März 1946 ermordet, bevor er aus erster Hand Zeugnis ablegen konnte.

Der andere, Rudolf Reder, entkam, weil er Deutsch sprechen

konnte. Er tarnte sich als Mechaniker und flüchtete im Schutze der Dunkelheit im November 1942. Seinen Namen änderte er in Roman Robak und verbrachte ab 1950 drei Jahre in Israel. 1977 starb er in Toronto, 96 Jahre alt. Er schrieb von erstickenden Frauen und Kindern, deren Schreie »zu einem langen, entsetzlichen Schrei wurden«.

Wir wissen, dass die zum Tode Verurteilten in Viehwaggons gezwängt wurden. Es heißt, aus einigen der Waggons sei Musik gedrungen, um die Deportierten in der Hoffnung zu wiegen, sie würden in ein Transitlager gebracht. Andere wurden gleich bei der Ankunft an den Auspuff von Dieselmotoren angekoppelt, sodass man die Opfer ohne großen Aufwand vergasen konnte. Historiker betrachten Belzec als Musterbeispiel für die Endlösung. Das Lager wurde von nur 23 SS-Leuten betrieben, unterstützt von bösartigen ukrainischen Wachen.

Das Gelände misst 270 Meter im Quadrat. Ein überwuchertes Nebengleis der Eisenbahn führt 500 Meter weit vom Hauptbahnhof ins Lager, das in zwei Bereiche geteilt war. Der eine Bereich diente zur Aufbewahrung der Kleidung, die die Opfer mitbrachten, und von Wertgegenständen wie Diamanten, US-Dollar und Gold, nicht zuletzt Zahngold, das man den Leichen aus dem Mund brach. Der andere Bereich, versteckt hinter Tannenzweigen, die in den Stacheldraht geflochten waren, umfasste die Gaskammern und Massengräber.

Die beiden Bereiche waren durch einen engen, abgezäunten Weg verbunden, den sogenannten »Schlauch«. Die Opfer aus 20 Güterwaggons wurden beim Aussteigen über Lautsprecher aufgefordert, sich auszuziehen, und mussten dann durch diesen Weg laufen, begleitet vom Gebrüll der Wachen, die sie mit Gewehrkolben und Bajonetten antrieben. Das Ziel bestand darin, ihnen keine Zeit zum Nachdenken zu geben. Sie sollten gar nicht begreifen, wo sie sich befanden und was ihnen bevorstand.

Bei ihrer Ankunft hatte man ihnen gesagt, sie würden zum Duschen gebracht, das sei Teil der Aufnahmeprozedur. Man riet ihnen, ihre Schuhe mit den Schnürsenkeln zusammenzubinden, damit nichts verloren ging. Und man forderte sie auf, ihre Kleidung ordentlich zusammenzulegen, damit sie sie leicht wiederfanden. Was für eine groteske, mörderische Lüge!

Der Schlauch führte direkt in die Gaskammern. Sobald die Türen verschlossen waren, hinter denen 200 Menschen eingesperrt waren, starteten Hilfspolizisten einen großen Dieselmotor, der Kohlenmonoxid in das aus Ziegeln errichtete Gebäude pumpte. Nach 30 Minuten waren alle Menschen tot. Von ihrer Ankunft bis zum Tod war kaum mehr als eine Stunde vergangen.

Sonderkommandos – Gruppen von jüdischen Häftlingen, die ausgewählt worden waren, eine Zeit lang als Zwangsarbeiter am Leben zu bleiben – zogen die Leichen aus der Gaskammer und zerrten sie mithilfe von Ledergurten zu den Massengräbern. Dort wurden die Toten schnell mit einer dünnen Erdschicht bedeckt. Und die ganze Zeit spielte ein Orchester.

In den ersten drei Monaten, die Belzec in Betrieb war, wurden dort etwa 80 000 Juden ermordet. Als meine Familienmitglieder im September ankamen, gab es bereits sechs Gaskammern, doppelt so viele wie zu Beginn. Es war ein Fließband des Todes für die Menschen, von denen Heinrich Himmler, der Erfinder dieses Völkermords, erklärt hatte, sie müssten vom Angesicht der Erde verschwinden.

Ab Oktober wurden die Leichen exhumiert, auf große Scheiterhaufen aus Eisenbahnschwellen gestapelt, mit Benzin übergossen und verbrannt. Die Knochen wurden eingesammelt, zerstoßen und in Gräben geworfen, die einst als Panzersperren gedient hatten. Die Gruppen von Zwangsarbeitern wurden in regelmäßigen Abständen ermordet; die letzten 300 wurden Ende Juni 1943 im Vernichtungslager Sobibor vergast, nachdem man ihnen vorgegaukelt hatte, man würde sie nach Deutschland evakuieren.

Vom Lager Belzec sind keine Gebäude erhalten, doch die bedrohliche Atmosphäre ist unverkennbar. Auch mehrere Generationen danach begreift man immer noch nicht wirklich, was hier geschehen ist. Ich bin eine symbolische Straße des Todes entlanggegangen, einen unterirdischen Gang, der die Hoffnungslosigkeit des letzten panischen Stolperns durch den Schlauch symbolisieren soll. Die hohen, rauen Wände umschlossen mich, und es fühlte sich an, als sei ich ganz allein im Tal des Todes.

Es war ein mächtiges, ein sehr mächtiges Erlebnis.

Ich kann die wunderbaren Menschen nicht vergessen, die einst um mich waren. Meine Cousins und Cousinen, so viele! Die kleine Bluma Kroner, ein rothaariges Mädchen. Als Junge war ich sehr verliebt in sie. Sie war so nett, so weiblich. Ich sehnte mich danach, dass sie uns besuchen kam. Ich wusste nicht, was für einen Beruf ihr Vater hatte, aber er war reich, er war der erste Mann im *Schtetl*, der ein Auto mit offenem Verdeck fuhr. Als er uns mitfahren ließ, fühlte ich mich wie ein antiker Kaiser.

Nachdem die Nazis uns zusammengetrieben hatten, sah ich sie nie wieder. Wenn ich meine Augen schließe, kann ich sie mir immer noch vorstellen, aber es tut so weh. Ich denke nicht gern über den Verlust nach, aber der Gedanke überfällt mich, vor allem wenn ich allein bin. Er zieht mich in die Vergangenheit und fragt mich, was wir hätten tun können. Wir hätten weglaufen sollen, aber warum? Wir lebten seit tausend Jahren dort, wir waren dort verwurzelt.

Wir führten ein glückliches Leben, umgeben von Freunden, Verwandten, Eltern, Großeltern und Urgroßeltern. Alle besuchten sich gegenseitig. Manchmal brachten sie Süßigkeiten mit; eine Tante schenkte uns selbst gemachtes Sauerkraut. Was ist aus ihnen geworden? Ich hätte so viel von ihnen lernen können und habe alles verpasst. Sie haben nicht lange genug gelebt, dass ich sie gut hätte kennenlernen können.

Sie haben nicht lange genug gelebt, dass ich mich selbst hätte kennenlernen können.

Manchmal, wenn ich zum Arzt gehe, werde ich nach Krankheiten in der Familie gefragt. Diabetes, Bluthochdruck … Ich kann darauf keine Antwort geben, weil ich so etwas nie erfahren habe. Ich erinnere mich nicht einmal an die Stimme meiner Mutter oder ihren Geruch. Mir bleibt nur das vage Schuldgefühl, weil ich sie beleidigt haben könnte, indem ich meine Pausenbrote an ärmere Klassenkameraden weitergab.

Wie schon gesagt, ich bin kein Held. Eine Narbe auf der Innenseite meines linken Arms, wo ich mir meine Häftlingsnummer aus Auschwitz chirurgisch entfernen ließ, beweist es. 85314. Heute bereue ich das, aber damals, als ich mir nach dem Krieg ein neues Leben in Südamerika aufbauen wollte, wo die Menschen nur wenig über den Holocaust wussten, war mir die Nummer peinlich. Ständig wurde ich danach gefragt, fast als hielte man mich für einen Verbrecher.

Heute werde ich manchmal nach der Mentalität der Überlebenden gefragt, aber das kann man nicht so einfach oder glatt beantworten. Nur diejenigen von uns, die durch die Lager gegangen sind und so lange verschont blieben, dass sie irgendwann wieder die saubere, frische Luft der Freiheit atmen konnten, verstehen die Erfahrung wirklich. Viele Bücher sind darüber geschrieben worden, doch es ist immer noch schwer zu erklären.

Wie kann ich von Ihnen erwarten, dass Sie Geschichten verstehen wie die von den russischen Häftlingen, die am Feuer den Rumpf eines jungen Mannes in den Zwanzigern brieten, der gerade gestorben war? Ich habe sie gesehen, nur wenige Tage vor der Befreiung meines letzten Lagers, Ebensee im Norden Österreichs. Ich ertrug den Anblick nicht und schaute weg. Er überstieg alles menschliche Vorstellungsvermögen.

Ich habe versucht, meine Kinder Tuvia, Sheila und Ziggy vor derartigen Schrecken zu bewahren, doch als sie ihre eigenen Familien gründeten, drängten sie mich, meine Erfahrungen aufzuschreiben. Und ich gehorchte den Worten aus Joel 1,3: »Sagt euren Kindern davon, und lasst's eure Kinder ihren Kindern sagen und diese wiederum ihren Nachkommen.« Ich hatte versucht, die Vergangenheit hinter mir zu lassen, doch die Vergangenheit wollte mich nicht loslassen.

Heute weiß ich, dass ich in den ersten Jahren nach der Befreiung unter Schock stand, doch ich erinnere mich lebhaft an General Dwight D. Eisenhower, den Befehlshaber der Alliierten, der Kongressabgeordnete, Journalisten und Fotografen zum Besuch der Lager aufforderte, damit sie die »überwältigenden Beweise für Bestialität und Grausamkeit« mit der Welt teilen konnten.

Er kannte die schreckliche Wahrheit, er hatte die Leichenberge gesehen, die im KZ Ohrdruf in Deutschland lagen. Und er ahnte bereits, dass der Tag kommen würde, an dem der Holocaust geleugnet würde. So lud er nicht nur Politiker und Medienvertreter ein, sondern befahl auch den Menschen vor Ort und den US-Soldaten, die gerade frei hatten, die Schrecken selbst anzusehen.

Gerade weil die Vernichtung so gut dokumentiert ist, begeht derjenige, der den Holocaust leugnet, ein Verbrechen gegen die Menschheit. Ich habe nie jemanden getroffen, der das tat, aber wenn, dann würde ich ihm eine quälende Frage stellen: »Wo ist dann aber meine Familie? Wo sind meine Eltern, meine Brüder, meine Verwandten?« In diesem Sinne habe ich beschlossen, dieses Buch zu schreiben. Ich hoffe, das klingt nicht anmaßend, aber ich tue es für künftige Generationen. Wir müssen uns der Wahrheit stellen.

Meine Erinnerungen sind nach wie vor schmerzhaft, aber in den letzten etwa zehn Jahren sind die Stimmen meiner Generation leiser geworden, und die Haltung gegenüber den Überlebenden verändert sich. Immer mehr Menschen sind bereit, uns zuzuhören, wenn wir von der Heiligkeit des Lebens, von spiritueller Nahrung und Identität sprechen. Ich habe mir die Weisheit von Rabbi Israel ben Eliezer zu Herzen genommen, dem Gründer des chassidischen Judentums im 18. Jahrhundert: »Das Vergessenwollen verlängert das Exil, das Geheimnis der Erlösung heißt Erinnerung.«

Das ist eine schöne Vorstellung, die auch erklärt, warum ich in Belzec nicht wirklich allein war, als ich mich in mich selbst zurückzog. Ich wurde von einer Gruppe jüdischer Schülerinnen und Schüler begleitet, die ich genau beobachtete, während ich von meinen Gefühlen und Erfahrungen sprach. Einige wischten sich verlegen stille Tränen aus den Augen. Besonders beeindruckte mich ein Junge, der dort saß und gedankenverloren ins Leere starrte, während er seine Stirn mit den Fingerknöcheln knetete.

Es steht zu hoffen, dass die jungen Menschen die Fackel weitertragen werden. Trotz aller Komplikationen, die durch die Pandemie hervorgerufen wurden, habe ich mithilfe von Organisationen wie JRoots etwa ein Dutzend solche Unterrichtsbesuche in den Lagern machen können. In Israel halte ich Vorträge in Schulen und Universitäten, in Unternehmen und vor Gemeindegruppen. Und ich verlange nichts dafür, nur die Gelegenheit, gehört zu werden.

Wir leben in einer Zeit der Epidemien. In Europa herrscht Krieg, Belzec liegt nur 17 Kilometer von der ukrainischen Grenze entfernt. Es gibt so viele zerstörerische Kräfte. Wie so viele andere frage ich mich, was eigentlich los ist. Sind es nur die Umstände? Gott hat eine schöne Welt erschaffen, und wir Menschen sind dabei, sie zu verderben. In meinen Augen ist es so, dass Er uns Botschaften schickt. Wir müssen den Code entschlüsseln, das Rätsel lösen. Was will Er von uns?

Ich glaube, wir sind nicht gut genug. Er ist nicht zufrieden mit uns, er will, dass wir uns bessern. Und wie können wir uns bessern? Ein hebräisches Sprichwort, *Tikkun olam*, was auf Deutsch so viel heißt wie »Reparatur der Welt«, bezieht sich darauf, dass wir die Welt besser machen, indem wir nach Gerechtigkeit in der Gesellschaft streben. Was können wir tun? Jede und jeder Einzelne, jede und jeder von uns, sollte ins eigene Herz blicken. Wo liegen meine Unzulänglichkeiten? Wo versage ich? Wo tue ich nicht das, was ich tun sollte?

Wenn wir danach streben würden, uns selbst zu besseren Menschen zu machen, würde auch die Welt um uns herum eine bessere. Aber ich bin Realist. Wir haben ein Problem: Wir sind nie zufrieden. Wir reden uns ein, dass wir nie genug haben. Hilfe kann nur aus unserem Inneren kommen. Wir verderben die Welt und müssen den Schaden wiedergutmachen. Es gibt Grenzen für das, was Einzelne tun können, aber wir müssen aufrichtig, mit offenem Herzen und offenem Geist miteinander reden.

Erziehung ist sehr, sehr wichtig, weil das Böse sich erhebt.

Wenn ich mich umsehe, scheint es mir, als wären wir auf dem Weg zurück in die Dreißigerjahre. Ich sehe Antisemitismus auf der ganzen Welt, Gedenkstätten werden mit Hakenkreuzen beschmiert. Menschen werden verfolgt, bedroht, angespuckt. Mir gefriert das Blut in den Adern, wenn ich sehe, wie polnische Nationalisten »Tod den Juden« brüllen und ein Buch verbrennen, das einen historischen Pakt zum Schutz der Rechte jüdischer Gemeinden im Land enthält.

Ein Freund, der in New York lebt, hat mir vor Kurzem ein Video geschickt, das vom Balkon eines Wohnhauses aus aufgenommen wurde. Ein jüdisch aussehender Mann mit Bart, ein

Kurierfahrer, holte Waren aus seinem Lieferwagen. Die beiden Hintertüren waren geöffnet. Ein Passant schlug sie zu, und als der Fahrer sie schweigend wieder öffnete, um seine Arbeit fortzusetzen, wurde er plötzlich angegriffen.

Der Passant trat und schlug ihn zuerst, dann schubste er ihn vom Gehweg in den laufenden Verkehr. Ich war sicher, der Mann würde überfahren, aber ein Auto hielt an, und der Angreifer lief weg. Ich denke, viele können sich mit dem Kurierfahrer identifizieren, der langsam aufstand, sich streckte und mit seiner Arbeit weitermachte. Was haben wir, das jüdische Volk, getan, dass die Welt uns immer noch hasst?

Ich dachte, wir wären auf dem Weg der Heilung, aber inzwischen bin ich mir nicht mehr so sicher.

Nelson Mandela war ein großartiger Mann. Es hieß, er habe sein Volk, seine Nation und diese Welt aus dem Hintergrund geführt. Das heißt, er gab ein Beispiel und erlaubte anderen, ihm zu folgen, aus eigener Kraft und auf die eigene Weise. Auf meine eigene kleine Weise kann ich Menschen erzählen, was war und was wieder sein könnte. Mein Thema ist die Menschlichkeit, die wir gemeinsam haben. Wir dürfen Menschen nicht nach Rasse oder Religion, Glaube oder Hautfarbe einteilen.

Ich habe wirklich furchtbare Menschen erlebt, aber ich glaube nach wie vor an die Menschheit. In meinem Leben habe ich vielen Menschen vertraut. Und ich tue das immer noch. Wenn sie mit mir reden, höre ich zu. Wenn sie mir etwas erzählen, glaube ich ihnen. Ich bin oft enttäuscht worden, weil ich nicht in die Herzen der Menschen blicken kann und nicht weiß, ob sie die Wahrheit sagen.

Wenn jemand in Jerusalem an die Tür meiner Wohnung im dritten Stock klopft und mich um eine Gabe bittet, weiß ich nicht, ob er oder sie diese Gabe wirklich braucht, aber ich gebe den Menschen etwas Geld von dem Stapel Münzen, der in einem

Regal nahe der Tür liegt. So bin ich nun mal. Ich danke Gott, dass ich helfen kann. Man muss geben, um nehmen zu können. Wohltätigkeit ist das Heilmittel der Gesellschaft. Ich bin in dem Glauben erzogen, dass wir die Welt retten, wenn wir einen einzigen Menschen retten.

Wenn ich Menschen sehe, die vom Bösen besessen sind, frage ich mich, woher das kommt. Gibt es einen Punkt, an dem das Böse zur Normalität wird? Setzt ein SS-Offizier sich einfach zum Abendessen hin, nachdem er den ganzen Tag Juden ermordet hat? Es gelingt mir nicht, mir das vorzustellen. Und wenn er seiner Frau stolz von seiner Arbeit erzählt, sagt sie dann: »Gut gemacht, Liebling, bravo!«? Ich glaube nicht, dass ich das jemals verstehen werde, aber ja, das hat sie wohl gesagt.

Es gibt so viel Unfassbares. Wie konnte es Hitler, diesen Niemand, gelingen, gebildete Geister in einer der kultiviertesten Nationen auf Erden zu vergiften? Er war weder Abgeordneter noch Minister oder Landespräsident. Er war nicht mal ein Dorfbürgermeister gewesen. Und doch wurde dieser einsame Junggeselle, ein Anstreicher, der es im Ersten Weltkrieg gerade mal zum Gefreiten brachte, zu einem Todesengel, der das europäische Judentum vernichtete und einen Krieg anzettelte, der 55 Millionen Menschen das Leben kostete.

Was verleitet einen Mann zum Töten? Ich war dazu nie fähig, nicht einmal, als ich den berüchtigten SS-Kommandanten Amon Göth als einfachen Wehrmachtssoldaten verkleidet in einem Kriegsgefangenenlager fand. Man hat mich gefragt, warum ich ihn nicht sofort erschossen habe – schließlich waren seine Verbrechen ungeheuerlich. Doch das wäre so gewesen, als hätte ich ihm für seine Taten eine Goldmedaille verliehen. Er hatte Tausende getötet, und ich wollte, dass er litt.

Darauf bin ich nicht stolz, und ich bereue, dass ich es im Prozess gegen ihn gesagt habe, weil es ein bisschen kindisch war –

aber es hätte mir gefallen, ihm mit einem Schlachtermesser Wunden zuzufügen und Salz hineinzustreuen. Und dann wäre ich am nächsten Tag wiedergekommen und am übernächsten auch und hätte es immer wieder getan, bis dieses Ungeheuer seinen Lebenswillen verloren hätte.

Wir sind keine Herren über Leben und Tod. Beides liegt in Gottes Hand. Er ist verantwortlich für seine Schöpfung.

Ein Neffe von mir ist ein sehr berühmter Arzt. Er war nicht religiös, aber eines Tages kam er zu mir, weil er wusste, wie fromm ich bin, und sagte: »Onkel Joe, ich glaube zu 100 Prozent, dass es einen Gott gibt.«

Ich lächelte zweifelnd und fragte: »Vielen Dank. Wie kommt es, dass du deine Meinung geändert hast?«

Seine Antwort faszinierte mich. »Ich kenne den menschlichen Körper. Er funktioniert so perfekt, dass es unser Vorstellungsvermögen übersteigt. So etwas kann nur ein Gott erschaffen haben, und deshalb glaube ich an ihn.«

Oft werde ich gefragt, warum ich überlebt habe, wo doch Millionen gestorben sind. Darauf habe ich keine richtige Antwort, obwohl eine ganze Reihe von Wundern dabei eine Rolle gespielt haben. Ich kann nur sagen, dass ich ein Mensch des Glaubens war und bin. Das heißt, ich hatte selbst in den schlimmsten Zeiten etwas, woran ich mich festhalten konnte. Wenn man kein Glaubenssystem hat, woran soll man sich klammern? An einen Laternenmast? Ein neues Auto? Eine teure Armbanduhr?

Ich glaube, alles passiert, weil es Gottes Wille ist. Ich glaube an den Unterschied zwischen richtig und falsch. Ich glaube, wenn ich das Richtige tue, dann erfülle ich Gottes Willen. In meinen dunkelsten Momenten, so glaube ich, war Er an meiner Seite. Wir besitzen einen freien Willen und können entscheiden, wie wir unser Leben gestalten. Einige lassen sich von modernen Haltungen blenden.

Manchmal fühlte ich mich verpflichtet, mein Überleben zu rechtfertigen, indem ich etwas tat, um anderen zu helfen. Zum Beispiel den Waisenkindern, die von ihren verzweifelten Eltern in Ställen, Bauernhäusern, Kirchen und Klöstern zurückgelassen wurden – von Eltern, die wussten, dass sie bei der Liquidation des Ghettos umkommen würden. Man erwartet wohl auch von mir, dass ich zornig bin, weil man uns – und ihnen – so viel genommen hat. Doch Zorn ist wie ein Schaukelstuhl. Man bewegt sich, aber man kommt keinen Zentimeter voran. Wir haben nicht die Aufgabe, Rache zu nehmen, sondern wir sollen unsere Gemeinschaften wiederherstellen.

Ich bin kein besonders kluger Mann, aber kürzlich besuchte mich ein General der israelischen Streitkräfte, der einen Vortrag vor hohen Offizieren halten sollte. Wir hatten etwa zwei Stunden lang miteinander gesprochen, als ich ihn bat, mir zu erklären, warum er mein Zeugnis für so wichtig hielt. »Wir wollen sie motivieren, auf alles vorbereitet zu sein, wo auch immer in der Welt. Auf alles, was das Leben jüdischer Menschen gefährden könnte«, erwiderte er. »Wir müssen die Vergangenheit nutzen, um zu lernen, wie wir in Zukunft reagieren und uns verhalten sollen.«

Ich habe schon einmal über *neshama* gesprochen, unseren Geist. Sie bezeichnet den göttlichen Funken in uns, der uns verliehen wird und für den wir Gott danken müssen. Er gehört nämlich Ihm, und Er kann ihn uns nehmen, wann immer Er will. Wir können darum beten, dass Er ihn uns bis ins hohe Alter lässt, aber wenn dieser Funke zu Ihm zurückkehrt, sind wir nur noch ein Stück Materie ohne Leben.

Ich rate den Menschen immer, sich für das Leben und die Güte zu entscheiden. Es mag sein, dass sich Finsternis über uns senkt, aber das Licht des Lebens wird sie immer durchdringen.

KAPITEL 1

BLUTLINIEN

Die Bürgermeisterin war höflich, aber bestimmt. Es gebe keinen jüdischen Friedhof in Działoszyce, meinem Geburtsort, erklärte sie mir. Sie war voller Mitgefühl für meine Not, da ich doch nach dem Grab meines Urgroßvaters suchte, aber sie konnte mir da nicht weiterhelfen. Doch wie so oft in Polen, wo dunkle Geheimnisse durch Halbwahrheiten und Rätsel geschützt werden, waren die Dinge anders, als sie zu sein schienen.

Ich wusste, dass mein Gedächtnis mir keinen Streich spielte. Kinder in meinem Alter – damals war ich acht – durften normalerweise nicht an Beerdigungen teilnehmen, aber ich hatte meinem Urgroßvater so nahegestanden, dass man mir eine Sondererlaubnis gewährte. Deshalb war ich dabei, als man ihn am Spätnachmittag jenes Tages, an dem er im Schlaf gestorben war, zur Ruhe bettete. Es war kurz vor Pessach. Niemand wusste mehr genau, ob er 105 oder 106 Jahre alt geworden war.

Dovid Leib – mein jüngster Bruder war nach ihm benannt worden – war ein hochgewachsener Mann mit einem freundlichen Gesicht und einem langen weißen Bart, der mich faszinierte, weil er im Wind tanzte. Mein Urgroßvater trug immer einen langen schwarzen Mantel und einen jiddischen *hittel*, den Hut mit breiter Krempe. Ich höre immer noch, wie er sagte: »Nie in meinem Leben hat mir auch nur ein Fingernagel wehgetan.« Als er starb, besaß er noch alle seine Zähne, hörte hervorragend und brauchte weder eine Brille noch einen Gehstock.

Und er war ein lebendes Geschichtsbuch.

Er erzählte mir Geschichten von polnischen Königen wie Bolesław II., genannt der Großzügige, Kasimir III., genannt der Große, und Władysław II. Jagiełło, der Działoszyce 1409 das Stadtrecht verliehen hatte. Und er konnte wie sein Vater, der ebenfalls sehr alt geworden war, Geschichten von antisemitischen Pogromen erzählen, angefangen beim Chmelnyzkyj-Aufstand 1648 bis 1657, bei dem Zehntausende Juden abgeschlachtet wurden.

Mein Urgroßvater selbst überlebte ein derartiges Pogrom während des russischen Bürgerkrieges, bei dem mindestens 35 000 Juden durch Kriegsfürsten, Weißrussen und ukrainische Nationalisten ermordet wurden. Er hatte Józef Piłsudski kennengelernt, den Staatsmann, der als Vater der multiethnischen zweiten polnischen Republik gilt, die 1918 wiedererrichtet worden war, 123 Jahre nach der Teilung. Die Spannungen dieser Zeiten sind heute noch spürbar.

Mein Urgroßvater war ein alter Mann mit dem Herzen eines kleinen Jungen. Wir verbrachten lange Tage auf seinem Bauernhof, kümmerten uns um seine beiden Pferde, schauten nach den Tomaten und aßen frisch gepflückte Bohnen. Manchmal schickte er mich auf den Dachboden, um noch warme Eier zu holen, die seine Hennen gelegt hatten. Und er zeigte mir, wie man zwei Löcher in die Eierschale sticht, um das Eiweiß herauszusaugen, das ich mir dann in die Augen rieb. Wahrscheinlich war das eine *bobbemeise,* ein Ammenmärchen, aber er war überzeugt, dass es mir guttun würde.

Das jiddische, aus dem Hebräischen stammende Wort *Yichus* bedeutet Abstammung oder Blutlinie. Es betont die Bedeutung unseres Wissens, woher wir kommen, wer wir sind und wofür wir stehen. Deshalb war es mir so wichtig, meinem Urgroßvater die Ehre zu erweisen. Die Tatsache, dass meinen Eltern und Geschwistern ein jüdisches Begräbnis verwehrt worden war, verlieh meinem Bedürfnis noch mehr Dringlichkeit.

Als ich am 21. Juli 1926 geboren wurde, bestand die Bevölkerung von Działoszyce zu 80 Prozent aus Juden. Sie handelten mit Getreide, Früchten, Schuhen, Möbeln, Leder und Kleidung. Drei Gerbereien, zwei Ölmühlen, eine Ziegelei und mehrere Fliesenfabriken gaben den Menschen Arbeit. Die Märkte am Dienstag und Freitag zogen Tausende Menschen aus den Dörfern und Städten der Umgebung an.

Als ich 2019 zum letzten Mal dort war, fühlte es sich an, als wäre ich in ein schwarzes Loch gefallen. Die Ruine der neoklassizistischen Adass-Jisroel-Synagoge, die in der Zeit von 1852 bis 1876 erbaut worden war, stand noch, aber das Dach war eingefallen und der Außenputz abgeblättert, sodass die bröckelnden Ziegel sichtbar wurden. Tauben wohnten darin und flogen mit lautem Flügelschlag durch die Bögen, die einst majestätische Buntglasfenster eingefasst hatten.

In besseren Zeiten war dies ein schönes Haus mit aufgemalten goldenen Sternen auf hellblauem Hintergrund. Darstellungen der zwölf Stämme Israels waren auf Metall gemalt und mit Blumen geschmückt. In den vier Ecken am Rand der Hallendecke waren Darstellungen von Hirsch, Löwe, Tiger und Adler zu sehen. Nichts davon ist erhalten. Unmittelbar nach dem Zweiten Weltkrieg wurde die Synagoge in einem Akt beiläufiger Entweihung zur Lagerung von Kohle, Zement und Baumaterial genutzt.

Ich warf einen Blick durch das Gitterwerk der verschlossenen Eisentüren und versuchte, mich in die Zeit zurückzuversetzen, als ich dort auf den Bänken saß und betete, zusammen mit meinem Vater und seinem Vater Jankel, einem tiefreligiösen Mann, dem dritten von Dovids vier Söhnen. Seine Frau Esther, meine

Großmutter, war ebenfalls eine fromme Frau. Sie studierte die *Tsena Urena*, die Frauenbibel, und machte Butter und Käse aus der Milch von Dovids Kühen.

So viel hatte sich verändert. Das Gestrüpp rundum verstärkte noch den Eindruck von Verfall und trug zu meiner Verwirrung bei. Schließlich bin ich ein alter Mann und sehe manches in einem anderen Licht. Furchtsame Kindheitserinnerungen an einen breiten Fluss in der Nähe, der den einzigen Brunnen des *Schtetls* speiste und Stromschnellen hatte, standen gegen die Erkenntnis, dass daraus ein flacher, langsam fließender kleiner Fluss geworden war – die Sancygniówka.

Ich musste dorthin zurückkehren, um für mein Leben zu danken, denn als Junge bin ich einmal in diesen Fluss gefallen, als ich über die zwei losen Bretter ging, die als provisorische Brücke dienten. Ich konnte nicht schwimmen, schlug um mich und schluckte jede Menge Wasser. Und niemand war da, der mir helfen konnte. Bis heute weiß ich nicht, wie ich es geschafft habe, wieder herauszukommen.

Die Gegend wurde häufig überschwemmt. Im Jahr 1936 war Działoszyce acht Tage lang von der Außenwelt abgeschnitten, nachdem die Sancygniówka und die Jakubówka, ein anderer Fluss, nach einem Wolkenbruch über die Dämme getreten waren. Achtundzwanzig Häuser wurden weggespült, weitere 130 wurden schwer beschädigt, und sechs Stadtbewohner ertranken. Unser Haus hatte schon ein paar Jahre zuvor zwei Meter tief unter Wasser gestanden – meine Eltern hatten mich damals auf einen Schrank gesetzt, um mich in Sicherheit zu bringen. Aus irgendeinem Grund habe ich noch das Bild einer Zimmerdecke mitsamt Lampenanschluss vor Augen, die vorbeitrieb.

Die Lösung des Rätsels, was den Friedhof anging, lag in der Verdrängung sämtlicher Hinweise auf die jüdische Gemeinde während des und unmittelbar nach dem Holocaust. Nach meiner ersten Rückkehr im Jahr 2011 stellte ich fest, dass der Friedhof von den polnischen Stadtbewohnern in einer Mischung aus Schuldgefühl und Abneigung mutwillig vernachlässigt worden war. Grabsteine, die bis ins 18. Jahrhundert zurückgingen, waren zerstört worden.

Der Friedhof war so überwuchert, dass man ihn gar nicht mehr betreten konnte. Das wäre wohl, wenn man es wohlwollend betrachten will, eine Begründung für die Ahnungslosigkeit der Bürgermeisterin. Allerdings habe ich inzwischen erfahren, dass es einer freundlichen Seele zumindest gelungen ist, das Dickicht zu durchdringen und Erinnerungstafeln an einigen Baumstämmen anzubringen. Die Menschen, die auf diese Weise geehrt werden, mögen im Nebel der Vergangenheit verschwunden sein, doch sie haben es verdient, dass man sich ihrer erinnert. Möge es ein segensreiches Erinnern sein.

Meine Großeltern sprachen Jiddisch, Polnisch, Russisch und Deutsch. Sie waren nicht reich, aber freigebig. Mein Großvater beispielsweise verteilte Milch, die er vom *poretz* gekauft hatte (einem adeligen Landbesitzer), an die Armen, die ihm nur einen Bruchteil des tatsächlichen Preises bezahlen konnten. Sein Bruder Aaron, der als Gutsverwalter arbeitete, verdiente dabei so gut, dass er sich eine vierspännige Kutsche leisten konnte – ein Rolls-Royce nach heutigen Maßstäben. Er schenkte mir Schokolade und unterstützte die Verwandtschaft, wo immer es nötig war.

Für einen Menschen, dem man einmal eine Nummer gegeben hat, besaß ich viele Namen. Ursprünglich hieß ich Joseph oder Josef, aber auf Polnisch wurde ich Juzek oder Josek genannt, auf Jiddisch Jossel oder Yossaleh. In meinem späteren Leben in Südamerika und dann Kanada kannte man mich als José oder Joe. Es kam immer darauf an, wo ich lebte. Mein ursprünglicher Familienname war Lewkow, das »icz« wurde viel später angehängt, es bedeutet »Sohn von«. »Lew« bedeutet »Herz«, weist aber auch auf den jüdischen Stamm Levi hin.

Es ist schon seltsam, wie die Dinge manchmal laufen. Viele Jahre später, bei einem Besuch in Israel, traf ich zu meiner großen Überraschung einen Fremden, der mir erzählte, er sei bei meiner Beschneidungszeremonie dabei gewesen, acht Tage nach meiner Geburt. Offenbar bin ich nach einem gelehrten Thora-Forscher benannt worden, Rabbe Yoskele. Ich hätte gern mehr darüber erfahren, aber als ich zwei Jahre später wieder nach Israel kam, musste ich feststellen, dass der Mann verstorben war. Seine Erinnerungen waren nie aufgezeichnet worden – wieder war ein kleines, aber bedeutendes Stück unseres Erbes verloren gegangen.

Mein Vater Symcha wurde 1899 geboren. Er war das älteste Kind und der einzige Sohn seiner Eltern. Hannah, die jüngste seiner drei Schwestern (die anderen beiden hießen Sheindel und Pearl), starb früh an Tuberkulose. Gegen Ende des Ersten Weltkriegs versuchte er – vergeblich –, der Einberufung zur polnischen Armee zu entgehen, indem er sich absichtlich am Bein verletzte.

Der Widerstand gegen den Militärdienst liegt in der Familie. Ich habe mich noch in den Fünfzigerjahren mithilfe von Bestechung der Wehrpflicht in Argentinien entzogen, wohin mich das Schicksal geführt hatte: Mein Großonkel Israel, ein lebenslustiger Mann, war fast 40 Jahre zuvor nach Südamerika gegangen, um sich dort ein neues Leben aufzubauen. Und das nur, weil er nicht zur polnischen Armee eingezogen werden wollte.

Mein Vater sprach nur selten über seine Kriegserfahrungen in Russland, der Ukraine, Belarus und Deutschland, aber er war klug genug gewesen, sich mit meiner Mutter Sheindel zu verloben, bevor er an die Front geschickt wurde. Ihre feinen Züge erinnerten an ihre französischen Vorfahren, aber sie war 1902 in Działoszyce geboren und galt als beste Partie in der gesamten Gemeinde.

Ich hoffe, Sie verzeihen mir, wenn ich eine kurze Skizze ihrer Eigenschaften hier einfüge. Es bedeutet mir als pflichtbewusstem Sohn sehr viel, sie mit Worten und Taten ein Stück weit ins Leben zurückzuholen. Sie war nicht nur von großer natürlicher Schönheit, sondern machte auch das Beste aus einer guten Bildung und war eine eifrige Leserin, sowohl in polnischer als auch in hebräischer Sprache. Außerdem konnte sie sehr schnell kopfrechnen, ohne sich irgendetwas aufzuschreiben.

Sie kleidete sich gut und achtete auch auf Kleinigkeiten wie beispielsweise die Art, den Hut aufzusetzen. Und sie hatte eine Leidenschaft für gute Schuhe, in der Regel die, die ihre Brüder Leibish und Yossel herstellten, ultraorthodoxe Juden, die ein erfolgreiches Exportunternehmen führten. In ihrer Fabrik, wo es immer nach frischem Leder duftete, spielte ich mit meinen Freunden Verstecken.

Meine Mutter konnte sehr stur sein, ein Segen und Fluch zugleich, den sie mir vererbte. Aber sie sprach ruhig und war immer warmherzig und freundlich. Bis heute versuche ich, ihrer Anweisung zu folgen: »Wenn du nett zu anderen Menschen bist, kannst du nur gewinnen.« Ihre fürsorgliche Seite stammte wohl von ihrer Mutter Pearl, die in unserer Gegend eine bekannte *shidduchim* war, eine Heiratsvermittlerin.

Ich vermisse meine Mutter jeden Tag und trauere bis heute um eine Stickerei von Adam und Eva im Paradies, die sie mit verblüffender Detailgenauigkeit und Kreativität anfertigte und die ihr Stolz und ihre Freude war. Diese Stickerei wurde uns gestohlen. Meine Mutter hatte viele nächtliche Stunden sorgfältiger, liebevoller Arbeit hineingesteckt, und die Stickerei schmückte die große Wand in unserem Haus, das uns, wie Sie noch lesen werden, weggenommen wurde.

Sheindels Vater Yitzhak Isaac verdiente gut. Er fertigte Steppdecken und Kopfkissen aus feinen Gänsefedern, die von einem Netzwerk aus Rupfern in großen Säcken in den Städten und Dörfern der Umgebung gesammelt wurden. Er verwendete auch Entendaunen für eine Reihe von Produkten, die in der Fabrik meines anderen Großvaters hergestellt wurden. So lief das bei uns: Die Familie stand an erster Stelle, vor allem, wenn die Verbindung noch durch Heirat gestärkt wurde.

Die Ehe meiner Eltern wurde durch eine formelle Zeremonie in der *shul*, der Synagoge, geschlossen. Ich weiß nicht genau, wo das Festessen stattfand, denn die Gäste gehören zu unserer verlorenen Generation, und die Erinnerung ist mit ihnen gestorben, aber es muss entweder im Feuerwehrhaus oder in einem feinen Gebäude der Stadt gewesen sein. Das Essen war sicher einfach, aber reichlich.

Als Kind liebte ich die Freude und Üppigkeit bei solchen Gelegenheiten. Eine chassidische Kapelle spielte Klezmer-Musik, und die Männer tanzten bis zum frühen Morgen im Kreis. Der Hochzeitszug war ein Gemeinschaftsereignis: Überall wurden die Türen als Ausdruck der Wertschätzung aufgerissen, wenn die Karawane bunter Pferdekutschen vorbeizog. Die Gäste sangen hebräische und jiddische Lieder, uralte Melodien und Lieder für die Ewigkeit.

Ich singe sehr gern, obwohl ich vermute, dass meine Freunde nur aus übertriebener Freundlichkeit behaupten, ich hätte eine gute Stimme. Ich liebe die Geschichten, die in den Liedern erzählt werden, und die Kultur, die sie feiern. Ich liebe die Erinnerungen, die sie wachrufen, und die unschuldige Freude, die sie uns schenken. Bis heute kann ich ohne besondere Aufforderung die Walzer summen, die mich als Kind faszinierten.

Eins der wenigen Erbstücke in meiner Familie ist ein Foto mit etwa 100 Verwandten meines Vaters, das anlässlich einer Hochzeit aufgenommen wurde, vor einem Gebäude, das ich nicht erkenne. Einige der Männer tragen schicke Anzüge, andere eher traditionelle Kleidung. Das Bild umfasst mehrere Generationen, Babys und Kleinkinder ebenso wie Ältere, darunter meinen Urgroßvater, der aufrecht dasteht und einen langen dunklen Mantel trägt.

Sie konnten ja nicht ahnen, welches schreckliche Schicksal ihnen bevorstand.

Damals hatte ich kein richtiges Verhältnis dazu, aber heute kann ich wirklich wertschätzen, dass meine Eltern uns in der richtigen Weise erziehen wollten. So wie meine *Eema*, meine Mutter, Rücksicht auf andere predigte, so lehrte mich mein *Abba*, mein Vater, den Wert von Sorgfalt, Bescheidenheit und Ehrlichkeit. Und er lebte diese Werte, nachdem er sich von einem einfachen Mühlenarbeiter zum Getreidehändler hochgearbeitet hatte. Seine Mühle hatte er mit seinen Ersparnissen und einem Zuschuss seiner Schwiegereltern gekauft.

Das Getreide kaufte er beim *poretz* und transportierte es in Doppelzentnersäcken mit Pferd und Wagen bis zu seiner Wassermühle, die sich im Nachbardorf befand. Dort wurde es gemahlen, und das Mehl wurde dann an die Bäckereien und Läden in der Gegend verkauft. Er war nicht sehr reich, weil seine Kunden nicht immer den vollen Preis bezahlen konnten, aber er wurde sehr respektiert.

Meine Mutter trug zum Familieneinkommen bei, indem sie einen Lebensmittelladen in der Hauptstraße führte, wo Dinge wie Tee, Kaffee, Marmelade, Gewürze, Zigaretten, Brot, Gemüse, Obst, Süßigkeiten, Seife und Putzmittel verkauft wurden. Für einige Waren, beispielsweise Salz und Zucker, gab es staatlich festgesetzte Preise. Den Einkauf leitete mein Vater, der sehr gründlich verhandelte. Wenn meine Mutter Besorgungen machen musste, stand ich im Laden – eine Erfahrung, die mir im späteren Leben gut zupass kam.

Da ich die Preise nicht kannte, fragte ich die Kunden, wie viel die Waren kosteten. Natürlich veränderten sie den Preis zu ihren Gunsten. Ich wusste, was sie im Schilde führten, aber das machte mir nichts aus, weil ich es genoss, mit ihnen zu plaudern. Ich hatte gern mit verschiedenen Menschen zu tun, wollte gern verstehen, wie sie dachten, was sie sich wünschten und was sie akzeptieren würden.

Auch das Treiben auf der Straße gefiel mir. Ein Mädchen sang für ein paar Złoty italienische Opernarien. Ein paar Jungen peinigten schamlos einen anderen Bewohner, einen Exzentriker namens Abele Shuver. Gruppen von vier oder fünf Männern, alle mit Bart und Kippa, standen vor den Läden, redeten über Politik und tauschten den neuesten Tratsch aus. Manchmal hielten sie inne, um Passanten in ihre Läden zu locken. Überall lag eine geschäftige Atmosphäre in der Luft.

Damals begriff ich das noch nicht, aber so wurde ich in Handelsdingen geschult. Und bald war ich geradezu süchtig danach, Münzen oder Briefmarken zu kaufen und zu verkaufen und mit anderen Jungen in meinem Alter Handel zu treiben. Dieselben Instinkte nutzte ich auch nach dem Krieg, als ich mit Diamanten handelte und andere Möglichkeiten sondierte. Dabei zahlte ich reichlich Lehrgeld, aber ich denke, letztlich neigt sich die Waage zu meinen Gunsten.

Eine meiner wichtigsten Lektionen fürs Leben kam von meinem Vater. Von frühester Jugend an ermunterte er mich, neben ihm zu sitzen, zuzuschauen und zu lernen. Er machte gern Späße und ließ mich zum Beispiel auf dem Motor der Mühle reiten, aber er hatte auch eine ernste Seite.

Eines Nachmittags überraschte er mich, als ich im Laden aushalf. Es war ruhig, ich hatte mir gerade ein paar Bonbons genommen. Das betrachtete ich nicht als Stehlen, doch er spürte sofort mein schlechtes Gewissen. »Was machst du da?«, fragte er. »Was hast du da in der Hand?«

Ich blickte zu Boden, murmelte »nichts« und versuchte ungeschickt, die Bonbons in meiner Hosentasche zu verstecken. Wobei ich nicht davon ausging, jemanden zum Narren halten zu können, am wenigsten meinen aufmerksamen Vater.

»Lass mich mal sehen«, sagte er, und seine Stimme wurde lauter, sodass ich einsehen musste, dass mir keine andere Chance blieb. »Du hast sie ohne Erlaubnis genommen, nicht wahr? Das darfst du nicht, du musst erst um Erlaubnis fragen. Warum hast du die Bonbons genommen? Was hattest du damit vor?« Ich erklärte ihm, ich wollte sie meinen Freunden schenken, die sich so etwas nicht leisten konnten.

Er spürte wohl, dass mir selbst unwohl dabei war, und sagte, er verstehe meine Motive. Gleichzeitig nahm er mir das Versprechen ab, so etwas nie wieder zu tun, ohne vorher zu fragen. Dann hielt er mir einen Vortrag übers Lügen und darüber, dass so etwas immer ans Licht kommt. Er befahl mir, niemals zu betrügen. Und wenn ich jemals in Versuchung käme, nicht die Wahrheit zu sagen, solle ich mich an seine Worte erinnern und den Mund halten.

Sein Tadel hatte eine viel größere Wirkung, als wenn er mir eine Ohrfeige verpasst hätte. Ich schämte mich so sehr, dass ich ihm eine ganze Weile nicht in die Augen sehen konnte. Das war eine großartige Art von Erziehung, denn er ließ die Lehre wirken, indem er mir Zeit gab, darüber nachzudenken. Er lehrte mich Toleranz und wie wichtig es sei, jedermann Respekt entgegenzubringen, unabhängig vom Status. Und wenn ein Jude oder eine Jüdin mich um Hilfe bat, sollte ich großzügig geben.

Meine moralische Erziehung wurde durch meinen Glauben

ergänzt. Die ersten Lebensjahre verbrachte ich zu Hause bei meiner Mutter, bis ich im Alter von vier oder fünf Jahren auf die *cheder*, die Dorfschule, geschickt wurde. Ein *belfer*, eine Art Lehrgehilfe, begleitete mich auf dem Schulweg – er war so etwas wie ein menschlicher Hirtenhund, der seine Herde hütete. Ich trug zumeist kurze Hosen, die meine Mutter genäht hatte. Sie achtete darauf, dass mein Kopf immer bedeckt war. *Pajes*, die traditionellen Schläfenlocken, trug ich erst später.

Der Unterricht fand im Privathaus unseres Lehrers statt, genauer gesagt in dessen Küche. Rab Koppell saß mit der Peitsche vor uns und schlug damit nach jedem, der einnickte oder nicht aufpasste. Das klingt brutaler, als es war, denn die Schläge taten eigentlich nicht weh, sie waren nur peinlich. Ein paar Mal erwischte er mich auch, wenn ich schwätzte, ihn unterbrach oder unter dem Tisch mit einem Spielzeug hantierte.

Wir saßen an einem großen Holztisch, lernten Hebräisch und lasen aus dem *Siddur*, einem Gebetbuch, und dem *Chumash*, das Auszüge aus den fünf Büchern Mose enthält. Man lehrte uns, unsere heiligen Bücher in Ehren zu halten, sie nicht auf den Boden zu legen, darauf zu sitzen oder – das schlimmste Vergehen – hineinzuschreiben. Rab Koppell war ein mächtiger Mann in unserer Gemeinde. Ein stetiger Strom von Menschen, die unter Problemen wie dem *ayin harah* litten, dem bösen Blick, kam in sein Haus.

Als ich sieben Jahre alt war, ernannte mich Rab Koppell zum *chazzan* der Klasse, also zum Kantor, der das Gebet in der Synagoge leitet. Das war eine große Ehre, aber mit der ganzen Unwissenheit und Kühnheit meiner Jugend erklärte ich ihm, ich wolle das nicht machen. Den Schmerz von dem Schlag auf die Wange, den er mir versetzte, habe ich mein Leben lang nicht vergessen. Noch heute nehme ich diese Verantwortung sehr ernst und habe diese Rolle überall auf der Welt ausgefüllt.

Ich bin das, was man einen *ba'al tefilla* nennt, einen Meister des Gebets. Damit ist nicht gemeint, dass ich ein besonders guter Mensch bin, sondern es bezieht sich eher auf den Eindruck anderer, ich hätte eine angenehme Stimme. Im Gegensatz zu einem *chazzan*, der diese Tätigkeit als Beruf ausübt, habe ich nie einen Pfennig damit verdient. Ich fülle einfach nur ein Ehrenamt aus, indem ich das Gebet der Gemeindeglieder anführe.

Wir waren etwa ein Dutzend Jungen in meiner Klasse. Wir wurden gute Freunde und gingen oft zu mir nach Hause, wo meine Eltern uns, bevor sie zur Arbeit gegangen waren, Kekse, Häppchen und Süßigkeiten hingestellt hatten, beispielsweise hausgemachte Blaubeerpastetchen. Wir machten dann unsere Hausaufgaben und fragten uns gegenseitig ab, um sicherzugehen, dass wir am nächsten Tag auf die Fragen des Lehrers antworten konnten.

Wir bastelten uns kleine Spielzeuge und Wägelchen aus Holzstücken, die wir mit Steinchen und Muscheln verzierten. Außerdem machten wir jede Menge Krach, was Zisale auf den Plan rief, unsere Haushälterin, die uns nur zu gern herumkommandierte. Sie war als Waisenkind zu uns gekommen und gehörte so sehr zur Familie, dass meine Eltern irgendwann als Heiratsvermittler fungierten und einen Mann für sie fanden, einen Zimmermann aus dem Ort.

Insgesamt lebten wir glücklich hinter dem Mond. Als wir zum ersten Mal ein Auto sahen, liefen wir staunend hinterher. Ich erinnere mich, dass ich einmal jemanden über Flugzeuge sprechen hörte. Ein eiserner Vogel, der fliegen konnte? Wie war das möglich? Wir hatten kein Fernsehen, und nur die Reichen besaßen ein Telefon, aber wir hatten nie das Gefühl, dass uns etwas fehlte. Selige Unwissenheit.

Im Sommer spielten wir draußen vor dem großen Haus unseres Onkels, der Kohlenhändler war. Und wir gingen auch auf den Sportplatz namens Stawiska, wo wir Wettläufe abhielten und Fangen spielten. Ich war nie ein großer Sportler, aber ich habe nie die Ehrfurcht vergessen, die mich überkam, als mein Vater mich zum ersten Mal zu einem Fußballspiel mitnahm.

Ich nehme an, das ist typisch, aber ich habe überhaupt keine Erinnerungen an das Spiel. Ich entsinne mich nur des kindlichen Staunens darüber, dass die Männer so schnell über das große Spielfeld rennen konnten. Der Lärm und die Farben der Menge faszinierten mich, aber nichts konnte den Zauber überbieten, den die Limonade und das Eis ausübten, die mein Vater mir kaufte. Ein perfekter Tag!

Rab Koppell war ein großer Befürworter körperlicher Ertüchtigung und erlaubte uns in den kurzen Pausen zwischen den Unterrichtsstunden, frei herumzulaufen. Überhaupt unterbrach er unsere Rezitationen oft, um uns zu erklären, wovon da die Rede war. Er war ein wunderbarer Geschichtenerzähler, der uns mit Erzählungen über die *parsha* erfreute, die Wochenlesung aus den heiligen Schriften. Beim Abendessen erzählte ich diese Geschichten dann meinen Eltern.

Morgens begleitete ich meinen Vater auf dem fünfminütigen Weg zur *shul*, die auch als Gemeindezentrum fungierte. Montags und donnerstags lasen wir dort aus der Thora. Am Freitagabend nahm mein Vater mich immer mit zur *Mikwe*, dem rituellen Bad, wo ich im Zuge des Reinigungsrituals ins Wasser getaucht wurde.

Das Bad war sehr heiß und dampfig, und manchmal wurde ich auch mit einem *besiml* massiert, einem Bündel von Blättern, die in das Seifenwasser aus dem *wessle* getaucht wurden, einem hölzernen Gefäß. Danach musste ich meine Schuhe putzen und meine besten Kleider für den *Shabbos*, den Sabbat, zurechtlegen. Als ältester Sohn trug ich auch die Verantwortung dafür, zusammen mit meinem Bruder Meir Wolf den zweihenkeligen Topf mit dem *cholent*, dem traditionellen Eintopf, für unsere Familie zum Bäcker zu bringen.

Der Eintopf bestand aus Fleisch, Kartoffeln, Graupen, Bohnen und *kishka*, einer besonderen Wurst. Meine Mutter gab aber noch eine besondere Zutat hinein, nämlich *yapstock*, kleine Küchlein aus geraspelten rohen Kartoffeln, Kräutern und Gewürzen. Der Eintopf simmerte über Nacht zusammen mit Hunderten weiteren Töpfen aus anderen Häusern im Backofen und wurde dann am Sabbat als Hauptmahlzeit verzehrt.

Meine Mutter bestimmte am Freitagabend den Ton, indem sie an die Armen, die zu uns kamen, ihre *bulkelach* austeilte, kleine Zimtbrötchen. Dann zündete sie die Kerzen an und deckte den Tisch mit unserem besten Geschirr und Besteck. Mein Vater sprach über einem Glas mit hausgemachtem Wein aus Rosinen das *Kiddusch*, das Segensgebet. Manchmal brachten Verwandte uns Apfelwein.

Wir sprachen auch den Segen über dem *challos*, dem Hefezopf, und dann genossen wir Fisch, Kugel (eine Kasserolle aus Eiernudeln) und *tzimmes*, einen Eintopf aus süßem Wurzelgemüse. In der Luft hing kräftiger Kohlgeruch, entweder von einer Suppe oder von gefüllten Brötchen. Zwischen den Gängen und in Vorbereitung auf das Fleisch bekam jeder von uns ein kleines Gläschen Wodka. Und dann sangen wir *zmiros*, tausend Jahre alte Hymnen.

Am Samstagnachmittag zwischen den Gottesdiensten in der Synagoge besuchten wir unsere Großeltern, oder ich wanderte mit meinen Freunden im Hügelland. Sorglos, wie wir waren, hätten wir wohl besser mehr auf die Gespräche der Älteren gehört, die leise über die wachsende Bedrohung durch Hitler und den kranken deutschen Nationalismus diskutierten.

Gedanken an Krieg, Tod und Zerstörung lagen vollständig außerhalb unserer Vorstellungskraft. Doch all diese Freunde, diese Jungen, die über die Filme von Charlie Chaplin lachten und denen das ganze Leben noch bevorstand, waren zum Tode verurteilt. Keiner von ihnen hat überlebt. Unsere Gemeinschaft war nach materiellen Maßstäben sicher nicht reich, aber sie war spirituell gesegnet. Sie funktionierte, weil die Menschen tausendfach miteinander umgingen, in einer Weise, die unsere Unterdrücker zu Tode erschreckte.

Das waren die Leute, die die Nazis als Untermenschen bezeichneten. Und ich stehe hier als ihr Zeuge. Dieses Leben wollten die Nazis in Rauch aufgehen lassen. Ich bin hier, um den Schmerz mit ihnen zu teilen, obwohl ich bis heute nicht begreife, wie wenig Zeit uns noch blieb. Unsere ganze Welt sollte von einer unvorstellbaren Katastrophe verschlungen werden.

KAPITEL 2

DAS ENDE DER UNSCHULD

Mit zunehmendem Alter kommt ein gewisses Maß an heiterer Gelassenheit. Es fasziniert mich eher, als dass es mich beleidigt, wenn ich sehe, dass mein Erbe zu einer Touristenattraktion geworden ist, die sich um die geliebten Schauplätze meiner Kindheit gruppiert. Kazimierz, das jüdische Viertel von Krakau, wo ich von 1934 bis 1939 lebte, hat wie so viele Orte einen Weg gefunden, das Alte mit dem Neuen zu verbinden.

Offene Busse nehmen die Besucher über Kopfsteinpflaster, das einst im Blut schwamm, mit auf eine Tour, die in der Altstadt beginnt und bei Oskar Schindlers Emailwarenfabrik endet. Oft frage ich mich, was der einsame Mann, der im Chaos nach der Befreiung bei mir Trost suchte, davon halten würde, dass seine ehemalige Fabrik in ein Museum für zeitgenössische Kunst umgewandelt wurde.

Wir wohnten in der Szeroka-Straße Nummer 36, nachdem ich eine Weile bei meinen Großeltern mütterlicherseits gelebt hatte. In der Großstadt setzte ich meine Ausbildung in der Talmud-Thora-Schule fort, wo ich Arithmetik, jüdische Geschichte, Hebräisch und Latein lernte. Mein Vater fuhr gelegentlich in seine Mühle, die eine Stunde entfernt lag; der Laden meiner Mutter war geschlossen und unser Haus im *Schtetl* vermietet.

Die Szeroka ist eher ein Platz als eine Straße, ein mittelalterlicher Marktplatz, der ursprünglich, im 12. Jahrhundert, das Zentrum des Dorfs Bawół bildete. Wir wohnten zwei Häuser neben der berühmten Remuh-Synagoge, die Mitte des 16. Jahrhunderts zu Ehren der Familie von Rabbi Moshe Isserles erbaut worden war. Rabbi Moshe Isserles war ein weltberühmter Gelehrter, der die Theorie vertrat, das Ziel des Menschen sei »die Suche nach der Ursache und Bedeutung aller Dinge«. Bis zum Zweiten Weltkrieg besuchten Tausende von Pilgern jedes Jahr zu seinem Todestag sein Grab auf dem angrenzenden Friedhof.

Ein Reiseführer aus dem Jahr 1938 fasst den Geist des Viertels und der Zeit gut zusammen: »Kazimierz erinnert gelegentlich an orientalische Städte. Die Menschen verbringen ihr Leben im Freien, es wird laut gesprochen, und die Gespräche werden mit lebhafter Mimik und Gestik untermalt. An Feiertagen wird es gegen Abend ruhig in Kazimierz. Juden in langen Gewändern und mit pelzbesetzten Hüten gehen durch die Straßen, Kerzen leuchten in den Fenstern. Die Gotteshäuser füllen sich mit Betenden.«

Tatsächlich fühlten sich die Menschen hier wie Könige. Sie fühlten sich heilig und spirituell erhoben, glücklich. Der Marktplatz war voll und summte vor lauter Leben. Familien mischten sich, Kinder spielten, und die Menschen versammelten sich, um den Rednern in der Alten Synagoge aus dem 15. Jahrhundert und der Popper-Synagoge aus dem 17. Jahrhundert zu lauschen, die auch ich mit meinem Vater besuchte. Sie war ein kleines, aber reich geschmücktes Gotteshaus, auf dessen Türen Adler, Leopard, Löwe und Hirsch dargestellt waren, als Symbole der Charakterzüge, die einen frommen Mann auszeichnen.

Heute dient diese Synagoge als Buchladen und Kunstgalerie. Der Platz ist schön herausgeputzt, es gibt Läden mit Vintage-Kleidung und touristischen Souvenirs sowie Restaurants und Bars, von denen es heißt, sie seien im Stil des *shabby chic* gestaltet, was auch immer das bedeuten mag. Im Keller eines Hotels kann man eine *Mikwe*, ein rituelles Bad aus dem 16. Jahrhundert, besichtigen. Immerhin liegt der Schwerpunkt auf jüdischer Tradition. Schließlich haben wir bereits im Jahr 1264 von Bolesław V., genannt der Keusche, das Recht erhalten, frei unseren Glauben auszuüben, Handel zu treiben und zu reisen.

Gelegentlich, fast wie aus dem Nichts heraus, wird die Vergangenheit hörbar. Im nördlichen Teil des Platzes, unter einer Ansammlung von Ahornbäumen, die einen Begräbnisplatz aus der Pestzeit markieren sollen, befindet sich ein kleines Denkmal, das aus einem großen Stein gehauen wurde. Die Inschrift bezeichnet es als »Ort des Gedenkens für den Märtyrertod von 65 000 polnischen Bürgern jüdischer Herkunft aus Krakau«.

Unser Haus hatte drei Stockwerke, und im Erdgeschoss befand sich das neue Geschäft meiner Mutter, in dem Haushaltswaren, elegante Möbel, aber auch Armaturen und Beschläge verkauft wurden. Eine Werkstatt war an einen Bürstenmacher vermietet, im Untergeschoss wohnte ein Cousin. Wir betraten unsere Wohnung durch die Hintertür über eine Nebenstraße, die unseren Namen trägt: Lewkowa.

Heute ist dieser Eingang mit einer schützenden grauen Metalltür gesichert, denn er befindet sich auf der Rückseite einer Polizeiwache. Das Haus selbst verfiel und wurde irgendwann abgerissen. Als die Verfolgungen unerträglich wurden, gab meine Familie es auf – was wir tragen konnten, nahmen wir mit. Die hohen Gartenmauern sind geborsten und farblos, ein krasser Gegensatz zu dem so makellos herausgeputzten Platz. Gestrüpp und Unkraut wachsen in den Ritzen.

Die Polizisten waren sehr entgegenkommend, als ich ihnen bei meinem letzten Besuch meinen Pass zeigte und die Situation erklärte. Sie erlaubten mir, in den Fußstapfen des alten Hauses herumzugehen. Es fühlte sich seltsam an, so als ginge man über ein Grab. Der Giebel der Polizeiwache wurde von hohen Streben gestützt, die im Boden verankert waren.

Wie so vieles, was in den Wirren des Krieges und den nachfolgenden politischen Systemwechseln verloren ging, zählen auch hier die ursprünglichen Besitzverhältnisse nicht mehr viel. Vielleicht werden meine Enkelkinder einmal zurückkehren und den Familienbesitz erfolgreich zurückfordern. Ich werde dann nicht mehr da sein, auch wenn mein Geist bleibt. Ich bete darum, dass die jungen Menschen sich den Stolz auf ihre Identität und Herkunft bewahren.

Ich wurde Chasside, weil mich die melodischen Gedichte und Gebete ansprachen, die meine neuen Schulfreunde am Sabbat sangen. Ich konnte hören, wie glücklich sie waren, wenn sie von ihrem großen Rabbi Ben Zion Halberstam sprachen, dem zweiten in seiner Dynastie und Rabbi einer Gemeinde in Bobowa, einer Kleinstadt in Galizien, einer Provinz im Süden Polens.

Ich wünschte mir sehr, die Erfahrungen meiner Freunde aus der Familie Wagner zu teilen. Mein Vater war dagegen, dass ich die lange Reise von Krakau unternahm, auch weil er mich selbst unterrichten wollte, aber meine Mutter spürte, wie sich mein Glaube entfaltete, und fand, ich sollte gehen. Schließlich wäre das Wissen, das ein so berühmter Gelehrter wie der Rebbe mir vermitteln könne, eine ideale Vorbereitung aufs Erwachsenenleben.

Typisch für meine Mutter, bereitete sie mir einen Käsekuchen und eine gebratene Gans vor, damit ich auf der Reise nicht hungern müsste. Tatsächlich war ich während der dreistündigen Zugreise viel zu aufgeregt, um etwas zu essen, und teilte meinen Proviant mit meinen Freunden, als ich mein Bett in dem Schlafsaal für 30 Schüler bezogen hatte. Wir konnten es kaum erwarten, den *Schalom*, den Friedensgruß des Rebbe, zu empfangen. Ich betrachtete ihn voller Ehrfurcht, als er in die holzvertäfelte Halle trat.

Ich entsinne mich noch, als wäre es gestern gewesen. Er hatte ein heiliges Gesicht. Alle drängten nach vorn, um ihm zu begegnen. Seine scharfen Augen, die alles zu sehen schienen, schüchterten mich ein, zogen mich aber gleichzeitig magisch an. Ich kroch zwischen den Beinen der anderen hindurch, um ganz nach vorn zu kommen. Er bemerkte mich, schüttelte mir die Hand und fragte mich nach meinem Namen, den er von diesem Moment an nicht mehr vergaß. Zu meinem großen Erstaunen wurde ich aufgefordert, mich ihm und seinen Enkeln anzuschließen.

Er teilte an alle am Tisch das Challah-Brot aus. Ich war selig, es war eine große Ehre, und ich hatte keine Ahnung, warum ich ausgewählt worden war. Erst später erfuhr ich, dass die Wagners ihm berichtet hatten, dass ich von Reb Yoskele abstammte und nach ihm benannt worden war. Inzwischen war ich neugierig geworden und hatte zwei Seiten über Reb Yoskele in einem Geschichtsbuch mit dem Titel *Megillas Yochasin* gefunden. Sein vollständiger Name war Yosef Dovid Friedman, und er gehörte zur Familie der Kohns.

Als ich Bobowa ein paar Jahre später zum zweiten Mal besuchte, war ich ein frommer Anhänger des Rabbi, ein Chasside. Ich trug einen *bekeshe*, den seidenen Mantel, den Gebetsgürtel *gartel* und hatte mir Schläfenlocken, die *pajes*, wachsen lassen. Als der Rebbe mich fragte, was ich studierte und wer meine Lehrer seien, erzählte ich ihm stolz vom *Schtiebel*, dem Gebetsraum in unserer Straße, der gleich über einer übelriechenden Käserei lag.

In Bobowa begründete ich auch eine lebenslange Freundschaft mit Shlomo, seinem Sohn und Nachfolger als Rabbi. Shlomo versuchte damals gerade, sich erste Barthaare wachsen zu lassen; später, nach dem Zweiten Weltkrieg, war er die treibende Kraft bei der Wiedergeburt der chassidischen Dynastie in den Vereinigten Staaten. Wir knüpften an unsere alte Freundschaft an, als er mich in Buenos Aires besuchte, und wir sahen uns auch oft in New York, wo er in Borough Park, Brooklyn, arbeitete.

Wir trugen beide die Narben von Überlebenden des Holocaust. Shlomo war mithilfe eines Netzwerks von Anhängern der Verhaftung entgangen und mit falschen Papieren über Ungarn in Sicherheit gebracht worden. Er heiratete ein zweites Mal und bekam noch sechs Kinder mit seiner Frau Frieda Rubin – seine erste Frau Bluma und zwei ihrer drei Kinder, die Tochter Hentchi und der Sohn Mordecai Dovid, wurden in Auschwitz ermordet.

Als er im Sommer 2000 im Alter von 92 Jahren starb, hatte er seine Dynastie weiter ausgebaut, sodass es Zweige in New York, New Jersey, Montreal, Toronto, Antwerpen, London und Jerusalem gab. Naftali, sein einziger überlebender Sohn aus erster Ehe, wurde sein Nachfolger. Er war als Jugendlicher der Vernichtung entgangen, weil ihn sein Vater noch vor dem Krieg ins Heilige Land geschickt hatte. Naftali starb 2005 im Alter von 74 Jahren und liegt an der Seite seines Vaters auf dem Floral Park Cemetery in New Jersey begraben.

Ähnlich wie ich kam Shlomo nie über das grausame Ende seines Vaters hinweg. Als Lwiw, wo der Rabbi unter sowjetischer Herrschaft und dem scheinbaren Schutz des Hitler-Stalin-Pakts lebte, am 30. Juni 1941 von den Nazis erobert wurde, versteckte er sich fast einen Monat lang in einem geheimen Zimmer hinter einem Bücherregal, während seine Anhänger vergeblich versuchten, ihn in die USA zu evakuieren.

Er verließ sein Versteck, weil ein Freund dem fatalen Irrtum erlag, anzunehmen, seine Papiere, die ihn als Ausländer auswiesen, würden seine Sicherheit garantieren. Niemand hatte mit dem grausamen Pogrom gerechnet, das lokale Bauern und ukrainische Polizei unter Aufsicht der Nazis anzettelten.

Die Bauern versammelten sich am frühen Morgen des 25. Juli, brachen von den Polizeiwachen aus auf und griffen alle Juden, derer sie habhaft werden konnten, mit Knüppeln, Messern und Äxten an. Einige Juden wurden auf den jüdischen Friedhof gebracht und dort ermordet. Fünfköpfige Polizeistreifen sahen die Verzeichnisse jüdischer Führungspersönlichkeiten und Intellektueller durch und schickten Plünderer los, damit sie bestimmte Gebäude stürmten. Eins dieser Häuser beherbergte im ersten Stock die Wohnung, in der der Rebbe jetzt offen lebte, nachdem man ihn dazu ermutigt hatte.

Der Rebbe, sein Sohn Rabbi Moshe Aaron und andere bekannte Persönlichkeiten wurden an diesem Nachmittag zusammengetrieben und dazu gezwungen, in Dreierreihen und mit schnellen Schritten zu marschieren. Der Rebbe ging am Stock, konnte nicht mithalten und wurde mit einer Peitsche verprügelt, als er zurückfiel. Er brach zusammen, wurde mit Gewehrkolben auf den Kopf und ins Gesicht geschlagen und erreichte das Gestapo-Hauptquartier nur, weil er von seinem Schüler Eliyahu Avigdor und seinem Sohn Moshe gestützt wurde.

Am nächsten Tag wurden auch drei seiner Schwiegersöhne – Yecheskel Halberstam, Moshe Stempel und Shlome Rubin, allesamt Rabbis – verhaftet. Die fünf Männer aus der Familie sowie Herr Avigdor gehörten zu den etwa 20 000 Juden, die wenig später im Wald von Janover erschossen und in Massengräbern verscharrt wurden. Dieser Tag, Montag, der 28. Juli 1941, gehört zu den vielen Tagen, die für immer mit Schande behaftet sein werden.

In seiner Weisheit verfügte der Rebbe über eine schreckliche Voraussicht. Ihm waren die historischen Folgen der Ausweisung polnischer Juden aus Deutschland im Oktober 1938 vollkommen klar. Ich erinnere mich noch an seinen offenen Brief, mit dem er die Gemeinschaft bat, den Flüchtlingen zu helfen: sogenannten »Ostjuden«, die vollkommen mittellos ankamen. Der Brief wurde in der Synagoge verlesen.

Wir nahmen zwei vertriebene Familien bei uns auf und breiteten Decken, Mäntel, Laken und alles andere, was als Polster dienen konnte, auf dem Boden aus, sodass sie erst einmal eine Schlafstätte hatten. Wir gaben ihnen zu essen, aber wir fühlten auch mit ihnen in ihrer Angst und Verwirrung. Gebrochene Menschen, die nicht wussten, wohin sie gehen sollten; Menschen, die plötzlich und ohne jede eigene Schuld in bittere Armut gestürzt waren. Die Stimmung in Krakau war düster und furchterregend.

Gruppen von Erwachsenen versammelten sich auf dem Platz und stellten sich die schreckliche Frage: Wen würde es als Nächsten treffen? Einen Monat später, nach der sogenannten Kristallnacht, der Pogromnacht vom 9. auf den 10. November, in der fast 200 Synagogen in ganz Deutschland zerstört und 8000 jüdische Geschäfte geplündert wurden, kannten wir die unausweichliche Antwort. Dreißigtausend jüdische Männer wurden von den Nazis in Arbeitslager deportiert.

Die jüdische Gemeinschaft erhielt den Befehl, eine Strafsteuer von einer Milliarde Reichsmark als »Sühneleistung« zu zahlen, und das Regime setzte in schneller Folge 400 antijüdische Gesetze und Verordnungen in Kraft oder verschärfte bereits bestehende Anordnungen. Juden verloren ihre Arbeit und durften auch nicht mehr als Ärzte, Anwälte oder Journalisten tätig sein. Sie verloren ihre Bürgerrechte, durften nicht mehr mit der Straßenbahn oder mit dem Zug fahren. Es war ihnen verboten, ein Radio zu besitzen – ja sogar der Besitz eines Hundes wurde ihnen untersagt.

Ich erinnere mich zwar, von der Kristallnacht gehört zu haben, und die Sorge meiner Eltern war offensichtlich, doch letztlich war ich zu jung, um das alles zu begreifen. Trotzdem war auch mir klar, dass etwas im Busch war. Ich hörte den Namen »Hitler« so oft, dass ich anfing zu zittern, sobald er erwähnt wurde. Wir begriffen, dass wir schutzlos waren, weil die Gewalt sich inzwischen auch ins Nachbarland Österreich und ins Sudetenland in der Tschechoslowakei ausbreitete, die beide kürzlich von Deutschland annektiert worden waren. Polen stand jetzt an vorderster Front.

Bei aller Nervosität ging das Leben aber weiter, und ich war kurz davor, erwachsen zu werden. Als ich 13 Jahre alt wurde, feierten wir in aller Stille meine *Bar-Mizwa*. Die Gemeinde wünschte mir *mazel tov*, nachdem ich zum ersten Mal den Thora-Segen rezitiert hatte. Mein Vater spendierte *lekach*, einen Honigkuchen, und eine kleine Flasche Wodka. Ich versuchte, meine Brüder mit Singen und Spielen zu beschäftigen, aber es war unmöglich, die polnischen Soldaten zu ignorieren, die plötzlich auf der Straße zu sehen waren.

Am 3. Mai 1939, dem polnischen Unabhängigkeitstag, sahen wir sie wieder marschieren, diesmal mit klingendem Spiel. Irgendwie kamen uns allen der Pomp und die Feierlichkeit sehr hohl vor. Die Bürgerwehr forderte die Menschen dringend auf, Gräben zu ziehen, in denen man Schutz suchen konnte, wenn es zum Kampf mit den deutschen Soldaten kommen sollte – die bisher noch nicht aufgetaucht waren.

Ein Teil der kleineren Kinder wurde in den großen Ferien dieses so schrecklich unterbrochenen Sommers in die umliegenden Dörfer gebracht. Meine Familie entschloss sich, in Krakau zu bleiben, während einige Freunde fanden, es wäre besser, sich aufs Land zurückzuziehen. Wir hielten zusammen und stärkten uns gegenseitig. Wir hofften das Beste und befürchteten das Schlimmste.

Niemand rechnete damit, dass die Deutschen so schnell kommen würden, ohne dass ein Schuss abgefeuert wurde. Ich war gerade unterwegs, um beim Ausheben dieser nutzlosen Gräben zu helfen, als wir die Nachricht bekamen, wir sollten Schutz suchen. Explosionen wiesen darauf hin, dass wichtige städtische

Gebäude von Bombern angegriffen wurden. Sobald das Dröhnen der Flugzeuge nachließ, konnten wir unsere Neugier nicht mehr bezähmen und schauten uns die noch rauchenden Einschlaglöcher an.

Das Ganze wirkte vollkommen unwirklich und wurde doch zu einer neuen Art von Normalität. Wir lernten auf die Sirenen zu reagieren und beobachteten die tieffliegenden Maschinen der Luftwaffe, die mit uns machten, was sie wollten. Am frühen Morgen des 1. September 1939 marschierten die Deutschen ein. Da Krakau recht nah an der Grenze zu Österreich lag, war die Wehrmacht in der Stadt, bevor die polnischen Soldaten auch nur ihre Uniformen angezogen hatten.

Wie alle Männer unter 50 Jahren unterlag auch mein Vater der Mobilmachung. Doch als er zu seiner Meldestelle kam, musste er feststellen, dass die Deutschen schon da waren. Also ging er wieder nach Hause, während ich mit ein paar Freunden in einem nahe gelegenen Park spielte. Wir versteckten uns auf Bäumen und im Gebüsch, als wir die Panzer hörten, und lugten hinaus, um sie zu beobachten. Ihnen folgten Lastwagen, Motorräder und Panzerfahrzeuge.

Die Soldaten trugen kugelsichere Westen und verschiedene Waffen, die jeden Jungen beeindrucken mussten. Sie marschierten durch die Straßen und sangen Siegeslieder. Wir staunten sie an, zu unreif, um uns zu fürchten, als ein Panzer direkt vor uns anhielt. Ein Soldat öffnete die Luke und winkte uns heran. Da ich nicht wusste, was ich sagen sollte, grüßte ich ihn einfach mit »Hallo« in meinem besten Deutsch.

Er verlor keine Zeit mit uns. »Wo kann ich Niveacreme kaufen?«, fragte er. Als ich ihm zeigte, wo die nächste Apotheke zu finden war, bedankte er sich lächelnd und verschwand wieder im Geschützturm. Waren das die Ungeheuer, von denen wir schon so viel gehört hatten?

Es dauerte nicht lange, dann fanden wir die Antwort heraus. Fast sofort wurde uns verboten, uns auf der Straße zu versammeln oder in Gruppen miteinander zu sprechen. Plakate warnten vor härtesten Strafen für jede Form von Ungehorsam. Lautsprecher verkündeten praktisch jeden Tag auf Deutsch und Polnisch neue Einschränkungen. Ich ging noch eine kurze Weile zur Schule, doch als unsere Routine erst einmal durchbrochen war, gab ich auch das Lernen auf. Es dauerte noch einen Monat, dann wurde die Stimmung richtig feindselig.

Zunächst wirkten die aus zwei Personen bestehenden Streifen nicht sehr bedrohlich. Sie befahlen uns, still zu sein, zogen es aber vor zu beobachten, statt zu provozieren oder uns zu belästigen. Als sich die Situation änderte, wurden die sichtbar orthodoxen Juden zur Zielscheibe. Die Deutschen machten sich über unsere Kleidung lustig, lachten uns ins Gesicht und beleidigten uns mit zunehmender Gehässigkeit.

»Schmutziger Jude!« Man musste kein Deutsch können, um das zu verstehen.

Als die Verfolgung intensiver wurde, bestanden meine Eltern darauf, dass ich aus Sicherheitsgründen meine Schläfenlocken entfernte. Die Deutschen schubsten uns ständig vom Gehweg, und manchmal wurden frommen Juden willkürlich die Bärte und Schläfenlocken abgeschnitten. Niemals werde ich den Anblick vergessen, wie vier Nazis einem älteren Mann den Bart mit einem Feuerzeug absengten. Als er vor Schmerz und Panik schrie, lachten sie ihn aus und ließen den Weinenden dann einfach im Rinnstein liegen.

Allmählich wurden die Verfolgungen immer schlimmer. Soldaten zerschnitten traditionelle jüdische Kleidung mit dem Bajonett, wobei sie absichtlich auch die Haut verletzten. Am Sabbat trug ich immer noch meinen seidenen *bekeshe,* doch unter der Woche verlegte ich mich auf normale Kleidung, um nicht aufzufallen. Ab dem 1. Dezember mussten wir weiße Armbinden mit einem blauen Davidstern tragen, sodass man uns gleich als Juden erkennen konnte.

Unser Alltagsleben wurde erbarmungslos ausgelöscht. Die Eroberer beschränkten die Stunden, die wir uns außerhalb unserer Häuser aufhalten konnten, und befahlen Juden, die Straßen zu fegen, wobei sie sie grund- und erbarmungslos schlugen. So begann die Zeit der Zwangsarbeit. Es war schwere, schmutzige Arbeit, die zum Ziel hatte, uns zu demoralisieren.

Meine Familie hatte vor dem Einmarsch der Deutschen einige Lebensmittelvorräte angelegt, doch als der Mangel drückend wurde und die Preise vollkommen außer Kontrolle gerieten – manchmal verdoppelten sie sich über Nacht –, schlich ich mich zu den Großhändlern und kaufte wahllos auf, was es gerade gab. Normalerweise wäre das ein kluges Geschäftsgebaren gewesen, doch zu dieser Zeit wurde sämtliches Geld, das wir verdienten, indem wir Lebensmittel weiterverkauften, schnell wertlos.

Jeden zweiten oder dritten Abend wickelte ich mich vor dem Beginn der nächtlichen Ausgangssperre in eine Decke und schlief so gut ich konnte auf dem Bürgersteig vor der Bäckerei. Es blieb einem gar nichts anderes übrig, als sich nachts dort anzustellen, denn die Bäckerei durfte nur noch 50 Laibe Brot pro Tag verkaufen. Die Warteschlange reichte um den ganzen Häuserblock, sodass Hunderte leer ausgingen. Wer Glück hatte, durfte einen Laib Brot mitnehmen, mehr war ohnehin nicht erlaubt.

Während sich der Hunger überall breitmachte, erinnerten wir uns an unsere heilige Pflicht zur Großzügigkeit und verschenkten jeden Tag ein paar Stücke Brot und etwas Suppe an Bettler, die bei uns anklopften. Unsere Mägen sind nicht aus Glas, man sieht also nicht, ob sie leer sind, aber die Augen hungernder Menschen sagen alles. An manchen Tagen hätte ich mir gewünscht, wir wären Tiere. Dann hätte man sich um uns gekümmert und uns gefüttert. Und wenn wir krank geworden wären, hätte man den Tierarzt geholt.

Für größere Unternehmen setzten die Nazis sehr bald angeblich neutrale »Treuhänder« ein, eine Maßnahme, die förmlich zu Habgier und Korruption einlud. Juden wurden von ihren traditionellen Handelsbereichen – Textilien, Baumwolle, Leinen, Leder und Schuhe – ausgeschlossen. Ihre Bankkonten wurden gesperrt. Ende 1939 war sämtlicher Besitz von Gold, Silber und Edelsteinen, soweit nicht versteckt, beschlagnahmt.

Viele Läden schlossen, andere wurden von Polen geplündert, die die Fenster zerschlugen und die Waren auf den Bürgersteig zerrten, sodass sich jeder nehmen konnte, was er wollte. In einem Fall war ich in der Nähe des Platzes unterwegs und bemerkte einen Tumult um ein Holzfass. Weil ich noch ziemlich klein war, konnte ich mich durch die Menge schlängeln, und als ich sah, dass sich die Leute um Schokolade stritten, tat ich es ihnen nach und schnappte mir so viel, wie ich konnte.

Der Krieg ließ allen Anschein von Würde und Anstand verschwinden. Ein hässlicher Antisemitismus machte sich auch bei den Menschen bemerkbar, die wir bisher als Nachbarn geschätzt hatten. Schon vor dem Krieg hatte er unter der Oberfläche gelauert; immer wieder sah ich Wandschmierereien mit Texten wie »Schickt die Juden nach Palästina« oder »Juden sind Kommunisten«.

Deutsche Soldaten bedienten sich ungeniert an jüdischem Eigentum, und in unserer Gemeinde war sogar davon die Rede, dass Deutsche über die Grenze kamen, um zu stehlen. Die Berichte über Menschen, die schlecht gekleidet in die Stadt gekommen waren und sie in schicken Anzügen und mit Schmuck und allerlei Haushaltswaren bepackt wieder verließen, waren zu zahlreich, als dass man sie ins Reich der Fantasie hätte verbannen können.

Erst viel später, als ich mit den Forschern in Yad Vashem

in Jerusalem über meine Erfahrungen sprach, wurden mir die Wurzeln all dieser Ungeheuerlichkeiten klar. Auf der einen Seite werden Juden nach wie vor schuldig gesprochen, Jesus Christus für 30 Silbergroschen verraten und ermordet zu haben. Auf der anderen Seite hasst man sie, weil sie angeblich die Weltherrschaft an sich reißen wollen.

Viele schlummernde Erinnerungen wurden durch die Bilder von Leid und Massenmord in der Gedenkstätte wieder aufgeweckt, aber ein Ausstellungsgegenstand fasste für mich zusammen, welche niederen Instinkte mit diesem Gift angesprochen wurden. Es war ein beliebtes deutsches Brettspiel aus dem Jahr 1936 mit dem Namen *Juden Raus*. Ziel dieses Spiels war es, die schmutzigen, hässlichen Gestalten aus dem eigenen Land zu vertreiben. Um zu gewinnen, musste man alle ihre Läden übernehmen und ihre Waren an sich bringen.

Wer Menschen Macht gibt, muss damit rechnen, dass sie sie missbrauchen, sogar gegen ihre eigenen Leute. Die Gestapo kontrollierte alle jüdischen Angelegenheiten über den »Judenrat«, auf Hebräisch auch *Kahal* genannt. Dieser Judenrat stellte eine eigene Polizeitruppe auf, den »Jüdischen Ordnungsdienst«, abgekürzt OD, der die Befehle der SS ausführte.

Diese Polizisten waren genauso schlimm wie die Nazis. Sie versorgten die Deutschen mit Ortskenntnissen und schienen geradezu Freude an der Verfolgung zu haben, wenn sie Razzien durchführten und die Menschen aus ihren Betten zerrten. Was als fast bürokratische Übung begann, um Arbeitsquoten zu erfüllen, wurde bald zu einem mörderischen Werkzeug der Unterdrückung. Bei einer Gelegenheit wurden 300 Juden abgeholt. Wie sahen sie nie wieder.

Einer unserer Nachbarn, Moszke, wurde besonders gehasst und gefürchtet, als er dem OD beitrat. Wir wussten, dass wir uns von ihm fernhalten mussten, weil er offen mit den Deutschen kollaborierte. Loyalität ehemaligen Freunden oder Nachbarn gegenüber bedeutete ihm nichts, er diente voller Eifer seinen neuen Herren. Früher war er Stammkunde bei meiner Mutter gewesen, aber aus der Verbindung mit ihm konnte man keine Vorteile ziehen.

Es war schrecklich. Niemand wusste, wann sie an die Tür klopfen würden. Mitglieder des Judenrates erpressten hohe Schutzgelder. Wenn diese sogenannten »Beiträge« nicht bezahlt wurden, verschwanden noch mehr Leute. Mitglieder des OD bereicherten sich selbst und die Deutschen durch die Beschlagnahmung von Wertgegenständen, Devisen und allem, was interessant war, ob nun Pelzmantel oder Radio.

Irgendwann traf es auch uns. Mein Onkel Leibish wurde verhaftet und in das berüchtigte Montelupich-Gefängnis nördlich der Krakauer Altstadt geworfen. Man schlug ihn zusammen, weil während einer Durchsuchung seines Hauses ein kleines Mädchen, eine Verwandte mütterlicherseits, die bei der Familie untergekommen war, in Panik geriet und den Polizisten verriet, wo er ein paar britische Pfund versteckt hatte.

Da ich klein, gelenkig und unerschrocken war – schließlich wollte ich beweisen, dass ich ein Mann war –, schickte man mich los, um ihm eine Nachricht zukommen zu lassen. Darin ging es um den Anwalt, der ihn verteidigen sollte. Ich kletterte auf die Mauer, schob ihm ein Butterbrot durch das Gitter vor seinem Fenster und forderte ihn so laut ich es wagte auf, er solle es aufklappen.

Auf wundersame Weise, und sicher auch durch einige Bestechung, wurde er irgendwann aus dem Gefängnis entlassen. Sein Haar war lang geworden, verfilzt und voller Läuse. Bevor man ihn ins Gefängnis geworfen hatte, war er ein kluger, intelligenter und erfolgreicher Mann gewesen. Als er herauskam, war er geschwächt, demoralisiert, ein gebrochener Mensch. Es war zum Verzweifeln, ihn in diesem Zustand zu sehen.

Und der Würgegriff der Nazis wurde stärker und immer tödlicher. Die Läden waren leer, es gab kaum noch Rohstoffe, und die Bauern mussten den allergrößten Teil ihrer Ernte an die Behörden abgeben. Die Bewohner der umliegenden Dörfer wagten sich nicht in die Stadt, und die Stadtbewohner, die versuchten, aufs Land zu fliehen, brachten sich damit in Lebensgefahr.

So standen auch meine Eltern vor einem schrecklichen Dilemma. Bleiben und langsam verhungern oder fliehen und uns alle einem tödlichen Risiko aussetzen? Als die ersten Gerüchte die Runde machten, man werde alle Juden in ein Ghetto pferchen, sahen sie keine andere Möglichkeit mehr, als den Versuch zu unternehmen, nach Działoszyce zu fliehen. Immerhin besaß mein Vater ja noch seine Mühle, also nahm er an, wir könnten dort eher etwas zu essen auftreiben.

In einer dunklen Nacht schlichen wir aus unserem Haus und eilten zu einem bestellten Boot auf der Weichsel. Nie war der Kosename dieses Flusses, »unsere Mutter«, so passend wie in dieser Nacht. Sie hielt uns eng umschlungen und brachte uns bis zum Morgen zum Haus eines Onkels im Krakauer Vorort Nowe Miasto, wo die Präsenz der Deutschen, wie es hieß, nicht gar so drückend war.

Um dorthin zu gelangen, mussten wir nach Norden statt nach Westen fahren, doch es schien uns ein gutes Etappenziel zu sein. Etwa sechs Wochen lang blieben wir ganz für uns, und das Leben war erträglich. Mein Vater ging glatt rasiert und im Anzug statt in traditioneller Kleidung, doch als er eines Tages auf dem Marktplatz von SS-Leuten brutal geschlagen wurde, stand sein Entschluss fest: Wir waren hier nicht mehr sicher, wir mussten mit der ganzen Familie weiterfliehen und auf unser Schicksal vertrauen.

KAPITEL 3

DER LETZTE ABSCHIED

Ich wuchs viel zu schnell heran, ein Junge, der sich als Mann verkleidete. Zum Teil war das der Notwendigkeit geschuldet, denn da ich so jung und schmal war, weckte ich nicht so leicht Verdacht wie ältere, reifere Jugendliche. Ich war immer schon findig und willensstark gewesen, und jetzt, da alle Sicherheiten des Lebens verloren gegangen waren, machte ich eine Tugend aus meiner Fähigkeit, blitzschnell zu reagieren.

Wie schwierig unsere Situation war, wurde deutlich, als wir in Działoszyce ankamen. Das *Schtetl* füllte sich mit Menschen, die ähnlich wie wir aus nahe gelegenen Städten wie Łódż, Pińczów und Zagłębie gekommen waren. Mit Beginn des Jahres 1940 sperrten uns die Nazis praktisch ein, indem sie Juden verboten, ohne vorherige Genehmigung eine neue Adresse anzunehmen.

Uns blieb gar nichts anderes übrig, als einstweilen bei Sheindel Chaba unterzukommen, der Schwester meines Vaters. Das bedeutete, dass unsere gesamte Familie sich ein kleines Zimmer teilen musste, während meine Eltern verzweifelt versuchten, die zerrissenen Fäden unserer Vorkriegsexistenz wieder zusammenzuknüpfen.

Es dauerte eine Weile und war mit dem einen oder anderen Kuhhandel verbunden, uns wieder in die Wohnung zu bringen, die mein Vater vermietet hatte, als wir nach Krakau gezogen waren. Doch es stellte sich bald heraus, dass dies noch seine –

und unsere – geringste Sorge war. Denn inzwischen war die Mühle an einen nicht jüdischen Polen übergeben worden, da mein Vater unter dem Besatzungsrecht einen solchen Betrieb weder besitzen noch führen durfte.

Der polnische Eindringling nahm schon bald sein Versprechen zurück, uns etwas Getreide als Kompensation zukommen zu lassen. Er war ein arroganter, gefühlloser Mensch. Als mein Vater noch einmal zu ihm ging, um ihn zu bitten, sich die Sache zu überlegen, verkaufte er ihm widerwillig eine geringe Menge Mehl, und das zu einem überhöhten Preis. Doch uns blieb nichts anderes übrig, als unseren Stolz herunterzuschlucken und das Angebot zu akzeptieren.

Als meine Mutter sich daranmachte, aus dem Mehl Brot zu backen, stellte sie fest, dass sie kein Salz hatte. Wir suchten überall danach, konnten aber vor Ort nichts finden, also verzichtete sie darauf. Was soll ich sagen? Wir waren hungrig wie die Wölfe, aber das Brot schmeckte trotzdem furchtbar. Es war trocken und fühlte sich an, als würden wir auf Stroh herumkauen. Doch unsere Mägen waren so leer, dass wir die Scheiben dennoch mit geschlossenen Augen aßen.

Und wir konnten noch von Glück sagen, denn es gab andere Flüchtlinge, die in unhygienischen Verhältnissen zusammengepfercht leben mussten, oft sogar ohne fließendes Wasser. Etwa 1000 Menschen waren in der Synagoge und dem anschließenden *Beth-Midrasch*, unserem Lehrhaus, untergebracht. Dort schliefen einige Familien in Regalen, nur mit dünnen Leinentüchern als Zudecken. Selbst wenn man von den Sorgen absah, die der Krieg uns bereitete, mussten wir darum kämpfen, Leib und Seele zusammenzuhalten.

Die Deutschen waren am 8. September nach Działoszyce gekommen, eine Woche nach ihrem Einmarsch in Krakau. Das Bezirkshauptquartier befand sich in Miechów, etwa 25 Kilometer entfernt. Die jüdische Gemeinde hatte dadurch zwar unter den üblichen Verbrechen der Soldaten zu leiden, die die Menschen willkürlich bestahlen, doch die Verfolgung war etwas weniger intensiv als in Krakau, zumindest am Anfang.

Wir mussten zusehen, dass wir an Lebensmittel und andere Güter kamen, auch wenn wir ab Ende Januar die Region unter keinen Umständen mehr verlassen durften. Einige Leute verkleideten sich als Nichtjuden und reisten in die Nachbarstädte und -dörfer, wo sie Waren kauften und das, was sie nicht brauchten, mit gutem Profit im *Schtetl* verkauften.

Das bedeutete aber natürlich, dass man die verhasste Armbinde mit dem Davidstern abnehmen musste. Erst kürzlich ist mir klar geworden, welche historische Last damit verbunden war. In Yad Vashem habe ich erfahren, dass derartige Symbole schon seit dem Mittelalter benutzt wurden, um Juden identifizieren zu können. In Frankreich mussten sie beispielsweise einen gelben Kreis an ihrer Kleidung tragen.

Damit ist ein gravierender Übergriff verbunden. Die eigene Identität ist nicht mehr persönlich oder privat, sondern wird absichtlich zu einer Quelle öffentlicher Schande gemacht. Wir wurden gebrandmarkt wie Vieh, doch wer sich dem widersetzte, begab sich in große Gefahr. Wenn man sich ohne den Stern erwischen ließ, wurde man in der Regel sofort und ohne Nachfragen erschossen. Doch ich war naiv und impulsiv und fand, es sei meine Pflicht als ältester Sohn, für unsere Familie etwas zu essen zu besorgen, woher auch immer.

Also machte ich mich in den umliegenden Dörfern auf die Suche nach Salz. Man hatte mir schon oft gesagt, ich sähe gar nicht jüdisch aus, also trug ich normale Kleidung und ein Barett und versteckte meine Zizit, die Schaufäden, die fromme Juden immer tragen, in der Kleidung. So wurde ich nicht gleich erkannt und konnte voller Gottvertrauen losgehen und an Türen klopfen.

Ich war sehr vorsichtig, hatte aber auch Glück. Und als ich zurückkam und genug Salz aufgetrieben hatte, dass meine Mutter backen konnte, war ich mächtig stolz und erleichtert. Es kostete Unsummen, aber Geld war nicht unser Hauptproblem, man konnte ja ohnehin kaum etwas kaufen.

Doch um am Ende nicht mit meinem Leben zu bezahlen, brauchte ich einen besseren Schutz. Und ich bekam ihn in Form falscher Papiere, die mir mein Onkel über einen Kaufmann namens Zadon besorgte, der die Schuhfabrik meines Onkels in Österreich bei Kriegsbeginn übernommen hatte. Zadon war der Hauptvertreter der Fabrik in Deutschland gewesen und gleich zu Anfang in die NSDAP eingetreten, sodass er das Vertrauen des Regimes genoss. Zum Beweis zeigte er uns seine Mitgliedskarte mit einer sehr niedrigen Nummer, doch er versprach uns gleichzeitig, er werde sich um uns kümmern. Oberflächlich betrachtet, war das verrückt, doch mein Onkel betrachtete diesen Mann fast als Familienmitglied. Zadon kam oft zum Sabbatessen in die Wohnung meines Onkels in Krakau und sang mit der Familie die Zemirot, mit denen der Schöpfer gepriesen wird.

Die falschen Papiere wiesen mich als polnischen Arbeiter in seiner Schuhfabrik aus, die einen Vertrag mit der Wehrmacht über die Lieferung von Lederstiefeln hatte. Und da diese Papiere den verurteilenden Stempel mit dem J nicht enthielten, erfuhr niemand von meinem Glauben. Ich nahm trotzdem ein ungeheures Risiko auf mich, doch auf diese Weise konnte ich immerhin meine Eltern überzeugen, dass ich nicht vollkommen verrückt geworden war. Rasch wurde ich zu einem effizienten Schmuggler und kannte mich gut auf dem Schwarzmarkt aus, wo ich Mehl und Hefe besorgen konnte.

Ich kaufte alles, was mir in die Finger kam. Bauern verkauften Rüben, Gerste, Bohnen, Kohl, Gurken, Karotten, Kartoffeln und Zwiebeln. Meine Familie hatte natürlich den ersten Zugriff, doch sobald wir unsere Vorräte aufgestockt hatten, verkaufte ich den Rest zum dreifachen Preis, um wieder genügend Kapital für die nächste Einkaufsfahrt zu haben. Die Lektionen, die ich auf der Straße vor dem alten Laden meiner Mutter gelernt hatte, kamen mir jetzt sehr zugute.

Doch ich war natürlich nicht unfehlbar. Einmal kaufte ich einen großen Sack Bohnen in einem Dorf vor den Toren Krakaus und beglückwünschte mich schon wegen des Gewinns, den sie mir unweigerlich einbringen würden. Ich fuhr mit einem Taxi nach Hause und versteckte sie unter der Motorhaube – ein schwerer Fehler, denn als ich nach Hause kam, stanken die Bohnen nach Benzin. Wir wuschen sie gründlich, bevor wir sie kochten, aber der Gestank verschwand nicht – sie waren und blieben ungenießbar.

Wir versuchten es noch damit, sie auf dem Dach zu trocknen, doch auch frische Luft und Frühlingssonne nützten nicht viel. Schließlich verschenkten wir sie an Menschen, die entweder mittellos oder verzweifelt genug waren, um sie zu essen. Und ich hatte die wichtigste Lektion des Geschäftslebens gelernt: Halt dich nicht mit Misserfolgen auf, auch wenn sie vermeidbar gewesen wären. Konzentrier dich auf die Zukunft und neue Gelegenheiten.

Die kamen auch bald, als ich feststellte, dass die Schuhe vieler Leute abgetreten waren. Klagen über Löcher in den Schuhsohlen wurden laut, also nutzte ich die Kontakte meines Onkels, um kleine Stücke Leder zu besorgen. Dazu musste ich allerdings bei Nacht und Nebel nach Krakau reisen. Ich dachte mir, wenn ich mit dem Taxi führe, würde ich nicht so leicht in eine Kontrolle geraten. Auf der Rückfahrt nutzte ich den alten Trick, meine Waren unter der Motorhaube zu verstecken. Diesmal konnte ja nichts verdorben werden.

Doch die Lederstücke konnten das Problem nur vorübergehend lösen. Und so machte ich mich daran, die Marktlücke zu schließen, indem ich Gummisohlen besorgte. Die waren nicht leicht zu kriegen, es handelte sich ja um eine relativ neue Entwicklung. Ich musste also ein wenig um die Ecke denken. Tatsächlich hatte ich von einer Fabrik gehört, die große, breite Gummimatten verkaufte. Ich versteckte die Kostbarkeit unter meinem Mantel, indem ich sie mir um die Taille band.

Ich muss ziemlich komisch ausgesehen haben, klein und dick, aber ich ging von Haus zu Haus und verkaufte das Gummi stückweise. Die Leute rissen sich um diese zerschnittenen Gummimatten. Dann erinnerte ich mich an meine kurze Zeit in einer öffentlichen Schule, wo ich Nähen gelernt hatte, also kaufte ich Nadeln und Garn, mit denen die Leute ihre Kleidung reparieren konnten.

Wenn ich mit dem Zug fuhr, versteckte ich meine Taschen unter der Sitzbank. Zum Glück wurde ich nur einmal von den Deutschen kontrolliert, und da hatte ich nur einen alten Koffer bei mir, in dem ein paar zerlumpte Kleidungsstücke lagen. Damit war ich in Sicherheit – meine illegal erworbenen Waren hatte ich vorsichtshalber in einem anderen Waggon versteckt, weil mir schon auf dem Bahnhof die erhöhte Aufmerksamkeit der Wachen aufgefallen war.

Natürlich hatte ich ständig Angst, aber wir mussten ja von irgendetwas leben. Ich hatte ein schlechtes Gewissen, weil mein Vater dem lokalen Judenrat zum Opfer gefallen war, der einen speziellen Arbeitsdienst ins Leben gerufen hatte. Damit waren alle arbeitsfähigen Männer ab einem Alter von 14 Jahren zur Zwangsarbeit für die Deutschen verpflichtet. Familienoberhäupter waren allerdings ausgenommen, und es gab auch einige Ausnahmen für soziale Härtefälle.

Theoretisch war das eine gute Idee, die jedoch wieder zum Vorwand für Erpressung wurde. Reichere Familien kauften sich mit Bestechung frei oder zahlten ärmeren Leuten einen Tageslohn von 5 bis 10 Złoty, wenn sie als Vertretung fungierten. Dieser Lohn war lächerlich niedrig, was man auch daran sieht, dass die Mindestsumme für Bestechungen der Besatzungsbehörden bei 500 Złoty lag.

Die Deutschen setzten einen Aufseher namens Mucha bei der Straßenreinigung ein. Dort arbeitete auch mein Vater, er sammelte Müll ein, grub Abwasserkanäle, räumte den Schnee und arbeitete auf den Feldern. Immer wieder wurde er geschlagen, weil er angeblich nicht hart genug arbeitete. Die Arbeit ging von Sonnenaufgang bis Sonnenuntergang. Gelegentlich ging ich an seiner Stelle, damit er sich erholen konnte, denn es war eine extrem harte und anstrengende körperliche Arbeit.

Wir schnitten Getreide und ernteten Kartoffeln mit bloßen Händen, und wir mussten auch in den Wald gehen, um Bäume zu fällen und zu Feuerholz zu zersägen. Oft wurden Leute von der jüdischen Polizei, dem verhassten OD, einfach von der Straße weg zur Arbeit verpflichtet. Die Polizisten prahlten, unsere Körper seien ihr Eigentum und sie könnten mit uns machen, was sie wollten. Die SS fand Freude an anderen entwürdigenden Maßnahmen, zum Beispiel dem Verbot, Bärte zu tragen. Das verstörte die Männer sehr, viele riskierten sogar Strafen und weigerten sich, sich zu rasieren.

Einige jüngere Männer wurden in Arbeitslager unweit von Krakau gebracht. Danach forderte man Lösegelder für ihre Freilassung, oder sie wurden zur Arbeit bei der deutschen Baufirma Richard Strauch verpflichtet, die besonders eifrig daran interessiert schien, von unserem Elend zu profitieren. Die Arbeitsbedingungen waren schrecklich. Immerhin versuchte der Judenrat, Lebensmittelpakete und wärmere Kleidung zu organisieren. Auch hier lief es wie gewohnt: Wenn man die richtigen Leute schmierte, konnten Söhne zu ihren Familien zurückkehren. Bayerlein, der Leiter der lokalen Gestapo, war der berüchtigtste Schurke von allen.

Mittlerweile ächzte Działoszyce unter der Last zusätzlicher Flüchtlinge. Hunderte Familien hausten in öffentlichen Gebäuden. Die Synagoge, in der weder Gottesdienste noch Thorastudien abgehalten werden durften, wurde zum Magnet der Obdachlosen. Die zionistische Jugendorganisation schickte ihre Mitglieder von Haus zu Haus und sammelte Kleidung, Decken und Möbel, vor allem aber Lebensmittel.

In einem Raum über dem Lehrhaus wurde ein öffentlicher Speisesaal eingerichtet, wo warmes Essen und Brot verteilt wurden. Die meisten Menschen, die hier ehrenamtlich mitarbeiteten, wurden später im Lager Belzec ermordet. Um ihnen die Ehre zu erweisen, will ich hier wenigstens einige Namen nennen, die in einem Einwohnerverzeichnis aufgelistet sind: Salomea Gertler, die Frau von Shlomo, Joseph und Solomon Shulimovitch, Shlomo und Hayyim Kaczka, Moshe Kamelgarten und Mottel Rozeneck. Ich weine um sie.

Ende 1940 waren Tausende auf die Wohltätigkeit dieser Menschen angewiesen, doch der Mangel an sanitären Anlagen und die Überbelegung führten zu wachsenden Gesundheitsproblemen. Die Menschen, die im Lehrhaus lebten, hatten keine Toiletten zur Verfügung, und das Wasser musste vom Brunnen geholt werden. Es war ein harter Winter, Brennmaterial war rar. Und immer noch strömten Menschen herbei, denn die Nazis vertrieben die Bewohner aus anderen Städten und Dörfern.

1941 war es so weit, dass sich auf diesem Nährboden ansteckender Krankheiten Typhusepidemien breitmachten. Ein Krankenhaus gab es nicht, und der Mangel an Hygiene führte außerdem zu einem Ausbruch von Ruhr. Im Heqdesh, dem Armenhaus in der Nähe des Friedhofs, wurden die schlimmsten Fälle isoliert.

Doch wir durften auch erfahren, dass Heldentum nicht nur auf dem Schlachtfeld vorkommt. Es ist keine Übertreibung, wenn ich sage, dass die Gemeinde von einer jüdischen Ärztin gerettet wurde: Dvora Lazer. Sie schloss sich 1940 dem einzigen Arzt vor Ort an, Dr. Grambovsky, und war für die Gesundheitsvorsorge für mehr als 10 000 Menschen zuständig. So wurde sie zur Ein-Personen-Instanz für die Kontrolle von Epidemien, und das angesichts eines ständigen Mangels an medizinischem Material.

Dr. Lazer stand vor einem teuflischen Dilemma. Sie wusste, wenn die Deutschen von dem Ausmaß der Epidemie erfuhren – was unter Besatzungsstatut ganz unvermeidlich war –, würde ihre Reaktion mit Sicherheit mörderisch sein. So rief sie in aller Stille ein Gesundheitskomitee ins Leben und richtete Desinfektionsstationen ein, die täglich mit Schwefel gereinigt wurden. Alle Flüchtlinge und ihre gesamte Habe mussten in der Hitze der Dampfkammern desinfiziert werden. Zum Glück ebbten die Infektionszahlen ab, bevor die Nazis dahinterkamen, wie viele Menschen erkrankt waren.

Oft werde ich gefragt, warum ich während meiner Schmuggelfahrten nicht weggelaufen bin. Aber wohin hätte ich mich wenden sollen? Es gab zwar viele ehrenhafte Ausnahmen von lokalen Familien, die Juden Zuflucht gewährten, zum Teil mit schrecklichen persönlichen Folgen. Doch die Mehrheit der Polen denunzierte uns und – wie ich noch erfahren sollte – schlug jedem die Tür ins Gesicht, der um Hilfe bat.

Am 21. Juli 1942 wurde ich 16 Jahre alt. Ich war etwas älter geworden, aber nicht viel größer und kaum klüger, auch wenn die Zwangsarbeit mir ein paar Muskeln verschafft hatte. Die wenigen Nachrichten, die über jiddische Zeitungen und illegale Radios zu uns durchdrangen, waren von Siegesmeldungen der Deutschen durchsetzt. Die Niederlande und Belgien waren gefallen, Frankreich hatte sich ergeben müssen. Jetzt eilte Hitler gen Osten. Wer sollte diese Herren der Welt noch aufhalten?

Etwa ein Jahr zuvor hatten die Anführer der zionistischen Jugendbewegung, darunter die Brüder Kaczka, Rozenek und Shulemovitch, insgeheim über die Gründung einer Widerstandsgruppe im Untergrund diskutiert. Es gab nur wenige organisierte polnische Partisanen in unserer Gegend, es würde also schwierig werden, an Waffen zu kommen, doch da ich ein unbesonnener Jugendlicher war, fand ich die Idee sehr gut.

Die Shulemovitch-Brüder waren entfernt mit uns verwandt, und ich war mit ihnen und den Rozeneks gut befreundet, doch der Kontakt riss ab, nachdem ich ihnen in verschiedenen Konzentrationslagern noch einige Male begegnet war. Ein anderer Jugendlicher, Moniek Sarna, heuerte mich für eine Aktion an, bei der eine Brücke in der Nähe des Bahnhofs gesprengt werden sollte. »Wir müssen tun, was wir können, um den Deutschen zu schaden«, sagte er zu mir. Und ich erklärte mich sofort und eifrig bereit, ohne an die Risiken zu denken.

Unsere Gedanken waren immer noch frei und nicht vom Joch der Sklaverei niedergedrückt. Ein anderer Freund, Yosek Tenemal, den ich bei Yavneh, einer orthodoxen jüdischen Jugendgruppe kennengelernt hatte, schloss sich uns an. Er überlebte den Holocaust, und ich habe ihn viele Jahre später in Toronto besucht, wo er unter dem Namen Joe Tanenbaum lebte und glücklich mit einer erfolgreichen Bildhauerin verheiratet war.

An einem Spätnachmittag trafen wir uns. Ich bekam die Anweisung, für einige Ingenieure – Partisanen, die froh über unsere Hilfe waren – einen langen Schmelzdraht zu halten. Neuling, der ich war, wusste ich überhaupt nicht, was vor sich ging. Meine Aufgabe bestand einfach darin, den Draht straff zu halten, damit keine Knicke hineinkamen, während er mit der Sprengladung verbunden wurde.

Irgendwann schlichen sich die Profis, die den Sprengstoff in einem Rucksack transportierten, davon, um ihren Auftrag auszuführen. Das Nächste, was ich mitbekam, war der Blitz einer kräftigen Detonation, der den Abendhimmel erhellte. Ergriffen von einer seltsamen Mischung aus Angst und Begeisterung, liefen wir in alle Richtungen davon.

Wenig später umstellten die Deutschen das Gebiet, wir hörten jede Menge Schüsse und Gebrüll. Ich dachte mir, am besten lege ich mich flach hin und verstecke mich im Unterholz. Zwei Tage lag ich dort und kaute auf Grashalmen, um etwas Flüssigkeit zu bekommen. Dann hoffte ich, die Luft sei rein. Wirklich klar denken konnte ich nicht. Und wie man hätte vorhersehen können, wurde ich schnell von den Nazis aufgegriffen, als ich die Landstraße entlangging.

Blitzschnell dachte ich mir eine Geschichte aus: Ich hatte eine andere Familie besucht, Bekannte meiner Eltern. Aber die Wachen gingen sehr unsanft mit mir um, legten mich in Handschellen und brachten mich in das berüchtigte Montelupich-Gefängnis in Krakau. Dort saß ich mehr als eine Woche lang, während ich hartnäckig jede Beteiligung an dem Sabotageakt leugnete. Es gab nur wenig zu essen, und während der Verhöre wurde ich mit kaltem Wasser übergossen, sodass ich unkontrolliert zitterte.

So erging es also den Leuten, bevor sie spurlos verschwanden, dachte ich. Am Ende retteten mich meine Eltern, die einen Anwalt beauftragten. Er bezahlte eine polnische Familie dafür, dass sie Kontakt mit den Behörden aufnahm und mein Alibi bestätigte. Nach zehn Tagen voller Sorge und Elend wurde ich freigelassen.

Wie konnte ich so blind sein und alle Gefahren missachten? Wie ich es mein ganzes Leben lang getan hatte, betete ich zum Herrn, gepriesen sei Sein Name, und vertraute auf seinen himmlischen Beistand. Doch ich hätte auch an die Sorgen meiner Eltern und unserer Respektspersonen denken sollen, die inzwischen allerlei

Gerüchte von ganzen jüdischen Gemeinschaften gehört hatten, die vertrieben oder spurlos verschwunden waren.

Die Angst wuchs. Ende August 1942 zitterte das *Schtetl* angesichts der Nachrichten aus Zagłębie, wo 12 500 Juden in ein Lager namens Auschwitz-Birkenau deportiert worden waren. Gerüchte über ein ähnliches Pogrom in einer weiteren Nachbarstadt, Sosnowiec, kamen dazu. Mitglieder des Judenrats in Działoszyce besuchten täglich mit Sondergenehmigung das deutsche Hauptquartier in Miechów erfuhren aber nichts.

Am 2. September arbeitete ich auf einem Feld bei dem Dorf Nieskow, als gegen Mittag der OD kam und uns befahl, die Arbeit einzustellen: Działoszyce würde »judenrein« gemacht. Schon das Wort bereitete mir Angst. Es fühlte sich an, als sei das Ende der Welt gekommen. Wir wurden nach Hause eskortiert und bekamen den Befehl, alles Weitere abzuwarten.

Mein erster Instinkt riet mir zur Flucht. Da es keinen Zählappell gab, vermisste mich niemand, als ich in einem günstigen Augenblick in einen Stall abbog, wo ich bis zum Einbruch der Nacht blieb. Mein ganzes Draufgängertum war verschwunden, ich fühlte mich allein und verletzlich, als ich einen Blick hinaus auf die dunklen, leeren Felder warf. Das einzige Lebenszeichen war ein flackerndes Licht, das, wie sich herausstellte, aus dem Fenster eines Bauernhauses kam.

Ich musste all meinen Mut zusammennehmen, um dort anzuklopfen, aber ich war furchtbar durstig und hungrig. Die Tür wurde nur einen Spaltbreit geöffnet, harte Blicke trafen mich, dann war die Tür wieder zu. Als ich weiterging und auf eine Siedlung traf, behandelte man mich genauso. In einem Haus bekam ich eine kleine Tasse Milch, aber ansonsten war vollkommen klar, dass jüdische Bettler hier nicht willkommen geheißen wurden.

Jeder Kontakt mit Fremden brachte die Gefahr von Verrat,

Entdeckung und sicherem Tod mit sich. Ich konnte nichts anderes tun, als in den Stall zurückzukehren, wo ich mich zwischen Kühen und Schweinen ins Stroh legte. Die Ratten schnappten nach meinen Füßen. Irgendwann nach endlosen, schlaflosen Stunden, noch vor Morgengrauen, wurde mir klar, dass ich diesen Kampf verloren hatte. Ich bat noch einmal um etwas zu essen, ohne Erfolg. Letztlich blieb mir nichts anderes übrig, als zurück nach Działoszyce zu gehen.

Es hätte ohne Weiteres meine letzte Reise sein können. Das *Schtetl* war von den Deutschen umstellt und belagert, und sie machten keine Gefangenen. Meine einzige Möglichkeit war die *Koleika*, ein kleiner Zug, der normalerweise Arbeiter transportierte. An einer steilen Steigung fuhr der Zug sehr langsam, sodass ich aufspringen und mich in den Zwischenraum zwischen zwei Waggons zwängen konnte.

Ich musste um mein Gleichgewicht kämpfen, weil die Waggons heftig und unvorhersehbar schwankten. Um ein Haar wäre ich unter die Räder gekommen, als der Zug beim Beschleunigen einen Satz nach vorn machte. Dabei verlor ich einen Schuh, aber ich konnte mich festklammern, bis wir Działoszyce erreichten. Dort sprang ich ab und versteckte mich im Schatten.

Überall waren Soldaten. Ich drückte mich in Hauseingänge und an die Wände der Seitengassen, während ich versuchte, das Stadtzentrum zu erreichen. Es war ein Weg durch die Hölle. Überall auf der Straße lagen Leichen, in den Höfen waren weitere zu sehen, Männer und Frauen. Ich wusste, was mir bevorstand, wenn man mich entdeckte, also lief ich weiter wie von Geistern verfolgt, Schritt für Schritt zum Haus meiner Eltern.

Ich kam nie dort an, denn dazu hätte ich den Marktplatz überqueren müssen, der von grellem Flutlicht und Reflektoren erhellt war. Über Lautsprecher wurden Befehle gebrüllt: Alle Bewohner mussten sich am folgenden Morgen um sechs Uhr hier versammeln. Jeder Jude dürfe zehn Kilo Gepäck mitbringen. Wer nach sechs Uhr noch in seinem Haus angetroffen würde oder es wagte, während der Nacht aus dem Fenster zu schauen, würde auf der Stelle erschossen.

Meine Rettung war das Haus am Rand des Platzes, das einem Cousin meiner Mutter gehörte, Mordechai Joseph Latash. Seine Familie war zwar verblüfft, mich zu sehen, bot mir aber sofort Zuflucht an, während sie alle mit der schrecklichen Arbeit beschäftigt waren zu entscheiden, welche lebensnotwendigen Dinge sie mitnehmen sollten, wenn es in aller Frühe losging. Niemand schlief in dieser Nacht, wozu das, was ich ihnen berichtete, sicher beitrug.

Als der Morgen kam, früh um sechs Uhr, bot sich auf dem Platz ein erbarmungswürdiger Anblick. Männer und Frauen, Alte und Junge, schlurften herbei und trugen ihre Bündel, so gut es eben ging. Ihre Gesichter waren von Angst verzerrt. Wachhunde bellten und sprangen in ihre Leinen. Ganze Straßenzüge schlossen sich dem Strom an, als die Sonne höher stieg. Ich kroch auf allen vieren herum und suchte mit wachsender Furcht nach meiner Familie.

Jemand, den ich als einen unserer Nachbarn erkannte, deutete auf eine Gruppe, die sich auf den Boden gesetzt hatte. Als ich meine Eltern und Brüder sah, stürzte ich mich in ihre Arme. Nur gut, dass die Wachen nicht auf uns aufmerksam wurden, die Befehl hatten, jeden zu erschießen, der aufstand. Wir weinten nicht mehr, sondern heulten in einer Mischung aus Erleichterung und Qual. Was geschah mit uns? Wohin würde man uns bringen?

Die polnischen Stadtbewohner durften den Bereich nicht betreten. Sie blieben in ihren Häusern, hinter verhängten Fenstern, in denen ein Kreuz hing, um sie von uns zu unterscheiden.

Ebenso gut hätten sie Geier sein können, die auf einer Stromleitung warten. Nachdem die Gräuel des Tages beendet wären, würden sie auftauchen und unseren rechtmäßigen Besitz an sich reißen, den wir bei der Deportation hatten liegen lassen müssen.

Irgendwann am Nachmittag kam der Befehl, aufzustehen, Reihen zu formen und zum Bahnhof zu marschieren. Diejenigen, die nicht gut zu Fuß waren – Alte, Schwache und Kranke –, wurden aus den Reihen geholt und auf Pferdewagen geladen, die von polnischen Bauern unter Bewachung durch die SS gefahren wurden. Wir sahen diese Menschen nie wieder. Etwa eine Stunde später hörten wir gedämpftes Maschinengewehrfeuer in einiger Entfernung.

Um die 1200 Menschen, darunter der bekannte Rabbi Itzhak Halevi Staslovsky, kamen auf dem Friedhof um, wo sie erschossen und in drei Massengräber geworfen wurden. Das Gemetzel hatte begonnen. Ein Nebel legte sich auf unseren Geist und verschleierte alles bis auf den Tod, der uns anscheinend sicher bevorstand. Wie hatte es so weit kommen können? Warum waren wir so grausam im Stich gelassen worden?

Viele von uns wurden in überfüllte Viehwaggons gedrängt, die übrigen in offene Lastwagen. Unser Ziel war ein großes offenes Feld außerhalb von Miechów, das mir in meiner Verwirrung so vorkam, als erstreckte es sich, so weit das Auge reichte. Als wir dort ankamen, stellten wir fest, dass wir nicht allein waren. Hunderte und Tausende Menschen aus anderen Orten wie Skalbmierz, Wodzislaw und Wielki erwarteten dort ebenfalls ihr Schicksal.

Mitglieder des Judenrats und die Büttel des OD begleiteten uns, ebenfalls als Gefangene. Die Versprechen der Nazis, man würde sie schützen, waren wertlos.

Als es dunkel wurde, fühlten wir uns körperlich und geistig wie betäubt. Die Kälte drang bis auf unsere Knochen vor. Wir hatten schrecklichen Durst. Ich kann mich nicht erinnern, dass sehr viele Familien klug genug gewesen waren, als Teil ihres Kontingents auch Lebensmittel mitzunehmen – die meisten hatten nur Kleidung und Wertgegenstände bei sich. Was zur Folge hatte, dass jetzt die meisten von uns Hunger litten.

Mein Vater zog sich in sich selbst zurück. Er klagte über Schwäche und saugte an einem Stück Würfelzucker, um sich ein wenig Mut zu machen. Der grobe Erdboden, auf dem wir saßen, war schon zu Anfang feucht vom Tau und wurde jetzt immer nasser. Als wir uns hinlegten, waren unsere Haare bald tropfnass. Und während das Gras immer mehr von Wasser überflutet wurde, rührte sich mein Vater plötzlich, weil ihm klar wurde, was vor sich ging.

Er wusste, dass sich eine Mühle in der Nähe befand, eine Wassermühle, die durch einen Fluss angetrieben wurde. Und der war unser Verhängnis, denn die Nazis hatten die Schleusen geöffnet, sodass wir bei Anbruch des Tages alle frierend in hüfthohem Wasser saßen. Und wir durften uns ja nicht rühren, sonst hätte man uns sofort erschossen. Wie krank muss ein Hirn sein, das sich solche Grausamkeiten ausdenkt?

Die Folter war offenbar schon im Voraus geplant gewesen. Das Ziel bestand darin, uns zu demoralisieren, uns zu lähmen wie Tiere, die zum Schlachthof gebracht werden. Am späteren Vormittag kam der Befehl, wir sollten uns bis zur Taille ausziehen und 20 Reihen bilden, die sich endlos hinzuziehen schienen. Es müssen etwa 16 000 Menschen gewesen sein. An der Spitze jeder Reihe stand ein SS-Offizier, zu beiden Seiten von bewaffneten Wachen eskortiert.

Wortlos, mit einer lässigen Bewegung ihrer Reitpeitschen, entschieden diese SS-Männer über Leben und Tod. Wir kamen in Gruppen auf sie zu, die Arme erhoben. Mein Vater wurde nach links geschickt, meine Mutter nach rechts. Ich ging zu meinem

Vater, während meine Brüder, Cousins und Cousinen, Tanten und Onkel in dieselbe Richtung gedrängt wurden wie meine Mutter. Das alles ging so schnell, dass wir nicht einmal Zeit hatten, uns zu verabschieden.

Mein Geist stand still vor Schock und Trauer. Wir hätten weinen können, aber wir hatten schon längst keine Tränen mehr. Wir froren, waren hungrig, verängstigt und demoralisiert. Kein Mensch sollte sich so fühlen – es war unmenschlich. Kein Abschiedswort, kein Kuss, keine Umarmung, kein Händedruck.

Wir konnten nur noch rasch winken und den anderen unsere Kleiderbündel geben, weil mein Vater meinte, sie würden warme Kleidung nötiger haben als wir. Zu diesem Zeitpunkt, als wir zu der Gruppe von etwa 800 Menschen geschickt wurden die, ohne es zu ahnen, zum Weiterleben bestimmt worden waren, wussten wir es nicht, aber wir gaben meiner Mutter eine unnötige Last mit, die sie bis zu ihrem Tod trug.

Bis heute quält mich ein Schuldgefühl, fast ein Gefühl der Scham. Deshalb sehe ich die Gesichter meiner Mutter und meiner Brüder in meinen Träumen nicht. Sie sind lebende Gespenster, die still zu uns allen sprechen.

KAPITEL 4

SCHÄNDUNG DER TOTEN

Meine Welt lag in Trümmern, ich war verängstigt, verwirrt und erschöpft. Auch wenn ich mich als Mann betrachtete, brauchte ich doch die schlichten Tröstungen der Kindheit. Mein Vater hielt mich an der Hand, als wir uns während dieser längsten aller Nächte ins Unbekannte schleppten. Mein Magen tat weh, in meinem Kopf drehte sich alles. Ich lief mit geschlossenen Augen und wollte nur noch schlafen.

Jedes Mal, wenn ich stolperte, spürte ich, wie mein Vater erstarrte. Er hatte gesehen, wie es anderen erging, die eine derartige Schwäche gezeigt und zu Boden gefallen waren. Sie wurden von brüllenden SS-Wachen geschlagen und misshandelt. Wenn sie darauf nicht reagierten und sich als unfähig erwiesen, den Gewaltmarsch fortzusetzen, erledigte man sie wie einen Hund, der zu nichts mehr nütze ist.

Meine Sinne waren verwirrt. Ich schmeckte frisch aufgewirbelten Staub in meiner Kehle und schloss daraus, dass wir uns auf einem Weg oder einer Straße befanden. Dann wieder, wohl wenn ich im Dunkeln in einen Graben abwich, fühlte es sich an, als würde ich durch hohes Gras oder Unkraut stapfen. Bei Tagesanbruch erreichten wir einen Ort namens Liszki. Das Dorf lag nur 15 Kilometer östlich von Krakau, aber es fühlte sich an wie das Ende der Welt.

Wir wurden in ein leer stehendes Gebäude gepfercht und

mussten uns aufs Stroh legen. Ausgehungert und verängstigt, wie wir waren, stürzten wir uns auf die kleine Barmherzigkeit einer Tasse Suppe – oder was unsere Bewacher eben Suppe nannten. Verglichen mit den dampfenden Schüsseln mit Hühnerbrühe oder Kohlsuppe, die meine Mutter auf den Tisch brachte, handelte es sich eher um Spülwasser, aber wir nahmen, was wir bekamen.

Das war damals gewesen. Jetzt war es eben so. Mein früheres Leben entglitt mir.

Ich hatte keine Ahnung, welche Qualen meine Mutter, meine Brüder und andere Familienmitglieder während dieser Stunden in der Todesfabrik von Belzec durchmachten. Aber die Erinnerung an sie war noch frisch und schmerzte unerträglich. In den nächsten drei Jahren bis zur Befreiung und bis zum bitteren Verrat, den ich erleben musste, als ich zu meinem Elternhaus in Polen zurückkehrte, lebte ich zunehmend am Rande der Existenz.

Später an diesem Tag wurden wir auf die nahe gelegenen Wiesen geführt, die überschwemmt waren und stanken. Man befahl uns, den Sumpf trockenzulegen, Kanäle zu graben und Rohre zu legen. Auch diesmal waren wir als Zwangsarbeiter für die deutsche Baufirma Richard Strauch beschäftigt. Die Angestellten genossen es, uns herumzukommandieren, und behandelten uns genauso schlecht wie die Wachen.

Ich war zu jung, um das zu begreifen, aber ihre gedankenlose Grausamkeit war ein Vorspiel dessen, was wir noch erleben sollten. Sie betrachteten uns als Untermenschen und wussten, dass sie keine Rücksicht darauf nehmen mussten, dass wir ihnen in einem früheren Leben ebenbürtig gewesen waren. Auch wir hatten unsere alltäglichen Probleme, Frustrationen und Pläne. Doch sie genossen die Macht, uns zu bestrafen und zu demütigen – eine Macht, die ihnen der Krieg verliehen hatte.

Es braucht nicht viel, bis eine derartige Gefühllosigkeit auch noch den letzten Rest Gewissen verschlingt, sodass man einen Mitmenschen ebenso gedankenlos tötet, wie man eine Fliege totschlägt.

Die Arbeit war extrem hart. Wir gruben bis zu 14 Stunden am Tag und sanken dabei immer tiefer ein, bis wir kaum noch stehen konnten. Der Schlamm reichte uns bis zur Taille und durchnässte unsere Unterwäsche. Käfer und Würmer krochen über unsere Haut, die wund und grindig wurde. Bis heute habe ich Narben von den Bissen, die mir Insekten und andere Tiere beibrachten. Sie sind kaum noch zu sehen, aber sie jucken immer noch.

Unsere Prioritäten änderten sich, je schlimmer die Lage wurde. Die Versuchung wuchs, sich der Verzweiflung zu ergeben und nur noch an das zu denken, was wir verloren hatten. Seit Beginn der Besatzung hatten wir nie besonders viel zu essen gehabt, doch so leer wie jetzt waren unsere Bäuche noch nie gewesen. Wir waren geradezu besessen von dem Gedanken, etwas in den Magen zu bekommen.

Tatsächlich maßen wir die Zeit anhand des Abstands zwischen dem Stück Brot, das wir am frühen Morgen bekamen, und der Spülwasser-Suppe oder einer anderen warmen Flüssigkeit – einem schwachen Kaffee oder Ersatzkaffee –, die zusammen mit einem weiteren Stück Brot als Abendessen herhalten musste. Verglichen mit der Situation in den Lagern war das ein Festmahl, aber es reichte natürlich trotzdem bei Weitem nicht aus. Unsere Körper hungerten aus.

Ständig wurde unsere Gruppe durch Überlebende aus anderen Gemeinden ergänzt. Viele traumatisierte Neuankömmlinge zogen sich ganz in sich selbst zurück, einige waren aber auch ganz erpicht darauf zu sprechen. So gab es einiges Gemurmel und Geflüster, wenn wir unser Tagwerk beendet hatten und auf dem Boden schlafen sollten. Einer, der meinen Vater wiedererkannte, brachte wirklich furchtbare Nachrichten mit.

Der Onkel, der uns bei unserer Rückkehr nach Działoszyce Obdach gewährt hatte, Meir Yacov Chaba, besaß ein Textilgeschäft, das er einem Stammkunden übergab, einem Polen aus einem Nachbardorf, als er es nicht mehr selbst betreiben durfte. Dieser Mann erschien eines Abends mit dem Pferdewagen vor unserer Tür. Wir übergaben ihm Ballen mit Kleidung und andere persönliche Gegenstände, die mein Onkel ihm versprochen hatte.

Im Gegenzug versprach der Mann, ihn und seine Familie zu beschützen, wenn es zum Schlimmsten käme. Als es so weit war und der Befehl kam, den Ort »judenrein« zu machen, setzten mein Onkel, seine Frau Sheindel und ihre Kinder alles auf eine Karte und schlichen sich zum Haus dieses Mannes, der sie auch tatsächlich versteckte. So entgingen sie der Deportation. Außer Lebensgefahr waren sie damit aber nicht.

Ihr Gastgeber wider Willen hatte Angst, die Nachbarn könnten ihn verraten oder er könnte von der SS ertappt werden, die rücksichtslos jeden jagte, der zu fliehen versuchte. So erklärte er meinem Onkel, er fürchte um ihrer aller Leben, und drängte ihn, mit seiner Familie in ein anderes Versteck umzuziehen. Sie würden im Schutz der Dunkelheit gehen.

Er versprach, es sei nur eine vorübergehende Maßnahme, bis sich alles wieder beruhigt hätte, doch tatsächlich führte er sie zu einer nahe gelegenen Weide, wo er sie alle ermordete und an Ort und Stelle verscharrte. So ein monströses Verbrechen lässt sich aber nicht vollständig verschweigen, er brauchte ja auch Hilfe dabei. So gelangte das Gerücht in die umliegenden Dörfer, bevor diese ebenfalls von allem jüdischen Einfluss »gesäubert« wurden.

Unser Gefährte in der Zwangsarbeitergruppe meinte, er habe es für seine Pflicht gehalten, uns die Wahrheit zu sagen. Mir war kotzübel, wenn ich daran dachte, dass meine unschuldigen Cousins und Cousinen und meine liebe, freundliche Tante abgeschlachtet worden waren. Mein Vater neigte überhaupt nicht zu

Gewalt, doch an diesem Tag schwor er Rache. Er kannte den Mörder und den Tatort. Und er ließ nie davon ab, sich auszudenken, was er dem Mörder und seiner Familie antun würde, falls er überlebte.

Ich gab mir dasselbe Versprechen und malte mir aus, wie ich das Haus des Mannes in Brand setzen würde, während er schlief. Oder ich würde ihn vor Gericht bringen und zusehen, wie er litt – dabei hatte ich keine Ahnung, welchen Tribut ein Aufenthalt im Gefängnis tatsächlich fordert. Der tägliche Kampf ums Überleben beeinträchtigte mein Gedächtnis auf seltsame Weise. An einige Menschen und Ereignisse konnte ich mich mit großer Klarheit erinnern, bei anderen vergaß ich Daten und Einzelheiten, als hätte es sie nie gegeben.

Und so geschah es, dass ich mich bei meiner Rückkehr nach der Befreiung nicht mehr an den Namen des Mörders erinnern konnte, nicht einmal an das Dorf, in dem er lebte. Nichts und niemand konnte meinem Gedächtnis auf die Sprünge helfen. Das bereitete mir größte Schmerzen, weil ich auf diese Weise meine Familie im Stich ließ, nachdem ich doch verschont geblieben war, um die Pflicht zu erfüllen, wenigstens ihre letzte Ruhestätte zu finden.

Wenn wir über den Holocaust sprechen, beziehen wir uns auf Millionen Opfer, doch solche Zahlen sind fast zu groß, um sie wirklich zu begreifen. Dabei hatte jeder Tote einen Namen, einen Ort und ein Leben, so kurz es vielleicht auch war und so grausam es beendet wurde. Es gibt keinen Gedenkstein, keine Bestätigung dessen, was meiner Tante, meinem Onkel und ihren Kindern widerfuhr – abgesehen von diesen Worten. Sie waren eine Familie unter vielen, die auf einer verlassenen Wiese verscharrt wurden. Eine Gruppe von Opfern unter vielen, denen man selbst den Respekt der Erinnerung verwehrte.

Nicht einmal der Tod, so lernte ich schnell, gewährte Schutz vor der Unmenschlichkeit unserer Unterdrücker, die den Entschluss fassten, ein Zwangsarbeiterlager in Płaszów zu errichten, einem südlichen Vorort von Krakau, und zwar auf dem Grund zweier jüdischer Friedhöfe. Jeruzolimska war der ältere der beiden, gegründet 1887. Der zweite war erst zehn Jahre alt und besaß ein schönes Ohel-Grab im byzantinischen Stil.

Doch die Nazis gaben sich nicht damit zufrieden, die Lebenden zu quälen und zu töten. Sie verweigerten auch den Toten die Ruhe. Dutzende von uns wurden gezwungen, uns hinter riesigen Baggern aufzustellen, die die Grabsteine niederwalzten und die Gräber dem Erdboden gleichmachten. Ich hatte die Aufgabe, die sterblichen Überreste von Menschen – Knochen, Schädel, Zähne und was sonst noch übrig blieb – in eine Schubkarre zu schaufeln, die ein anderer schob, der links von mir mitlief.

Das alles geschah im Laufschritt, wir wurden angebrüllt, mit Peitschen auf Rücken und Schultern geschlagen und bedroht, wer stehen bliebe, würde erschossen. Die exhumierten Leichen oder ihre Überreste wurden in ein hastig ausgehobenes Loch geworfen und mit Erde bedeckt. Der Anblick und der Geruch dieser Schändung waren widerlich, und unsere Ohren dröhnten von den ständigen Beleidigungen, aber wir lernten rasch, nicht zu denken, keine Fragen zu stellen und keine Gefühle zu zeigen.

Wenn wir die Gelegenheit dazu gehabt hätten, wäre uns klar geworden, dass selbst der Gebrauch der Grabsteine eine kalkulierte Beleidigung darstellte. Sie wurden als Pflastersteine wiederverwendet, vor den Bürogebäuden der Verwaltung und auf den Wegen, die zu den Unterkünften der SS-Leute führten. Das Lager umfasste zunächst etwa 100 Hektar felsigen und teilweise sumpfigen Grund. Als es im Januar 1944 seine größte Ausdehnung als Konzentrationslager erreicht hatte, war es acht Mal so groß.

Zu den schlimmsten Zeiten lebten hier 25 000 Häftlinge, zehn Mal so viele wie ursprünglich geplant. Anfänglich hausten wir in Zelten auf dem ehemaligen Friedhof, dann kamen weitere Zwangsarbeiter, die sogenannten Barackenbauer, die aus dem Krakauer Ghetto zu uns pendelten, dessen Liquidation begonnen hatte. In kurzen Gesprächen berichteten sie uns von Verfolgung und Hunger in einem Ausmaß, wie wir es uns nicht hatten vorstellen können.

Niemand sprach das Offensichtliche an: dass wir unser eigenes Gefängnis bauten. Wir beteten nur, dass man uns nicht töten würde, wenn wir zu viele würden. Wir gruben die Kanalisation aus, halfen beim Bau der Holzbaracken und wickelten Stacheldraht mit bloßen Händen um Nägel, um einen doppelten Zaun zu errichten, der, als das Lager seine größte Ausdehnung erreicht hatte, fast vier Kilometer lang war. Wir betonierten in gleichmäßigen Abständen Holzpfähle in den Boden, sodass ein fünf Meter breiter Korridor entstand, in dem die Wachen zwischen den Zäunen patrouillierten. Auf den Wachtürmen wurden Maschinengewehre installiert.

Sie erinnern sich vielleicht an die Hollywood-Version des Lagers in dem Film *Schindlers Liste*. Die Filmkulisse wurde im nahe gelegenen Steinbruch von Liban aufgebaut, in dem sich von 1942 bis 1944 ein weiteres Arbeitslager für Polen befand, in dem ständig Typhus und Malaria grassierten. Die Lebenserwartung der Häftlinge dort wurde in Wochen gemessen.

Für Steven Spielbergs Film wurden 34 Baracken nachgebaut, dazu die Wachtürme, deren Reste man heute noch neben echten Artefakten aus der Zeit sehen kann: ein verlassenes Munitionslager, verrostete Maschinen, einige Zaunpfähle und Stacheldraht. Graffitikünstler haben es irgendwie geschafft, die Kalktürme zu erklimmen. Eine ihrer Botschaften besteht aus dem kurzen englischen Satz: »I care about you.«

Der Steinbruch wurde 2022 unter Naturschutz gestellt, er ist weitgehend überwuchert und instabil. Wasservögel nisten in versteckten Teichen, Greifvögel segeln über den Kalksteinwänden. Das Naturschutzgebiet reicht bis zur Grenze des ehemaligen Konzentrationslagers. Der Film vermochte die bedrohliche Atmosphäre des Ortes, das Gefühl der Leere und Hoffnungslosigkeit gut einzufangen – sowie die Verbrechen, die hinter dem Stacheldraht begangen wurden.

Heute befindet sich auch hier ein Naturschutzgebiet mit spärlich bewaldeten Hügeln und offenem Grasland. Nur der steinerne Bogen des Eingangstores ist erhalten. Ich schauderte, als ich bei meinem letzten Besuch darunter stand, weil ich die Kraft der Geheimnisse spürte, die dieser Bogen hütet. Ein Schild am Zaun besagt: »Bitte respektieren Sie die traurige Geschichte dieses Ortes.«

Niemand weiß es genau, weil die Nazis unter der Kommandoführerin Alice Orlowski, einer besonders bösartigen hohen SS-Offizierin, alle Aufzeichnungen zerstörten, als die Sowjetarmee sich gegen Ende des Krieges dem Lager näherte. Doch man schätzt, dass die sterblichen Überreste von 8000 bis 10 000 Häftlingen und Opfern der Liquidation des Ghettos hier begraben liegen.

Als ich im Mai 2018 zuletzt dort war, an einem strahlenden Tag mit hohen Wolken und sanftem Wind, fuhren ein paar Jungen mit ihren Fahrrädern über die Hügel, die die zehn Massengräber anzeigen.

Auf der zweiten Hinrichtungsgrube in Płaszów befindet sich das Denkmal der herausgerissenen Herzen. Es zeigt fünf Personen als Symbol für die Menschen aus fünf Nationen, die hier ermordet wurden. Sie halten die Köpfe gesenkt, und der Steinblock, aus dem sie herausgehauen wurden, hat einen horizontalen Riss quer über die Brust dieser Gestalten. Er symbolisiert das abrupt beendete Leben.

Der Text auf einem Stein am Fuß des Denkmals lautet: »Zur Erinnerung an die Ermordeten, deren letzter gequälter Schrei die Stille dieses Friedhofs in Płaszów prägt.«

In Płaszów gab es keine Gaskammern und Krematorien. Der Massenmord wurde durch Erschießungen vollzogen. Ich weiß, dass Alte und Kranke zuerst ermordet wurden, denn lange nach der Befreiung erhielt ich die Bestätigung, dass die Eltern meiner Mutter, die Lataczs, zu den ersten Gruppen gehörten, die dort am 31. Oktober 1942 ermordet wurden, drei Tage nachdem die Liquidation des Ghettos begonnen hatte.

Normalerweise hilft eine derartige Information, dass man Dinge innerlich abschließen kann. Doch ich kann den Albtraum nicht aus meinem Kopf verbannen. Ehrlich gesagt, frage ich mich manchmal, ob mein Geist mir Streiche spielt. Doch als ich auf einem ansonsten vollkommen nichtssagenden Hügel namens Hujowa Górka stand, einem ehemaligen österreichischen Festungswall aus dem Ersten Weltkrieg, erschien mir alles so real!

Ein bescheidenes Holzkreuz mit einer symbolischen Krone aus Stacheldraht steht dort, wo sich einst eine sechseckige Grube befand, fünf Meter tief und mit einem Umfang von 50 Metern. Hier kamen die Todgeweihten an, in der Regel in Lastwagen mit Plane über der Ladefläche. Sie mussten sich ausziehen und hinlegen, bevor man sie in Gruppen durch einen Kopfschuss tötete. Ihre Leichen wurden aufgeschichtet, abwechselnd mit den Köpfen und Füßen in eine Richtung, und dann mit Kalk, Sand und Erde bedeckt.

Als die Liquidation des Krakauer Ghettos in vollem Gange war, wurden alle Insassen des Lagers, darunter auch Kinder, fast täglich gezwungen, den Erschießungen beizuwohnen. Doch als wir an diesem Tag in den ersten Wochen des teuflischen Pogroms den Befehl bekamen, uns dort zu versammeln, wusste niemand wirklich, was uns bevorstand. Die mörderische Routine war noch im Aufbau. Wir sahen Tote in einer kleinen Senke liegen und bekamen den Befehl, sie auszuziehen.

Eine Gruppe hatte die Aufgabe, die Kleidersäume aufzureißen, um eventuell dort versteckte Wertsachen zu finden, Goldmünzen oder Schmuck zum Beispiel. Ich gehörte zu der Gruppe, die die Toten ausziehen und die Kleidung aufstapeln musste. Während ich das tat, hätte ich schwören können, dass ich ein blutverschmiertes Foto meiner Familie sah. Doch ich konnte mich nicht bücken, um es genauer anzusehen oder in meine Tasche zu stecken, weil wir von zu vielen SS-Leuten bewacht wurden. Hätte ich aus dem Impuls oder einem Reflex heraus danach gegriffen, dann wäre ich wohl an diesem Tag meinen Großeltern in die Ewigkeit gefolgt.

Vielleicht macht ein Teil des Gehirns aus Selbstschutz in solchen Situationen einfach zu. Ich muss nach ihnen geschaut haben, das wäre jedenfalls die normale Reaktion, aber ich erinnere mich nicht, dass ich ihre Leichen gesehen hätte. Vielleicht ist das ein Segen. Ich weiß nur, dass ich zitterte, als ich an diesem Abend, nachdem ich den ganzen Tag wie automatisch gearbeitet hatte, allein war.

Es blieb uns nichts anderes übrig, als solche schrecklichen, schmutzigen Arbeiten zu übernehmen. Vieles von dem, was wir taten, wäre in der Normalität der heutigen Welt unvorstellbar, aber so blieben wir am Leben. Ich betete nicht mehr regelmäßig, weil mir das *Siddur*, das jüdische Gebetbuch, fehlte, in dem unsere Liturgie aufgezeichnet ist, aber ich fand trotzdem Kraft in meinem Glauben an Gott.

Und so wollte ich Ihn auch feiern, als ich im Rahmen einer Studienreise nach Płaszów zurückkehrte. Die Reise wurde von Rabbi Naftali Schiff organisiert, dessen Wohltätigkeitsorganisation JRoots von einer Familie in Manchester eine *Sefer Thora*, ein Buch mit unseren Gesetzen, geschenkt bekommen hatte. Für diejenigen unter Ihnen, die sich im Judentum nicht so gut auskennen: Es handelt sich um ein heiliges Pergament, auf dem die ersten fünf Bücher Mose aus dem Alten Testament in hebräischer Sprache geschrieben sind, und zwar von einem ausgebildeten Kalligrafen.

Ich hatte die Ehre, ein paar Buchstaben schreiben zu dürfen, und spürte, wie eine Welle großer Freude meine Traurigkeit überschwemmte. Umgeben von 100 jungen jüdischen Studenten – und man muss wohl realistischerweise davon ausgehen, dass sie die Letzten sein werden, die unser Zeugnis aus erster Hand hören – tanzten wir und sangen die alten Lieder. Wer weiß, wer sie gehört hat, denn Er tut wirklich wundersame Werke.

Fünfundsiebzig Jahre zuvor gehörten mein Vater und ich zu einer Gruppe von etwa 100 Häftlingen, die unvermittelt von Płaszów in das Salzbergwerk von Wieliczka geschickt wurden, das schon seit dem Mittelalter in Betrieb ist. Heute gehört es zum Weltkulturerbe der UNESCO und ist eine Touristenattraktion mit einem unterirdischen See, einem Gotteshaus mit Kronleuchtern und einer spektakulären Kammer mit geschnitzten Wänden, die die hölzernen Kapellen früherer Bergleute zeigen.

Damals befand sich hier ein Arbeitslager in 300 Metern Tiefe unter dem Erdboden. Die Nazis hatten die rund 2000 Kammern des Bergwerks als Ort für eine unterirdische Waffenfabrik ausersehen. Wir hatten nun die Aufgabe, mit Spitzhacken die Salzbrocken wegzuschlagen – übrigens waren sie eher grau als weiß, wie man es vielleicht erwarten würde – und in Loren zu schaufeln.

Verglichen mit unserer bisherigen Situation war dies eine Erleichterung, denn normalerweise wurden wir hier nur von zwei SS-Leuten bewacht. Sie waren nicht besonders begeistert von diesem unterirdischen Einsatzort, mussten sich aber nicht gegenüber Vorgesetzten beweisen, indem sie uns willkürlich schlugen. Also ließen sie uns die meiste Zeit in Ruhe. Ich sagte meinem Vater nichts davon, aber ich beschloss zu fliehen, wenn sich hier eine Gelegenheit dazu ergäbe.

Diese Gelegenheit kam dann auch eines Tages, als ich mit einer Ladung Salz nach oben fuhr, um sie dort auf einen Lastwagen zu kippen. Als ich aus dem Aufzug trat, stellte ich fest, dass keine Wachen zu sehen waren. Das war ja zu schön, um wahr zu sein! Ich schaute mich noch mal gründlich um und sah einen einzelnen SS-Mann. Allerdings war er schwer beschäftigt, denn er lag in einer Ecke auf einer Frau und hatte offenbar nur das Eine im Sinn.

Also dachte ich schnell nach und lief dann noch schneller, bis ich ein nahe gelegenes Maisfeld erreichte. Dort versteckte ich mich zwischen den hohen Pflanzen, bis die Nacht hereinbrach und mein Gefühl der Abgeschiedenheit noch verstärkte. Die anderen Häftlinge waren in ihre Baracken zurückgekehrt, und so stand ich wieder einmal vor einem bereits vertrauten Dilemma. Die Temperaturen waren dramatisch gefallen. Mir war kalt, ich hatte Hunger und war auf den guten Willen und die Großzügigkeit von Fremden angewiesen.

Ich lief einige Meilen, jedenfalls fühlte es sich so an, und hielt Ausschau nach Licht in der Dunkelheit. In meiner naiven Fantasie stellte ich mir vor, jemand würde mir etwas zu essen und Wasser geben, mich mit frischer Kleidung versorgen und mir vielleicht sogar die Haare schneiden, damit ich den ausrasierten Streifen in der Mitte meines Kopfes loswürde, der meinen Status als Häftling verriet. In der wirklichen Welt voller Schmerz und Paranoia wurden mir wieder einmal die Türen vor der Nase zugeschlagen. Einige mitleidlose Seelen machten sich nicht einmal die Mühe, auf mein dringliches Klopfen zu antworten.

Ich wusste nicht, wohin. Andere Flüchtige hatten mehr Glück als ich, sie fanden Verbündete und wurden von einem Zufluchtsort zum nächsten weitergereicht. Von guten Menschen bekamen sie Brot und etwas, um ihren Durst zu stillen. Doch ich hatte und fand keine Freunde. All mein Widerstand schien sinnlos und gefährlich war er ohnehin. Ich wusste, ich musste zurückkehren, beten, dass man mein Fehlen noch nicht bemerkt hatte, und versuchen, mich meiner Arbeitsbrigade wieder anzuschließen.

Die Nacht verbrachte ich in einem Schweinestall, wo ich auf den Kartoffelschalen herumkaute, die man den Tieren hingeworfen hatte. Von meinem Versteck unter einem Lastwagen aus sah ich am nächsten Morgen meine Gruppe vom Lager ins Bergwerk marschieren. Ich wartete, bis die SS-Wache am anderen Ende der Reihe war, sodass mich der Mann nicht sehen konnte, und rannte dann mit Todesverachtung zurück zu den anderen Häftlingen.

Sie wussten sehr wohl, was los war, aber niemand sagte ein Wort, als ich mich so harmlos wie möglich einreihte. Meine Gefährten marschierten einfach weiter, ohne einen Ton zu sagen. Auch mein Vater bemerkte meine Rückkehr, schwieg aber, bis wir unter Tage in Sicherheit waren. Dort angekommen, warnte er mich, keine unnötigen Risiken einzugehen, und nahm mir das Versprechen ab, nie mehr wegzulaufen.

Es ergab sich auch keine Gelegenheit mehr dazu, denn ein paar Wochen später wurden wir zurück nach Płaszów geschickt, ohne ahnen zu können, welche Schrecken uns dort erwarteten. Es ging eigentlich sofort los, im Februar 1943, als der bisherige Lagerkommandant, Oberscharführer Franz Müller, durch Amon Göth ersetzt wurde, einen österreichischen Sadisten, der in der SS schnell Karriere gemacht hatte, weil er als besonders fähig galt, Juden aufzuspüren und zu vernichten. Er hatte bereits am Aufbau von Vernichtungslagern wie Treblinka mitgewirkt.

Göth war eins neunzig groß, hatte ein hartes Gesicht, eine raue Stimme und war auf eine seltsame Weise eitel. Er war die Verkörperung des Bösen, unserer Angst und des Todes. Sein grauenhafter Ruf wurde bereits an seinem ersten Tag als Kommandant etabliert, als er Befehl gab, uns auf dem Appellplatz zu versammeln.

Dort stand er auf einer Kiste, schnauzte und prahlte und predigte – in seinen eigenen Augen hielt er eine großartige Rede. Ich registrierte kaum, was er sagte, denn es handelte sich um lauter Unsinn. Ich vermute, dass er »Ich bin Göth« sagte, aber für die meisten von uns hörte es sich an, als hätte er gerufen: »Ich bin dein Gott.« Und als müsste er das beweisen, tötete er vor unseren Augen zwei jüdische Polizisten.

Es war einfach nur böse, böse, böse. Wenn man so etwas zu oft mitansieht, zerstört und verwirrt es einen. Göth tötete wahllos, unablässig, im Vorübergehen. Er war oft betrunken, berauschte sich aber in einer psychotischen Weise an seiner uneingeschränkten Macht und hinterließ Leichen, wo auch immer er ging.

Eine besonders bösartige Szene kann ich nicht vergessen. Eine Frau stand auf einem Balkon im Frauenlager und wiegte ihr Baby in den Armen, als Göth ihr ohne Vorwarnung in den Kopf schoss. Obwohl ich inzwischen ein erfahrener Schauspieler war und meine Gefühle verbergen konnte, entfuhr mich ein Schrei des Entsetzens. Es mag ein Lagermärchen sein, aber ich bete darum, dass es wahr ist: Angeblich soll das verwaiste Kind insgeheim von anderen Häftlingen aufgezogen worden sein und den Krieg irgendwie überlebt haben.

Wir lernten schnell, uns zu zerstreuen und zu verstecken, wenn Göth in der Nähe war. Er tötete Menschen, weil sie ihm in die Augen sahen, weil sie zu langsam gingen, weil sie ihm zu heißes Essen servierten oder einfach so, ohne jeden Grund. Mit einem Präzisionsgewehr schoss er vom Fenster seines Büros in unsere Baracken, nur um das Zielen zu üben. Arbeitsbrigaden in der Nähe seiner Villa befanden sich in Schussweite von seinem Balkon aus. Nichts und niemand war sicher vor seinen Wutanfällen und seiner kalten, bösartigen Lust daran, andere leiden zu sehen.

Sobald er sein Amt angetreten hatte, wurden unsere Arbeitszeiten verlängert und unsere Essensrationen gekürzt. Wer sich mit zusätzlichem Essen erwischen ließ, wurde erschossen, und die Arbeitskollegen des Opfers konnten von Glück sagen, wenn ihnen nichts Schlimmeres widerfuhr als 50 Schläge mit einer Reitpeitsche. Dabei mussten sie laut mitzählen und Dankbarkeit vortäuschen, bevor sie zu einer Extraschicht in einer Strafbrigade zurück in den Steinbruch geschickt wurden.

Die Alternative, die Strafzelle nämlich, war zu schlimm, als dass man darüber auch nur nachdenken wollte. Sie war 50 mal 50 Zentimeter groß, und man musste bis zu 48 Stunden lang mit dem Gesicht zur Wand stehen, ohne sich umdrehen zu können. Einige Häftlinge wurden auch stundenlang an den Händen aufgehängt, bis sie das Bewusstsein verloren. Wenn es so weit war, wurden sie mit kaltem Wasser übergossen, bis sie wieder wach waren, und dann sofort erneut aufgehängt.

Die SS-Leute konnten mit uns machen, was sie wollten. Die Totenköpfe auf ihren Uniformen schienen sich über uns lustig zu machen. Doch auch sie fürchteten den Kommandanten, der keine Zeit damit verlor, sich von seiner schlimmsten Seite zu zeigen. Er muss gewusst haben, dass innerhalb eines Monats das Lager von den Resten der einst blühenden jüdischen Gemeinschaft in Krakau überschwemmt werden würde.

1940 lebten in Krakau etwa 68 000 Juden. Mitte März 1943, als Göth die endgültige Liquidation des Ghettos leitete, waren nur noch 7000 übrig. Innerhalb von zwei Tagen wurden 2000 Menschen auf den Straßen ermordet. Dreitausend wurden nach Auschwitz-Birkenau deportiert, wo mit Ausnahme von 500 Männern und 50 Frauen alle sofort nach ihrer Ankunft vergast wurden.

Die übrigen etwa 2000, die man für arbeitsfähig hielt, wurden nach Płaszów geschickt. Diese Zahlen sind historisch verbürgt, werden dem Ausmaß der Unmenschlichkeit aber nicht gerecht. Stellen Sie sich das vor: Kinder wurden ihren Eltern entrissen und in ein Waisenhaus gebracht, wo sie dann getötet wurden. Göth übernahm dabei eine leitende Rolle, zusammen mit einigen Helfern aus der SS mit Namen Kunde, Heinrich und Neumann.

Und stellen Sie sich die Wirkung vor, die dieser Mann auf uns hatte. Wir zitterten, wenn wir ihn sahen. Unser Blut kochte vor Angst, doch gleichzeitig fühlten wir uns kalt und klamm. Stellen Sie sich meinen Schrecken und meine Hilflosigkeit vor, als er kurz nach der Ankunft der Überlebenden aus dem Ghetto den Friedhof betrat, wo ich mit meiner Brigade den Zaun abbaute.

Die Deutschen brauchten die Eisentore und Metallzäune für ihren Krieg. Meine Aufgabe bestand darin, die eckigen Pfähle Stein für Stein abzubauen. Da ich klein und gelenkig war, hoben mich die anderen hoch, und ich löste dann mit einer Spitzhacke die Steine, ohne sie zu beschädigen, und warf sie einem Kollegen zu, der sie aufstapelte.

Göth, der seine Quoten erfüllen musste, ging an uns vorbei, begleitet von seiner rechten Hand, dem OD-Kommandanten Wilek Chilowicz. Er blieb stehen und sah zu, wie ich einen Stein löste und vorsichtig meinem Kollegen zuwarf. Man möge mir vergeben, aber ich erinnere mich nicht mehr an den Namen dieses Kollegen. Namen bedeuteten uns inzwischen nichts mehr. Männer kamen und gingen, lebten und starben; heute waren sie noch hier, morgen waren sie vielleicht verschwunden.

Was wir da taten, war eine einfache Arbeit, die wir an so einem vierzehnstündigen Arbeitstag unzählige Male ausführten. Doch mein Kollege war so versteinert, weil das Ungeheuer in seiner Nähe stehen geblieben war, dass er den tödlichen Fehler beging, den Stein fallen zu lassen. Göth verpasste ihm ohne mit der

Wimper zu zucken einen Kopfschuss und schaute dann nach oben. Er befahl mir, ihm einen Stein zuzuwerfen, versprach mir, ihn aufzufangen, ließ ihn dann aber absichtlich zu Boden fallen.

»Komm runter.«

»Komm runter!« Plötzlich brüllte er wie verrückt. In einem solchen Moment ist es unmöglich, normal zu reagieren. Man ist einfach nicht mehr Herr seiner Fähigkeiten. Die Pfeiler waren etwa fünf Meter hoch, aber in meiner Panik rutschte ich an der Seite hinunter und verletzte mich an Armen und Beinen. Göth hob seine Pistole, bis sie nur noch etwa fünf Zentimeter von meinem Gesicht entfernt war, und zielte zwischen meine Augen.

So würde ich also sterben.

Lautlos rezitierte ich das *Schma Jisrael*, das erste Gebet, das Eltern ihren Kindern als Nachtgebet beibringen. Es ist das wichtigste Gebet des Judentums, das ultimative Glaubensbekenntnis. Es ist eine *Mitzwa*, eine religiöse Pflicht, dieses Gebet zweimal am Tag zu sprechen. Und wenn der Mensch dazu fähig ist, soll er es sprechen, bevor seine Seele den Körper verlässt.

»Höre Israel, der Herr ist unser Gott, der Herr ist einer … Gepriesen sei Gottes ruhmreiche Herrschaft für immer und ewig.«

KAPITEL 5

GEFANGENE DES SCHICKSALS

Mein Gebet wurde erhört. Ein paar Tage später erwachte ich im Lagerhospital, ohne mich zu erinnern, was passiert war. Der Schmerz war so intensiv wie meine Verwirrung und Erleichterung. Mein Körper war zerschlagen und in Verbände gewickelt, die bald blutdurchtränkt waren. Mein Gesicht war geschwollen, mein Rumpf mit Blutergüssen und offenen Wunden übersät, meine Haut wund. Ich war ungeheuer hungrig, aber klug genug, nicht lange im Bett herumzuliegen.

Die Lagerärzte, alles SS-Leute, waren dafür bekannt, dass sie ihren Patienten tödliche Injektionen verpassten. Einer von ihnen, Max Blancke, der 1944 nach Płaszów kam, war besonders berüchtigt. Er hatte bereits in Dachau und Buchenwald gearbeitet und war in Płaszów zuständig für das Töten von Behinderten, Kranken und Alten. (Im April 1945 beging er gemeinsam mit seiner Frau Selbstmord, nachdem er den Tod von 360 Häftlingen im Lager Kaufering befohlen hatte – viele von ihnen wurden bei lebendigem Leibe verbrannt.)

Ich zog es also vor, mein Glück in unserer Baracke zu versuchen, einem Holzbau, in den man Hunderte von Häftlingen gezwängt hatte. So gut ich konnte, ruhte ich mich in der dritten Etage des vierstöckigen Bettes aus. Dieses »Bett« sah eher aus wie eine wackelige Kommode mit offenen Schubladen. Der Nachteil meiner Entscheidung war, dass ich sofort wieder arbeiten musste, auch wenn ich alles andere als fit war. Aber alles war besser als ein längerer Aufenthalt in der Krankenstation.

Das Rätsel meines wundersamen Überlebens wurde durch Zufall gelöst, als ich Wilek Chilowicz traf. Er war ein Lagerältester, also ein Häftling mit besonderen Aufgaben, besaß aber eine enorme Macht, da er den verhassten OD, den Jüdischen Ordnungsdienst, befehligte. »Ah!«, sagte er mit gespielter Überraschung, als er mich sah. »Du bist noch am Leben. Weißt du eigentlich, was mit dir passiert ist?«

Meine Unwissenheit und vielleicht auch die Möglichkeit, vor seinen Begleitern zu prahlen, schien ihn ungemein zu freuen. »Göth war drauf und dran, dich umzubringen, also habe ich dich zusammengeschlagen. Als du bewusstlos wurdest, habe ich zu ihm gesagt, er kann sich die Kugel sparen, du wärst schon tot. Ich habe dir das Leben gerettet!«

Jeder versucht eben auf seine Weise zu überleben.

Ich verdankte mein Leben also einer Mischung aus Blutrausch und schamloser Speichelleckerei. Die meiste Zeit versuchte ich nur zu existieren, mich zu verstecken und meine Aufmerksamkeit auf nichts anderes zu richten als auf die nächste Scheibe Brot. Es war sicherer, nicht aufzufallen. Wer auffiel, begab sich in Gefahr, manchmal auch in tödliche Gefahr. Doch man muss ja bedenken, ich war erst 16 Jahre alt, auf mancherlei Weise noch ein dummer Junge.

Meine Frechheit siegte denn auch eines schicksalhaften Tages, als ich Chilowicz ansprach. »Wissen Sie was, für einen so wichtigen Mann haben Sie ganz schön schmutzige Stiefel«, sagte ich zu ihm. »Wenn Sie mir erlauben, sie zu putzen, werde ich dafür sorgen, dass sie strahlen wie die Sonne.« Das hätte ein tödlicher Fehler sein können, aber zum Glück begann er langsam zu lächeln. »Dann sieh zu, dass du das schaffst«, sagte er.

Also ging ich von da an zweimal pro Woche zu ihm und

wichste seine Stiefel so sehr, dass ich mich darin spiegeln konnte. Und jedes Mal bekam ich etwas dafür: einen Hühnerknochen oder ein Stück Brot. Manchmal gab er sogar ein bisschen Suppe, den guten Teil vom Boden des Kessels, in meine *menashka*, die Schale, die ich an meinem Gürtel trug. Er war ein grausamer, bösartiger Mann, doch aus irgendeinem Grund profitierte ich von einem Funken Menschlichkeit in ihm.

Manche Menschen tun schlimme Dinge, um am Leben zu bleiben. Indem er mit einem Schlächter wie Amon Göth kollaborierte, stets an seiner Seite war und auf einen willkürlichen Befehl von ihm hin tötete, verriet Chilowicz das jüdische Volk. Er wandte sich gegen seine eigenen Leute, ohne sich um moralische oder ethische Normen zu kümmern. Die Versuchung ist groß, sich so zu verhalten, wenn es darauf hinausläuft, entweder zu töten oder getötet zu werden. Aber kann man ein solches Verhalten je vergeben?

Ich wiederhole einen Grundsatz des Glaubens: Nur Gott ist Herr über Leben und Tod. Chilowicz konnte nicht ahnen, welches Schicksal ihm bevorstand. Es nahm eine vielsagende Wendung. Letztlich war er nur die übertriebene Version der mörderischen jüdischen Polizisten, die seine Befehle während der Liquidation des Krakauer Ghettos ausführten, oder der Kapos, zumeist ehemalige Kriminelle, die ein grünes Dreieck an ihrer Häftlingskleidung trugen, um ihren Status zu bezeichnen, und verzweifelt darauf aus waren, Gnade vor den Augen der SS zu finden.

Warum taten sie das? Einige von ihnen waren im Grunde genommen zu allem bereit, um ein zusätzliches Stück Brot oder einen weiteren Löffel Suppe zu bekommen. Und damit wurden sie indirekt unmenschlich und, wie wir an Göths mörderischem ersten Tag im Amt sahen, entbehrlich. Trotz all der Demütigung und Grausamkeit konnten sie nicht überleben. Und niemand trauerte um sie.

Die schlimmsten unter den Wachen waren die ukrainischen SS-Leute. Die meisten waren Angehörige des Schutzmannschafts-Bataillons 206. In den Anfangsjahren der Besatzung waren sie an vielen Gräueln beteiligt und wurden aus verschiedenen Vernichtungslagern nach Płaszów abkommandiert. So brutal sie auch ihre Hauptaufgabe erfüllten, Ausbruchsversuche zu vereiteln, trauten die deutschen Offiziere diesen Männern nie so richtig. Sie betrachteten sie als Menschen zweiter Klasse.

Göth trat und schlug sie, brüllte sie an, aber er tötete sie nicht, solange er sie brauchte. Er war eine Gefahr für alle Menschen in seiner Umgebung, weil er vor nichts zurückschreckte. Das führte zu einer seltsamen, ständig angespannten Lage, denn selbst diejenigen, die in seinem Auftrag töteten, wussten, dass ihre Selbsterniedrigung keinen Schutz bedeutete. Sie hatten genauso viel Angst vor seinen Zornausbrüchen wie wir.

Dagegen war das Verhältnis zwischen polnischen und jüdischen Häftlingen sehr gut. Die Jüdische Unterstützungsstelle, eine Gruppe, die von den Deutschen geduldet wurde, solange Płaszów als Zwangsarbeiterlager betrieben wurde, leistete medizinische Hilfe, die wir bereitwillig mit den polnischen Häftlingen teilten. Im Gegenzug profitierten auch die jüdischen Insassen von den Lebensmittellieferungen der polnischen Hilfsorganisation.

In mancherlei Hinsicht wären wir aber besser dran gewesen, wenn Płaszów offiziell als Konzentrationslager betrachtet worden wäre. Die Konzentrationslager waren nach dem Grundprinzip organisiert, dass nur Hitler die letzte Gewalt über Leben und Tod besaß. Die Kommandanten dieser Lager mussten Telegramme nach Berlin schicken, um die Genehmigung zu Hinrichtungen zu bekommen, und diese Telegramme mussten auch persönliche Informationen über die beabsichtigten Opfer enthalten.

Płaszów dagegen war ein Ort ohne Recht und Gesetz. Todesfälle wurden schlicht und einfach mit dem Wort »Abgang«

notiert, ohne nähere Erklärung – es handelte sich ja ohnehin in allen Fällen um Mord. Göths Fahrer, ein ukrainischer Kapo namens Simleiner, den wir unter uns nur Ivan nannten, tötete auf Befehl.

Mein Vater ging ein irres Risiko ein, indem er ein paar Goldmünzen im Futter seiner ursprünglichen Kleidung mitbrachte und nach seiner Ankunft behielt, nachdem man ihm ein J auf seine Sachen gemalt hatte. Das Geld nutzte er, um die Wachen zu bestechen, die uns daraufhin einen Job im Heizungsraum verschafften, wo wir Kohlen schaufelten. Solche Jobs waren sehr gefragt, denn man war drinnen, hatte ein gewisses Maß an Unabhängigkeit und vor allem: nur wenig Kontakt mit der SS.

Göth stahl Fleisch, Mehl und Brot, die für die Häftlinge bestimmt waren, und verkaufte sie auf dem Schwarzmarkt oder tauschte sie dort gegen Luxusgüter ein. Unsere Rationen umfassten je einen Sechzehntel Laib Brot am Morgen und am Abend. Dazu bekamen wir zwei Löffel Marmelade pro Woche, die aus verfaulten Früchten und verwester Roter Bete gemacht wurde und den Vermerk »nur für Häftlinge« trug.

Es muss also nicht überraschen, dass die Menschen trotz aller Gefahren verzweifelte Risiken auf sich nahmen. Essen wurde zur tödlichen Waffe, die gegen uns eingesetzt wurde. Als man in einer Schublade eines Angestellten in der Verwaltung Brot fand, ließ Göth ihn und vier weitere Verwaltungsleute auf den Erschießungsplatz von Hujowa Górka bringen und dort hinrichten. Die Mitglieder einer Arbeitsbrigade, die bei ihrer Rückkehr Lebensmittel bei sich hatten, wurden brutal geschlagen. Zwei von ihnen starben, weil ihre Schädel mit Ziegelsteinen und Felsbrocken zerschmettert wurden.

Und der arme Herr Kanner – man möge mir vergeben, dass ich seinen Vornamen vergessen habe – wurde mit einem Stück Hühnerfleisch erwischt. Wir üblich wurden Hunderte von uns auf den Appellplatz beordert und dort von der SS mit Peitschen geschlagen, bevor man uns den Befehl erteilte, bei der Hinrichtung von Herrn Kanner zuzusehen. Göth hielt eine weitere seiner wirren Reden und brüllte, wir würden alle am Strick enden, wenn wir seine Befehle missachteten.

Das Seil um den Hals von Herrn Kanner riss, als er am Galgen baumelte, und er fiel zu Boden, bewusstlos, aber offensichtlich noch atmend. Internationalem Recht zufolge hätte er verschont werden müssen, doch Göth stand über ihm und schoss ihm mehrmals in den Kopf. Dasselbe geschah mit einem Mann, der von einem Arbeitseinsatz bei der lokalen Eisenbahn mit einem Laib Brot zurückkam. Er flehte um Gnade, als das Seil riss, doch man hängte ihn noch einmal auf.

All das hatte zum Ziel, uns zu ängstigen und zu demoralisieren, doch ich muss zu meiner Schande gestehen, dass die richtig wahnsinnigen, spontanen Akte von Grausamkeit eine noch größere Wirkung auf uns hatten. So zwang Göth einen Jungen, der an Durchfall litt, seine eigenen Exkremente zu essen, bevor er ihn erschoss. Wir mussten solche Gräuel nicht unbedingt sehen, derlei sprach sich schnell herum.

Ich weiß nicht, ob ich mich an das Grauen gewöhnte, aber es ging erbarmungslos so weiter. Einmal riss wieder ein Seil, als ein Junge in meinem Alter, Haubenstock mit Namen, erhängt wurde, nachdem er ein russisches Lied gesungen hatte. Auch er flehte um sein Leben, aber vergeblich. Als man ihn zum zweiten Mal zum Galgen schleppte, schnitt sich ein Ingenieur namens Krautwirth, der zum Tode verurteilt worden war, weil er einem Wächter widersprochen hatte, die Pulsadern mit einer Rasierklinge auf. Durch den Blutverlust war er bereits bewusstlos, aber Göth machte ein Riesentheater daraus, ihn trotzdem aufhängen zu lassen. Am selben Tag wurde auch ein Kapo namens Beim hingerichtet, weil er sich hatte bestechen lassen.

So lange habe ich mir nach dem Krieg gewünscht, all das zu vergessen. Die Erinnerungen verfolgten mich, und ich wollte, dass der Schmerz nachließ. Außerdem hatte ich Sorge, normale Menschen würden mir nicht glauben und meine Aussagen als Augen- und Ohrenzeuge anzweifeln. Manchmal hoffte ich sogar, dass ich mich irrte und mir meine Fantasie Streiche spielte.

Doch ich bin dort gewesen. Und es ist geschehen, die Akten der Kriegsverbrechertribunale beweisen es. Niemand wird mir den Mund verbieten, niemand wird mich zum Schweigen bringen. Ich werde darüber mit jedem sprechen, der bereit ist, mir zuzuhören, auch wenn die Geschichten, die ich erzähle, zu grausig sind, um darüber nachzudenken. Selbst heute, nach fast 80 Jahren, trage ich noch die Narben von den Angriffen der beiden Hunde, die Göth besaß, Rolf und Ralf. Er hatte sie darauf abgerichtet, Häftlinge auf Kommando anzugreifen.

Die körperlichen Narben sind mit der Zeit verblasst, heute sieht man nur noch eine dünne weiße Linie. Die beiden Hunde, eine dänische Dogge und ein Schäferhundmischling, gingen niemals ohne ihren Herrn irgendwohin. Als sie mich ansprangen, bedeckte ich mein Gesicht mit der Hand, weil ich fürchtete, ich würde meine Augen verlieren. Sie bissen fest zu, bis auf die Knochen, aber ich hatte Glück.

Bei Verhören hetzte Göth diese beiden Höllenhunde auf wehrlose Häftlinge, die an den Füßen von einem speziell angebrachten Haken in der Decke hingen. Wir hörten ihre Schreie im gesamten Lager, wenn sie von den Hunden in Stücke gerissen wurden. Selbst die Männer, die die Hunde versorgten, waren nicht vor Göth sicher, denn in seiner Paranoia verdächtigte er einen Mann, die Tiere hätten eine besondere Vorliebe für ihn. Er ließ den Mann holen und erschoss ihn.

Das vielleicht schlimmste Grauen erlebte ein Mann namens Olmer, ein Jude aus Miechów, der angeklagt wurde, Auswanderungspapiere aus Peru erhalten zu haben. Diese Papiere existierten freilich nur in der verzerrten Fantasie des Kommandanten, Herr Olmer war vollkommen unschuldig. Er wurde zusammengeschlagen, ebenso wie eine Gruppe von 70 weiteren Verdächtigen, unter ihnen Männer, Frauen und Kinder. Dann musste er allein draußen vor der Baracke bleiben, während alle anderen zurück in ihre Zellen gebracht wurden.

»Lauf!«, befahl Göth ihm. Und als Herr Olmer gehorchte, hetzte Göth die Hunde auf ihn. Der eine sprang ihm in den Rücken und fing an, ihn in Stücke zu reißen Der Mann stolperte noch ein paar Schritte und schrie vor Schmerzen, als der zweite Hund sich auf ihn stürzte. Dann brach er zusammen. Nach einer Weile ging Göth langsam auf ihn zu und jagte ihm mehrere Kugeln in den Leib.

Ich war nicht dabei, aber ich weiß, dass es so passiert ist.

Die Massenerschießungen von Häftlingen waren ein noch größerer Albtraum. Die Opfer wurden gezwungen, vom Rand der Grube zu springen, die zu ihrem Massengrab werden sollte. Und wenn sie sprangen, schossen die ukrainischen SS-Leute auf sie. Wer zögerte, wurde mit dem Gewehrkolben hineingestoßen und dann erschossen. Viele waren allerdings nur verwundet und zuckten noch im Todeskampf.

Unsere Kleidung war mit Blut verschmiert, unsere schlecht passenden Holzschuhe hatten Löcher und verursachten schnell schreckliche Wunden an unseren ständig nassen Füßen. Doch wir klammerten uns an sie, wenn wir versuchten zu schlafen, weil sie oft von anderen Häftlingen gestohlen wurden, die hofften, ein besser passendes Paar zu finden. Überall stank es nach Verwesung. Viele wurden krank und starben. Selbst kräftige Häftlinge verfielen zusehends. Viele litten unter Zahnschmerzen, wir zogen uns die Zähne selbst.

Wie Sie vielleicht schon vermutet haben, dauerte es nicht lange, dann verkauften die Wachen unseren Platz im Heizungsraum an jemand anderen. Sie wussten ja, wir würden uns nicht beschweren, denn das wäre reiner Selbstmord gewesen. Wer Probleme machte, wurde getötet, um alle Spuren zu verwischen. Das Schicksal von Beim hatte die Kapos gelehrt, sich nicht erwischen zu lassen.

Wir durften nicht in Gruppen herumstehen, aber ein paar flüchtige Bemerkungen zu unseren Kollegen in der Arbeitsbrigade gelangen uns doch. Neuankömmlinge brachten Gerüchte über den Stande des Krieges mit, vor allem von der Ostfront, doch ansonsten waren wir in unserem Elend eingeschlossen und von der Außenwelt isoliert. Unser Geist war benebelt, und jeder interpretierte die wenigen, unzuverlässigen Nachrichten auf seine Weise. Einig waren wir uns nur in der Einschätzung, dass die Massenvernichtung wohl unausweichlich war.

Es gab so viele Arten zu sterben, dass wir mit nichts anderem mehr beschäftigt waren als mit Überleben. Wir waren furchtbar müde, schliefen aber trotzdem schlecht, weil sich die Läuse unter unsere Haut bohrten und uns bei lebendigem Leibe auffraßen. Man kann sich so viel kratzen, wie man will, man erwischt sie doch nicht. Und so lagen wir da und sehnten uns nach dem erlösenden Morgenappell. So wie wir des Nachts darum beteten, es möge Tag werden, so beteten wir tagsüber, die Nacht möge endlich kommen.

Können Sie sich ein solches Leben vorstellen? Kein Tag, keine Nacht, kein Essen, keine Hoffnung, keine Atempause. Ein Stück Brot als einzige Erlösung. Angst in jeder wachen Minute, weil immer etwas passieren könnte, eine willkürliche Erschießung oder ein gemeiner Angriff aus dem Nichts heraus. Stellen Sie sich vor, wie es sein würde, so zu leben, Tag für Tag. Wie kann ich richtig erklären, was das mit einem Menschen macht? Wie kann ich erwarten, dass Sie die abgrundtiefe Erniedrigung erfassen?

Es schien uns sinnlos, eine Unterhaltung anzufangen, selbst in der relativen Sicherheit der Baracken, denn jedes Gespräch erinnerte uns ja nur daran, wie hungrig und niedergeschlagen wir waren. Und was den Versuch anging, den eigenen Kopf in Gang zu halten, indem man über Politik oder Religion sprach – es gab ja nicht viel, worüber zu reden sich lohnte. Schon das Überleben von Stunde zu Stunde ist eine Herausforderung, wenn man keinerlei Kontrolle darüber hat, was mit einem selbst und den Menschen rundum geschieht.

Ich tat, was man mir auftrug, und befolgte alle Befehle, weil ich wusste, wenn ich mich widersetzte, wäre es aus mit mir. Doch auch Gehorsam bot keine Gewähr für Sicherheit. Und so befürchtete ich schon das Schlimmste, als mich ein Kapo eines Morgens beim Appell aus der Reihe zog. Meine Selektion, eine Gruppe von etwa 100 Häftlingen, wurde in ein Lager am Rand der Stadt Mielec geschickt. Dort waren die Zwangsarbeiter für eine Fabrik untergebracht, die deutsche Bomber und das Kampfflugzeug He-297 baute.

Die 1500 bis 2000 Insassen wurden jeden Morgen um fünf Uhr geweckt und wurden bei der Arbeit von einer Wachmannschaft beaufsichtigt, die ihrerseits unter dem Befehl der SS stand. Einige von uns stellten Flugzeugteile her, andere wurden als Reinigungskräfte oder zum Be- und Entladen eingesetzt. Da unsere Tagesrationen – 200 Gramm Brot, schwarzer Kaffee zum Frühstück und Kohlsuppe zum Mittag- und Abendessen – sehr mager waren, brachen viele vor Unterernährung zusammen.

In Płaszów waren wir nicht tätowiert worden, weil Göths Vorgesetzte in Berlin seine Forderung danach ablehnten, auch wenn er argumentierte, so könnte man Flüchtige leichter identifizieren. In Mielec sah die Sache anders aus. Wir mussten uns in einer

Reihe vor einem sichtlich gelangweilten und zunehmend gereizten SS-Mann aufstellen, der mit einer Schreibmaschine unsere persönlichen Daten aufnahm.

»Name und Geburtsdatum.«

Einfache Sache, sollte man denken, aber ich kannte mein genaues Geburtsdatum nicht, nur das Jahr. Also dachte ich mir spontan etwas aus und entschied mich für den 15. März 1926. Diese Notlüge sollte sich noch lange in meinen Papieren niederschlagen, denn ich erfuhr erst viele Jahre später, als ich schon in Kanada lebte, das korrekte Datum. 21. Juli 1926, so stand es in der Geburtsurkunde, die ich 1967 vom polnischen Staat bekam. Aber die schnelle Erfindung eines Geburtsdatums rettete mich immerhin vor den Wachen, die uns auf den Kopf schlugen, wenn es zu lange dauerte.

Das war aber noch der einfachste Teil der Registrierung. Danach wurden wir an einen zweiten Tisch geschoben, wo ein weiterer SS-Mann saß und uns befahl, den Ärmel aufzukrempeln. Und dann tätowierte er uns ohne langes Nachdenken in großen Buchstaben »KL« für »Konzentrationslager« aufs rechte Handgelenk. Die Nadeln waren dick, die Prozedur tat weh, und auch wenn ich mir nichts anmerken ließ, fühlte ich mich doch verletzt.

Sobald ich draußen war, biss und saugte ich an meinem Handgelenk, sodass die Tinte herauskam, die ich dann in den Staub spuckte. Da ich das sehr schnell machte, verschwand das Brandzeichen wieder. Das war wieder mal ein unbedachter Akt, denn wenn man mich erwischt hätte, wäre das mein sicherer Tod gewesen. Es konnte kein offensichtlicheres Zeichen von Widerstand geben – und keine vorhersehbarere Form der Strafe als eine Kugel in den Kopf.

Mein Handgelenk tat fünf oder sechs Tage lang sehr weh, doch dann ging die Schwellung zurück und es blutete nicht mehr. Bis die Narbe zur Unkenntlichkeit verblasste, sollte es noch Jahre dauern. Tatsächlich erinnerte ich mich nur noch vage daran, bis mir kürzlich anlässlich eines Besuchs in New York ein Mann die Hand hinstreckte, um mich zu begrüßen. Sofort erkannte ich die KL-Tätowierung auf seinem Handgelenk, und so kam heraus, dass auch er Mielec überlebt hatte.

Die Welt ist klein. Und brutal.

Ich hatte allerdings damals mehr Glück gehabt als mein Gegenüber, da ich hauptsächlich für städtische Arbeiten eingeteilt wurde. Etwa einen Monat lang mussten wir beim Straßenbau oder bei Reparaturarbeiten helfen und schliefen in Schulen, Feuerwachen und Sporthallen. Irgendwie waren wir das schmutzige Geheimnis der Stadtbewohner. Sie sahen uns, verstanden, was wir durchmachten, schauten aber weg.

Man muss keine Uniform und auch keine Waffe tragen, man muss niemanden mit der Peitsche oder einem Knüppel zu Boden schlagen, um ein Unterdrücker zu sein. Es reicht, wenn man einem Mitmenschen nicht hilft. Wir waren nicht hinter elektrisch geladenem Stacheldraht eingesperrt, und doch war die Freiheit eine bloße Illusion. Dinge, die ich einmal für selbstverständlich gehalten hatte, wie der Anblick eines Obstgartens am Weg zu meinem nächsten Einsatzort, wurden zu einer quälenden Versuchung.

Wie lange hatte ich keinen Apfel mehr gesehen! Das Fallobst am Straßenrand war klein und wahrscheinlich sauer, aber ich hätte zu gern die Möglichkeit gehabt, einen dieser Äpfel zu schmecken. Doch der nächste SS-Mann war nur 15 Meter entfernt, und ich wusste, er würde mich ohne Zögern erschießen, wenn ich die Kolonne verließ. Also wartete ich, bis er näherkam, salutierte und fragte äußerst respektvoll, ob er mir erlauben würde, einen Apfel aufzuheben.

Zur Antwort schlug er mir mit dem Gewehrkolben ins Gesicht.

Als wir am nächsten Tag an derselben Stelle vorbeikamen, bemerkte ich einen Vogel auf einem Zweig, der aus dem Obstgarten auf den Weg ragte. Der Vogel sang so schön, wie es die Natur vorgesehen hat. Und da die Wirklichkeit so brutal war, entschloss ich mich, Zuflucht in der Fantasie zu suchen und ein lautloses Gespräch mit meinem neuen gefiederten Freund anzufangen.

»Ich beneide dich«, sagte ich im Kopf zu ihm. »Ich wünschte, ich hätte die Freiheit, zu singen und mich zu bewegen wie du. Was für ein Glück du hast! Wahrscheinlich bittest du mich um etwas Futter. Wenn ich nur etwas hätte, was ich dir geben könnte! Ich würde es bereitwillig mit dir teilen. Doch lass uns die Sache umgekehrt angehen. Du könntest mir eine große Hilfe sein, wenn du etwas aufhebst und mir bringst. Du könntest mir etwas zu essen bringen, damit ich nicht verhungere.«

Heute, nach all den Jahren, ist mir klar, dass diese Episode traurig und kindisch klingt. Doch der Vogel war so schön, und ich fand einen gewissen Frieden in diesem imaginären Gespräch. Einen Augenblick zivilisierten Lebens, der mir Erleichterung brachte.

Es fällt schwer, nicht am Menschen zu verzweifeln, und es ist unmöglich, die unsichtbare Hand zu ignorieren, die uns durchs Leben führt. Immer wieder staune ich über die Macht des scheinbar zufälligen Zusammentreffens und die Bedeutung der Botschaft, die darin liegt. Jahre später, als ich anfing, mit meiner wunderbaren Frau Perla auszugehen, fragte ich sie nach ihrem Geburtstag, damit ich ihr Blumen schicken und ein abendliches Festessen arrangieren konnte. Wie verblüfft war ich, als sie mir sagte, es sei der 15. März, jener Tag, der mir in Mielec spontan in den Sinn gekommen war.

Ich vermute, die Chancen stehen bei 365 zu eins (oder 366 zu eins in einem Schaltjahr), doch es fühlte sich viel unwahrscheinlicher an. Wie ich schon sagte: Ich bin ein religiöser Mensch und glaube, dass nichts einfach so passiert. Ich kann nicht zornig auf Gott sein, weil ich von Seiner Barmherzigkeit und aus Seinem Willen heraus lebe. Ich bete jeden Tag zu Ihm, bitte Ihn um Vergebung und danke für Seine Gaben. Jeder einzelne der Billionen von Grashalmen auf dieser Erde steht unter dem Schutz des Himmels. Ohne ihn würden sie verwelken und die Welt würde sterben. Verglichen damit sind menschliche Wesen nur Staubkörner.

Oskar Schindler hat mir einmal eine Geschichte erzählt, die zeigt, wie viel Zufall im Überleben liegt. Er war ein vertrauter Anblick in Płaszów, auch wenn er nie in Uniform kam. Die Türen des Heizungsraums waren verschlossen, während wir dort arbeiteten, doch ich schlich mich aufs Dach, wenn er kam, um ihn zu sehen, wie er den Hügel zu dem berüchtigten Roten Haus hinaufging, wo Göth seine Exzesse feierte und seinen niederen Instinkten nachging.

Durch den Film *Schindlers Liste* und den gleichnamigen Roman von Thomas Keneally, der eine Grundlage des Films bildete, ist der Welt bekannt geworden, mit welcher Initiative, welchem Mut, Durchhaltevermögen und Pragmatismus dieser Mann es schaffte, 1200 Juden das Leben zu retten, indem er sie in seiner Emailwarenfabrik und den Munitionsfabriken anstellte. Er schmeichelte den Nazis schamlos und schreckte auch vor Bestechung nicht zurück – und so konnte er Göth sogar die Erlaubnis abringen, mit seinem ganzen Unternehmen nach Brünnlitz (heute Brněnec) im Sudetenland umzuziehen.

Schindler berichtete mir, während dieser Umzugsaktion habe das Schicksal zugunsten von etwa 300 Juden eingegriffen, die unter seinem Schutz standen. Sie waren als Arbeiter in einem Bergwerk im südpolnischen Golleschau (heute Goleszów) abgelehnt worden. Da man sie auch in dem nahe gelegenen Unterlager von Auschwitz nicht brauchen konnte, steckte man sie in Viehwaggons, um sie auf einem Nebengleis erfrieren zu lassen. Doch dann kam Schindler und verlangte eine weitere Zuteilung von Arbeitern.

Für die SS und ihr kaltes ökonomisches Denken hätte es durchaus Sinn ergeben, diese Juden einem sicheren, schrecklichen und einsamen Tod zu überantworten. Doch einer der Offiziere befahl, sie zu Schindler ins Sudetenland zu schicken. Die Türen der Viehwaggons waren zugefroren, als sie dort ankamen, sodass Schindlers Frau Emilie einen Ingenieur aus der Fabrik holen musste, damit er die Türen mit einem Stemmeisen öffnete.

Zwölf Menschen waren tot, die anderen, die zu schwach und krank waren, um in der Fabrik zu arbeiten, wurden in einem provisorischen Krankenhaus versorgt und am Ende des Krieges dort befreit. Ich kannte diese Geschichte nicht, bevor Schindler sie mir kurz nach meiner eigenen Befreiung erzählte, aber sie erinnerte mich daran, an welch seidenem Faden unser aller Leben hing. Diese Überlebenden waren offenbar von den Engeln beschützt worden.

Meinem Vater Symcha war dieses Glück nicht vergönnt. Er war verschwunden, als ich nach Płaszów zurückkehrte, wo Göths Terrorherrschaft ihren Höhepunkt erreicht hatte. Ich hatte keine Ahnung, wo mein Vater war, ob er noch lebte oder was mit ihm geschehen war. Und die anderen Häftlinge waren viel zu beschäftigt mit ihrer eigenen Qual, als dass sie mir Mitgefühl oder Informationen hätten zukommen lassen. Ich konnte nur beten, dass er nicht den Launen des Ungeheuers zum Opfer gefallen war.

Erst nach dem Krieg erfuhr ich durch das Internationale Rote Kreuz, dass er zu den 30 000 Juden gehörte, die an Unterernährung, Erschöpfung oder durch Massenhinrichtungen im Konzentrationslager Flossenbürg starben. Dieses Lager befand sich in einer entlegenen Gegend im bayerischen Fichtelgebirge, nicht weit von der deutsch-tschechischen Grenze. Über die näheren Umstände seines Todes habe ich nie etwas erfahren.

Er war ein Sklavenarbeiter unter vielen, eins der unzähligen Opfer, die in den Schatten der Geschichte verschwunden sind. Offenbar verbrachte er eine Zeit in Auschwitz, bevor er am 10. August 1944 starb. Doch mich quälten nun auch in Bezug auf ihn all die unbeantworteten Fragen, die mir schon der Verlust meiner Mutter und meiner Brüder gestellt hatte: Warum war ich verschont geblieben?

Das hätte ich damals wirklich gern gewusst.

KAPITEL 6

DAS LICHT DES LEBENS

Mich ergriff eine Mischung aus Trauer um meine Eltern, Schuldgefühl und Unsicherheit. Nie zuvor hatte ich mich so allein gefühlt. Ich vermisste meinen Vater, seine beruhigenden Worte und seine Weisheit, auch wenn ich ihm nicht immer gefolgt war. Ich wusste, ich hätte ihn nicht retten können, als er in den Tod geschickt wurde, doch das hinderte mich nicht daran, zutiefst zu bedauern, dass ich in seinen letzten Stunden nicht bei ihm gewesen war.

Ich konnte mit den Dingen nicht abschließen, um einmal diesen modernen Begriff zu verwenden, den man heute benutzt, wenn es um persönliche Verluste geht. Etwas in mir sagte mir, dass sein Lebenslicht ausgelöscht worden war, aber ich wusste ja nichts Sicheres über die Art und Umstände seines Todes. Eine solche Leere ist gefährlich, eine Grube, in die viele stürzen, auf mancherlei Weise und aus den verschiedensten Gründen.

Ich sehnte mich danach, Genaueres zu wissen, was nicht ohne eine gewisse Ironie ist, da ich eigentlich sowohl im persönlichen als auch im beruflichen Leben eher ein Generalist gewesen bin. Von Natur aus bin ich neugierig und ungeduldig. Schon in meiner Jugend, als ich den Talmud studierte, die heiligen Aufzeichnungen von Generationen alten Debatten über Recht, Philosophie und die Interpretation biblischer Texte, die vom 3. bis 8. Jahrhundert niedergelegt wurden, frustrierte mich der Prozess des Wissenserwerbs.

Die alten Rabbis waren wahre Meister im Haare spalten, wenn sie gewichtige Glaubensthemen und Prinzipien diskutierten. Diese weisen Männer nahmen sich Zeit und gaben sich sehr viel Mühe, bis sie ihre Schlüsse zogen. Wahrscheinlich haben ihre Erkenntnisse deshalb so lange Bestand gehabt. Aber ich bin nicht der Typ, der die Haupt- und Nebenstraßen der sorgfältigen Kontemplation mit gemessenen Schritten durchläuft. Ich will immer direkt auf den Punkt kommen.

Das hat große Fehler mit sich gebracht, aber so bin ich nun mal, im Guten wie im Schlechten.

Ich sehe viele Dinge, die ich ablehne, und habe viele Dinge getan, die ich heute bereue, aber ich will keine Zeit mit sinnlosen Diskussionen vertun. Warum Reibung erzeugen, indem man über Nichtigkeiten streitet? Achte die Ansichten anderer Menschen, aber zieh deine eigenen Schlüsse und vertraue darauf, dass du dich auf dem richtigen Weg befindest, das ist mein Motto. Die entsetzlichen Erfahrungen in den Lagern haben mich gelehrt, dass wahre Stärke von innen kommt.

Ich erinnere mich an Gespräche mit Gott, in denen ich sagte: »Hilf mir, hilf mir, ich bin in solchen Schwierigkeiten! Du bist alles. Tu, was Du kannst. Sorg dafür, dass ich ein Stück Brot bekomme. Bleib bei mir, damit ich nicht verprügelt oder getötet werde.« Der Allmächtige war der Strohhalm, an den ich mich klammerte, das Stück Treibholz, an dem ich mich festhielt, wenn es so aussah, als würde ich gleich ertrinken.

In meiner Geschichte gibt es rätselhafte Widersprüche. Ich hatte immer Hoffnung, auch wenn ich keine sah. Ich wollte das Ende des Krieges erleben, konnte mir aber nicht vorstellen, dass der Frieden rechtzeitig käme, um mein Volk zu retten. Ich sah nichts als Zerstörung. Wir hatten keine Rechte, keinen Wert. Wir hatten kein Zuhause, keine Familien. Alles, was uns lieb und teuer gewesen war, hatte man uns genommen. Und das bedeutete doch logischerweise, dass es nichts mehr gab, für das es sich zu leben lohnte.

Doch ich weigerte mich, aufzugeben. Ich musste überleben. Ich befahl mir, bis zum letzten Atemzug zu kämpfen. Ich wollte unbedingt leben. Nichts anderes schien mir einen Sinn zu ergeben. Wer überlebte und wer starb, das konnte nicht rational erklärt werden. Im Rückblick glaube ich, dass einer der Hauptgründe, warum ich überlebte – abgesehen von einem geradezu wundersamen Glück –, meine Fähigkeit war, geistig abzuschalten und ganz einfach nichts zu denken.

Andere flehten Gott an, sie von ihrem Elend zu erlösen und ein Ende zu machen. Sie wünschten sich, Er würde sie mitnehmen, um ihre Leiden zu beenden. Sie konnten einfach nicht mehr. Doch irgendwie machten sie weiter. Sie überlebten. Andere, von denen man annehmen konnte, sie seien stark und entschlossen, stürzten in Verzweiflung. Wenn sie auf ihre Zukunft blickten, sahen sie nur Schwärze. Ihre Stimmung verwandelte sich, sie glaubten nicht mehr an Rettung. Und so gaben sie auf.

Ihr Lebenslicht wurde immer schwächer, flackerte nur noch und erstarb dann.

Man stirbt nicht, weil man sterben will, weil man sich wünscht, es wäre vorbei. Und man überlebt nicht notwendigerweise, weil man unbedingt am Leben bleiben will. Die sechs Millionen Juden, die im Zuge des Holocaust ermordet wurden, wollten nicht sterben. Sie wollten leben, in ihr Zuhause zurückkehren, zusehen, wie ihre Kinder aufwuchsen und ihre Familien größer wurden.

Und doch wurden sie ausgelöscht. Ich weiß nicht, warum ihre Gebete nicht erhört wurden. Und ich glaube nicht, dass das irgendjemand wissen kann.

Fragen Sie sich das Folgende: Was würden Sie tun, wenn Ihnen alles, was Sie lieben, entrissen würde? Wie würden Sie damit zurechtkommen, wenn ihre sorglose Seifenblase plötzlich platzte? Welche Eigenschaften würden es Ihnen ermöglichen, einer der wenigen zu sein, die noch aufrecht stehen, wenn auch ausgehungert und zerlumpt, wenn das Böse besiegt ist und die Retter kommen? Es gibt ein Sprichwort: Geld verloren, nichts verloren. Doch wenn der Geist verloren geht, ist alles verloren.

Ich bin kein Psychologe, doch ich habe irgendwo gelesen, dass viele Häftlinge um Chanukka oder Weihnachten herum starben. Dies sind freudige Ereignisse, Festzeiten. Es sind Feste des Glaubens, zu denen sich die Familien versammeln, um für das Gute in ihrem Leben zu danken und sich gemeinsam satt zu essen. Und es sind Feste, in denen das Licht eine besondere Rolle spielt.

Was Chanukka angeht, will ich gern kurz den historischen Hintergrund erklären. An Chanukka wird die Rückeroberung und die Wiedereinweihung des Heiligen Tempels in Jerusalem durch eine kleine Gruppe schlecht bewaffneter Juden gefeiert, die von Judas Makkabäus angeführt wurde. Sie besiegten die mächtige Armee der Seleukiden, deren König Antiochus IV. Epiphanes die Ausübung der jüdischen Religion verboten, Schweine an den heiligen Orten geschlachtet und einen Zeus-Altar errichtet hatte.

Einer Legende zufolge, die im Talmud wiedergegeben wird, gab es nur noch so viel Öl, dass die Menora im Tempel – der siebenarmige Leuchter, der zu den wichtigsten rituellen Gegenständen gehörte – noch einen Tag lang brennen konnte. Doch auf wundersame Weise leuchtete die Flamme noch acht Tage lang, bis nach den Regeln ritueller Reinheit neues Öl hergestellt werden konnte. Deshalb dauert das Chanukkafest acht Tage und gilt als Lichterfest. Ich bin überzeugt, dass deshalb so viele Lebenslichter in den Lagern gerade zu dieser Zeit erloschen, weil die Häftlinge die Hoffnung verloren, dass sie jemals wieder ein so befriedigendes und sorgloses Fest erleben würden. Und dann gaben sie einfach auf.

Die Nazis kannten die Geschichte und verstanden die symbolische Bedeutung unserer Religion. Deshalb entweihten sie unsere Werte und Traditionen. Selbst ein Ungeheuer wie Amon Göth begriff, wie wichtig unsere heiligsten Feiertage sind und wie leicht er sie nutzen konnte, um geradezu grotesken Schmerz hervorzurufen. Und tatsächlich nutzte er sie, um ein Exempel zu statuieren und einen Massenmord derartigen Ausmaßes zu begehen, dass einem der Atem stockt.

An Jom Kippur, dem jüdischen Versöhnungsfest im Oktober 1943, befahl er der SS, angeführt von seinem Stellvertreter Edmund Zdrojewski, 50 Personen aus unseren Baracken zu verhaften. Wir versuchten uns zu verstecken, als sie brüllend eindrangen und jeden angriffen, dessen sie habhaft werden konnten, und sie zerrten die Unglücklichen hinaus und erschossen sie. Ein Tag, der dem Bereuen, dem Fasten und dem intensiven Gebet gewidmet sein sollte, wurde in Blut ertränkt.

Und das Ungeheuer verhöhnte alles, was uns lieb und teuer war: »Nicht Gott wird euch richten, sondern ich«, erklärte er uns.

Mit derartigen Bemerkungen trieb er unsere Angst in unvorstellbare Höhen. Doch die Gräuel, die er ein paar Wochen später an einem weiteren Feiertag, dem jüdischen Neujahrsfest Rosch ha-Schana beging, waren noch abscheulicher. An diesem Tag wählte er beim Morgenappell 200 Häftlinge aus und ließ sie hinrichten. Wir waren total entsetzt. Jeder versuchte verzweifelt, sich in den Hintergrund zu drücken – nie zuvor und nie danach war ich so dankbar für meine geringe Körpergröße von eins zweiundsechzig.

Wir lernten, uns vor dem Wahnsinn des Augenblicks zu fürchten, selbst wenn ich ehrlich zugeben muss, dass ich kaum noch wusste, welcher Tag eigentlich war. Die Tage gingen ineinander über, einer so erschöpfend und schrecklich wie der andere. Göth war im einen Moment vollkommen wirr, im nächsten kalt berechnend. Er genoss rituelles Gemetzel, als wäre es ein Sport. Dass er auf diese Weise auch die Disziplin aufrechterhielt, war offenbar nie sein Hauptanliegen.

In einem Vorort von Krakau namens Bonarka ließ er 60 Mitglieder einer Arbeitsbrigade töten. Weitere 16 Zwangsarbeiter wurden auf dem Weg zurück ins Lager ermordet. Seine Strafaktionen für Fluchtversuche waren obszöne Theateraufführungen. Wenn jemand wirklich entkam, ließ er die ganze Gruppe, zu der der Flüchtige gehörte, auf dem Appellplatz antreten.

Dann mussten die Häftlinge auf zehn abzählen, der erste brüllte »Eins«, der zweite »Zwei« und so weiter. Die arme Seele, die Nummer zehn war, konnte gerade noch die Zahl rufen, dann schoss Göth. Und nachdem das Muster klar war, wurde die Todesqual des Mannes, der begriff, dass er beim nächsten Mal der zehnte sein würde, unerträglich. Ich kann nur darum beten, dass ihm noch Zeit für ein Gebet blieb.

Mir ist durchaus bewusst, dass die Wirkung nachlässt, wenn ich zu viele Beispiele für die Verworfenheit dieses Mannes zitiere. Doch einige dieser willkürlichen und plötzlichen Morde sind zu schockierend, als dass man sie ignorieren könnte. So erschoss Göth einen Unglücklichen beim Morgenappell, weil er der Ansicht war, der Mann sei zu groß. Als der Häftling sterbend am Boden lag, urinierte das Ungeheuer auf ihn, um seine Bosheit und Verachtung noch mehr zu zeigen.

Freundschaften waren ein Luxus in der Gefangenschaft, in der der Einzelne immer mehr das Gefühl bekam, unbedeutend zu sein. Aber sie schenkten uns flüchtiges Glück und manchmal besonders heftigen Schmerz. Ich war nicht vorbereitet auf die tiefe Verzweiflung, die mich überkam, als einer meiner engsten Freunde, Shlomo Spielman, ebenfalls der willkürlichen Bosheit zum Opfer fiel.

Gute Menschen seines Schlages sind nicht leicht zu finden. Er war einer von drei Brüdern im Lager – die anderen beiden, Chaim und Jacob, wurden Verbündete und Bekannte fürs Leben. Unsere Wege kreuzten sich während des Krieges und auch danach, zunächst in verschiedenen Konzentrationslagern, später in der Gemeinschaft der *displaced persons*, der Heimatlosen.

Eines Morgens stand ich neben Shlomo auf dem Appellplatz, als Göth an uns vorbeistolzierte. Unsere Körper waren verwüstet, doch unsere Herzen schlugen immer etwas schneller, wenn er in der Nähe war. Er war nur noch ein paar Meter von uns entfernt, als er plötzlich Shlomo befahl, vorzutreten, und losbrüllte: »Ich kann es nicht ertragen, dass die Juden so gut aussehen.«

Ich verstand genug Deutsch, um zu wissen, was er sagte, doch mir war nicht klar, in welcher Gefahr wir schwebten. Ohne ein weiteres Wort zog er seine Pistole und erschoss meinen Freund. Einfach so, Peng. Weshalb? War es sein Ego? Neid? Stolz? Wollte er einfach Spaß haben? Mir wurde übel, und ich wünschte mir sehnlich, ich könnte weinen oder mich über meinen toten Freund beugen, um meine Zuneigung und Kameradschaft zu beweisen, doch ich wusste auch, wenn ich diesen Instinkten nachgab, wäre es mein sicherer Tod.

Der Lagerkommandant blieb noch einen Moment stehen, dann ging er weg. Offenbar war seine Mordlust fürs Erste gestillt. Ich erinnere mich bis heute sehr lebhaft an diese Szene, ich bekomme sie nicht aus dem Kopf. Worte können niemals angemessen ausdrücken, was ich fühlte, wie intensiv ich den Mörder meines Freundes verabscheute und hasste. Die ganze Episode hatte etwas so Alltägliches … doch wir dürfen so etwas niemals für normal halten oder vergessen, was es bedeutete.

Nichts an diesem Morgen war ungewöhnlich. Niemand wagte es, Shlomos Leiche die nötige Aufmerksamkeit zu widmen, während wir unsere Aufgaben für den Tag zugeteilt bekamen. Das waren zumeist interne Bauarbeiten, denn das Lager wurde im Laufe des Jahres 1943 erweitert. Neue Straßen mussten gebaut werden, zusätzliche Baracken wurden errichtet und eine Entlausungsstation erbaut. Tausende Tonnen Erde mussten bewegt werden, der Boden wurde eingeebnet.

Göth überwachte derweil eine weitere unmenschliche Ghetto-Liquidation, die im September in Tarnów stattfand. Sechstausend Juden wurden nach Auschwitz gebracht, für weitere etwa 2000 musste in Płaszów Platz geschaffen werden. Sie arbeiteten in der Kleiderfabrik von Julius Madritsch, einem österreichischen Geschäftsmann, der ebenso wie Oskar Schindler das Menschenmögliche tat, um Leben zu retten. Er bezahlte der SS die Lebensmittel, die er seinen Häftlingen gab, und argumentierte mutig gegen Göth, der ältere Arbeiter in den Tod schicken wollte.

Anfang 1944, nachdem Płaszów den Status eines Konzentrationslagers erhalten hatte, wurde uns das Tragen der relativ warmen Zivilkleidung verboten. Stattdessen sollten wir die papierdünnen blau gestreiften Häftlingsuniformen tragen, die so sehr zum Symbol des Holocaust geworden sind. Später, als die Gräuel unvermindert weitergingen, nahm man die Uniformen von ermordeten Häftlingen und gab sie ungewaschen an Neuankömmlinge weiter.

Nie zuvor hatte ich so gefroren. Zu Tausenden wurden wir eingesetzt, um eine Schmalspurbahn und neue Nebengleise anzulegen. Wir schleppten riesige Holzbalken, schaufelten und verteilten unzählige Lastwagenladungen Kies und legten die schweren Eisenschienen, die sich kilometerweit erstreckten. Strafbrigaden mussten Felsblöcke auf den Schultern tragen, wobei die Männer unter dem Gewicht gebeugt gingen und häufig stolperten. Die SS-Wachen streiften herum und suchten nach Vorwänden, um uns anzugreifen. Ihnen war es egal, ob wir krank oder unterernährt waren. Wenn wir mit der Arbeit nachließen, wurden wir geschlagen, manche wurden auch erschossen.

Selbst wenn man von den frostigen Temperaturen absah, war es eine tödliche Arbeit. Unsere Hände und Füße waren taub und unsere mageren Körper bis auf die Knochen durchgefroren – es war erbarmungslos. Wir standen auf offenem Feld, der Schnee wurde von eisigen Winden aufgewirbelt, die uns fast umwarfen. Es war, als wollte eine unsichtbare Hand uns in den Sturm ziehen und unserem Schicksal überantworten.

Jede Schneeflocke fühlte sich an wie ein Stein, der mit einem Katapult auf uns abgeschossen wurde. Ein warmes Getränk? Gott behüte, dass man uns eine solche Erleichterung gewährt hätte. Heute würde man sich bei solchem Wetter an einem wärmenden Feuer zusammenkauern und dampfend heiße Suppe essen. Und wenn wir hinausgehen müssten, um unsere Arbeit zu erledigen, würden wir einen dicken Steppmantel, einen Schal, Mütze, Handschuhe und Stiefel tragen. Damals besaßen wir nicht einmal Strümpfe und trugen nur eine Art Schlafanzug aus papierdünnem Stoff.

Das war es, was die Nazis mit »Vernichtung durch Arbeit« meinten. Wir entwickelten eine Art Frühwarnsystem, wenn die Wachen sich näherten, und arbeiteten dann etwas schneller, um der Bestrafung zu entgehen, aber in vielen Fällen machte die Natur die Arbeit der SS überflüssig. Ich sah Menschen, die einfach zusammenbrachen und nicht mehr aufstanden. Niemand durfte hingehen und ihnen helfen. Und so entwich das Leben langsam, aber sicher aus diesen Körpern.

Es fällt schwer, etwas so Irreales zu beschreiben. Ein Menschenleben war buchstäblich nichts wert.

Im Sommer war es nicht besser. Dann trat das Gegenteil ein, wir wurden von der Sonne gebraten, doch die Erleichterung eines kalten Getränks wurde uns verwehrt, und statt unkontrolliert zu zittern, schwitzten wir, bis uns die Sinne schwanden. Unsere Haut war verbrannt, sodass jede Berührung schmerzte. Unsere Kehlen waren ausgetrocknet, und unsere Widerstandskräfte schwanden. Immer mehr Männer brachen zusammen. Immer mehr Männer starben.

Als bereits erfahrener Häftling konnte ich inzwischen die Alarmzeichen erkennen. Einige waren offensichtlich: Jeder Anblick von Göth, selbst aus größerer Entfernung und vor allem, wenn er auf seinem weißen Lieblingspferd aus dem Stall geritten kam, das Gewehr lässig über der Schulter, ließ mich in Deckung gehen. Das Lager hatte sich in eine Miniaturstadt verwandelt, mit eigenem Straßensystem, Kohlenlager, einer Kiesgrube, einem Lagerkomplex und einem Fabrikgelände. Zwei Bereiche waren uns absolut verboten, vor ihnen nahmen wir uns besonders in Acht.

Der erste Bereich waren die Küchen, ein Magnet für diejenigen, deren Hunger jede Vernunft besiegte. Gelegentlich war der eine oder andere Häftling, der den begehrten Job ergattert hatte, zu kochen oder das, was man uns als Essen vorsetzte, auszuteilen, so mutig, ein paar Brocken für Freunde herauszuschmuggeln. Doch wer zu offensichtlich um etwas zusätzliches Essen bettelte, wurde zur leichten Beute für die Wachen.

Der zweite Bereich war das Frauenlager an der Ostseite des Appellplatzes. Es war strengstens verboten, die Grenze zu diesem Teil des Lagers zu überschreiten, doch Gefangenschaft kann nicht alle Reste von Menschlichkeit auslöschen. Ich hatte keinen Grund, mich dort blicken zu lassen, aber andere Männer schlichen sich dorthin, vor allem an den Sonntagen, um ihre Frauen, Schwestern und Töchter wenigstens kurz zu sehen. Einige blieben sogar stehen, ohne sich um die Risiken zu scheren, und tauschten Neuigkeiten oder Essen aus.

Die Frauen wurden schrecklich behandelt, noch respektloser als die Maultiere, deren Arbeit sie so oft verrichteten. Als wir die Eisenbahn von der Kiesgrube zum höher gelegenen Gelände bauten, wurden sie vor den Wagen angeschirrt, mit denen die Steine transportiert wurden. Tief gebeugt zogen sie die Wagen den Hügel hinauf, wobei sie oft ausrutschten, weil ihnen die Holzschuhe entweder von den Füßen fielen oder nicht mehr griffen. Die Sterblichkeitsrate war ungeheuerlich.

Der schlimmste Plagegeist für die Frauen war Alice Orlowski, deren offizieller Dienstgrad »Kommandoführerin« kaum durchscheinen ließ, wie degeneriert sie war. Gerüchte aus zwei früheren Lagern gingen ihr voraus: In Ravensbrück und Majdanek hatte sie in brutaler Weise das Beladen von Lastwagen beaufsichtigt, mit denen Frauen und Kinder in die Gaskammern gebracht wurden.

Sie liebte es, Frauen mit der Peitsche zu schlagen, besonders über die Augen.

Man möge mir vergeben, wenn ich das sage, aber wer so etwas tut, hat keine Vergebung verdient. Sie war schlau wie eine Ratte, die in die Ecke getrieben wird, und ich stimme denjenigen zu, die sagen, dass sie nur deswegen versuchte, menschlich zu wirken, indem sie auf dem Todesmarsch von Auschwitz-Birkenau im Januar 1945 Wasser an die Häftlinge verteilte, weil sie die deutsche Niederlage voraussah und ihre Verteidigung in einem möglichen Kriegsverbrecherprozess vorbereiten wollte.

Tatsächlich wurde sie in dem Prozess 1947 als eine jener typischen SS-Frauen mit den harten Gesichtern beschrieben und wegen Verbrechen gegen die Menschlichkeit zu lebenslanger Haft verurteilt. Ich versuche, nicht bitter zu sein, aber die Tatsache, dass sie nur zehn Jahre absitzen musste und 1976 im Alter von 72 Jahren eines natürlichen Todes starb, während sie auf einen erneuten Prozess in Westdeutschland wartete, macht mir zu schaffen.

Erst in den letzten Jahren habe ich von den Sondermaßnahmen gegen weibliche Häftlinge erfahren, die in Kraft gesetzt wurden, als Płaszów ein Konzentrationslager wurde und damit neuen Regeln unterworfen war. Die Nazi-Bürokraten waren geradezu detailbesessen und hatten einen teuflischen Ordnungssinn. Eins ihrer Handbücher, die an die Lagerkommandanten verteilt wurden, beschäftigte sich beispielsweise mit dem Auspeitschen von Frauen.

Wie gefühllos muss man sein, um die Abneigung zwischen verschiedenen Nationalitäten zu fördern, indem man beispielsweise anordnet, dass polnische Frauen nur von russischen Frauen geschlagen werden dürfen? Oder slowakische Frauen von tschechischen? Und umgekehrt, in beiden Fällen? Wieder so eine unglaubliche Situation, die jedes zivilisierte Denken übersteigt.

Der Kampf ums Überleben macht den Geist eng, weil sich das gesamte Denken auf die Grundfunktionen konzentriert. Ich war noch nicht einmal 18 Jahre alt und musste mir Gedanken über unmittelbarere Dinge machen als die zunehmende Bewegung von Menschenmassen im Kriegsgebiet. Doch genau dies – Göth erhielt beispielsweise im Mai 1944 den Befehl, Platz für 10 000 Juden aus Ungarn zu schaffen – hatte einen direkten Einfluss auf mein eigenes Leben und das der Menschen in meiner näheren Umgebung.

Über Menschenwürde dachten wir längst nicht mehr nach, doch es war trotzdem eine verstörende Situation, als das gesamte Lager, sowohl Frauen als auch Männer, den Befehl bekam, nackt vor einem Inspektionskomitee unter der Leitung des berüchtigten SS-Arztes Max Blancke anzutreten. Dieser sogenannte Gesundheitsappell dauerte mehrere Stunden.

Wieder einmal spielten unsere Verfolger Gott. Schwache, verletzte oder behinderte Häftlinge mussten zur Seite treten, ihre Namen wurden aufgeschrieben. Eine Woche später wurden sie bei einem weiteren Appell von uns getrennt und auf Wagen weggebracht. Niemand wusste genau, wohin sie gebracht wurden, aber wir erwarteten nicht, sie jemals wiederzusehen. Und so war es dann auch.

Das Schicksal der Kinder war schlimmer, weil es in aller Öffentlichkeit stattfand. Ihre Mütter waren außer sich, als sie sahen, wie die Kinder ihnen zum Abschied zuwinkten, nachdem man sie auf Lastwagen gepackt hatte, die an der Hauptstraße des Lagers standen. Dass die Nazis über Lautsprecher deutsche und polnische Wiegenlieder spielten, machte die Sache nur noch schlimmer.

Göth reagierte auf den Aufruhr der Mütter, indem er auf und ab lief, mit der Pistole herumfuchtelte und drohte, jeden zu erschießen, der aus der Reihe trat. Dass er seine Drohung trotz seines Zorns nicht wahrmachte, war ein weiteres Zeichen dafür, dass seine Macht im Wanken begriffen war. Er organisierte nach wie vor Massenauspeitschungen und brutale Strafaktionen, doch er musste sich vor seinen Vorgesetzten in Berlin verantworten, die die Maschinerie des Mordens kontrollierten.

All diese armen kleinen Würmchen sind schon am nächsten Tag in den Gaskammern von Auschwitz gestorben.

Es war immer schon irgendwie ein Zahlenspiel gewesen, doch nun, da immer mehr Transporte aus dem übrigen Galizien nach Płaszów kamen, war das System vollkommen überlastet. Außerdem versuchte man verzweifelt, die eigenen Verbrechen zu vertuschen. Ich war nur ein Zwangsarbeiter und wurde nach Belieben irgendwelcher Planer hin und her geschoben. Als die Leichen aus den Massengräbern von Hujowa Górka exhumiert und verbrannt wurden, war ich schon nicht mehr in Płaszów.

Als diese grausame Aufgabe im Oktober erledigt war, hatte die SS Göth bereits wegen Unterschlagung verhaftet – eine furchterregende »Leistung«, die tief blicken ließ. Er hatte im Sommer angefangen, sein eigenes Überleben zu sichern, indem er die Zerstörung der Häftlingskartei vorbereitete. Tatsächlich ging er mit den Stützen seines Regimes genauso übel um wie mit den Tausenden, die er tötete.

Wilek Chilowicz, der mir einst überraschend das Leben gerettet hatte, gehörte ebenfalls zu Göths Opfern. Da er der Lieblings-Erpresser und -Henker des Kommandanten gewesen war, wusste er zu viel. Das Ausmaß seines Verrats an uns Häftlingen kam in dem Kriegsverbrecherprozess zutage, an dem ich teilnahm. Selbst für jemanden wie mich, der viel zu viel gesehen und gehört hatte, waren die Details niederschmetternd.

Kein Wunder, dass Göth befürchtete, Chilowicz könnte in ein anderes Lager verlegt werden und dort belastende Informationen weitergeben. Niemand besaß mehr Insiderwissen über die korrupten, mörderischen Machenschaften des Kommandanten gegen unschuldige Menschen.

Solange Płaszów ein Arbeitslager war, in dem keinerlei Regeln galten, wäre es eine Sache von Sekunden gewesen, sich eines derart gefährlichen Mannes zu entledigen. Doch als das Blatt des Krieges sich wendete und neue Befehle kamen, musste Göth sich auf ein anderes Spiel verlegen. Er musste Wilhelm Koppe, der für die gesamte SS und Polizei im besetzten Polen verantwortlich war, glauben machen, Chilowicz sei ein Verräter. Dazu zwang er einen Aufseher namens Józef Sowiński, einen falschen Bericht abzuliefern, in dem behauptet wurde, Chilowicz habe insgeheim einen Häftlingsaufstand organisiert.

Als Koppe, der den Spitznamen »kleiner Himmler« trug, die Erlaubnis erteilte, die Anführer des erfundenen Aufstands zu eliminieren, war die Falle gelegt. Göth versprach Chilowicz und seiner Familie, er werde ihnen zur Flucht verhelfen, doch als sie an einem Sonntagmorgen fluchtbereit bei ihm eintrafen, wurden sie alle getötet. Chilowicz' Stellvertreter Finkelstein, der Leiter der Jüdischen Polizei, gehörte mit vier anderen ebenfalls zu den Opfern.

Göth konnte dem theatralischen Impuls nicht widerstehen, ihre Leichen auf der Hauptstraße des Lagers auszustellen und den Befehl zu erteilen, dass sämtliche Insassen daran vorbeidefilieren mussten. Wie gesagt, zu dieser Zeit war ich schon nicht mehr in Płaszów. Doch wäre ich dort gewesen, ich hätte sicher keine Träne für einen Mörder vergossen, der den Beinamen »die Laus« trug.

Solche Dinge hatte das Oberkommando in Berlin sicher nicht erwartet, als es den Befehl herausgab, das Lager müsse »ausgedünnt« werden.

Als Zwangsarbeiter besaß ich keinen Status. Ich hatte keine Papiere, und nachdem die Akten von Płaszów vernichtet worden waren, existierte ich praktisch nicht mehr. Ich besaß keinerlei Wert als Mensch, keine Zukunft. Ich war eine Unperson, nur ein Körper, der ausgenutzt wurde, um ein Loch irgendwo im System zu stopfen. Da das Lager überfüllt war und sich angesichts der nahenden Front Panik ausbreitete, packte man mich in einen Viehwaggon und schickte mich fort.

Es waren kaum 90 Kilometer, doch ich überlebte die Reise nur, weil so viele andere starben.

KAPITEL 7

VOM SKLAVEN ZUM PILGER

Ich möchte mich nicht erinnern, aber mir bleibt gar nichts anderes übrig. Ich teile mein Leiden, weil ich nur auf diese Weise die Welt warnen und versuchen kann, sie zu einem besseren Ort zu machen. Es gibt Dinge, die Sie als Lesende vielleicht nachvollziehen können, so das Zittern in einer dünnen, zerschlissenen und schmutzigen Häftlingsuniform, während man bei frostigen Temperaturen arbeitet. Andere Ereignisse, darunter auch meine Reise von Płaszów nach Auschwitz-Birkenau, übersteigen jedes menschliche Verstehen.

Begleiten Sie mich trotzdem in den Viehwaggon, der als Folterkammer diente und zum Grab wurde. Bereiten Sie sich auf Schrecken über Schrecken vor. Versuchen Sie, nicht vor der Wahrheit zurückzuscheuen, vor den Bildern, die ich in Ihnen hervorrufen muss. Solche Dinge geschehen, wenn ein Menschenleben für so unbedeutend gehalten wird, dass es zu einer Nebensache wird, die nur Unannehmlichkeiten bereitet.

Ich weiß nicht genau, was für ein Waggon das war, in den man uns hineinpferchte. Doch nachdem der größte Teil der »Ladung« aus ungarischen Juden bestand, wird er wohl die Maße gehabt haben, die von Holocaust-Forschern als zeittypisch beschrieben werden. 8,2 Meter lang, 2,2 Meter breit und 4,3 Meter hoch, von der Unterkante der Räder aus gerechnet.

Man muss dann noch bedenken, dass das Wagendach gebogen war, was den Platz noch mehr beengte. Diejenigen, die in der Mitte standen, hatten etwa 2,2 Meter vom Boden bis zur Decke zur Verfügung; die am Rand, die noch mit Peitschenhieben und Tritten hineingezwängt wurden, wenn eigentlich schon kein Platz mehr war, hatten noch weniger.

Es wäre schon ein Verbrechen gewesen, 60 Menschen für diese Reise von etwa 90 Kilometern ohne Nahrung oder Wasser an einem heißen Sommertag in so einen Waggon zu zwängen. Doch wir waren 160. Dass man uns dann nach unserer Ankunft auf einem Nebengleis abstellte und die Türen zwei Tage und Nächte lang verschlossen und verriegelt hielt, war reiner Massenmord.

Keiner von uns wusste, was uns bevorstand. Auf der Strecke durch Städte wie Skawina und Spytkowice zum Güterbahnhof von Oświęcim, der polnischen Stadt, auf deren Gebiet sich das Lager Auschwitz befand, reihten sich die Züge aneinander, die unschuldige Menschen in den Tod transportierten. Die Nazis hatten Probleme, so viele Juden in die Gaskammern zu bringen. Sie wollten, dass so viele wie möglich starben, ohne dass sie uns einzeln erschießen mussten.

Wenn man so viele Menschen auf so engem Raum zusammenpfercht, ist es unmöglich, normal zu atmen. Das Ruckeln des Zugs war schrecklich, weil das Schaukeln und Schwanken noch mehr Druck auf unsere Brustkörbe mit sich brachte. Ab und zu schrie jemand auf Jiddisch »oy veh«, doch alles, was einem normalen Gespräch ähnelte, verstummte schnell.

Alle waren ganz mit ihren eigenen Qualen beschäftigt, ihrem nächsten Atemzug. Schon bevor wir ankamen, gingen die Schwächsten in die Knie. Sie seufzten noch einmal auf und sackten dann weg, während ihnen der letzte Atemzug entwich, als hätte man einen Reifen angestochen. Viele stöhnten leise, andere keuchten auf, und wieder andere ließen kurze, hoffnungslose

Schreie hören. Der Fremde, der sich an mich klammerte, sank langsam zu Boden und stand nicht mehr auf.

Am Güterbahnhof angekommen, wurde unser Zug von der Rangiermannschaft übernommen, die ihn zur Rampe gleich hinter dem Eingang von Birkenau brachte. Diese Transporte wurden von bewaffneten Wachen begleitet, normalerweise unter dem Kommando eines ukrainischen SS-Offiziers, der niemanden in die Nähe ließ. Als wir hörten, dass die Lokomotive am Tor abgekoppelt wurde, dankten wir im Stillen dafür, dass die Quälerei ein Ende nahm.

Wir konnten ja nicht ahnen, dass es jetzt erst richtig losging.

Stunden vergingen, ohne dass sich jemand um uns kümmerte. Allmählich verzweifelten wir. Wer durch die Ritzen im Holz um Gnade oder um einen Schluck Wasser flehte, wenn er das Knirschen von Stiefelsohlen auf dem Schotter neben den Gleisen hörte, verschwendete kostbare Energie. Unser Durst war schlimmer als der Hunger; an das dumpfe Gefühl des Verhungerns waren wir ja längst gewöhnt. Unsere Münder waren entsetzlich trocken, unsere Zungen geschwollen und seltsam klebrig, wie Löschpapier.

Das natürliche Kühlungssystem unserer Körper setzte aus. Je weiter die Dehydrierung fortschritt, desto weniger schwitzten wir. Selbst als der brütend heiße Tag in einen relativ kühlen Abend überging, quälte uns die eigene Körperwärme in dieser engen Umgebung. Die Zeit dehnte sich und zog sich wieder zusammen, sie hatte keinerlei Bedeutung mehr. Eine Minute konnte sich anfühlen wie eine Stunde, eine Stunde wie ein Tag und ein Tag wie ein Jahr. Doch mit jeder Sekunde, die verging, ohne dass Entlastung kam, wurde es leichter, den Lebenswillen zu verlieren.

Rechts und links von mir, vor und hinter mir brachen Menschen zusammen. Einige verloren im Endstadium ihrer Qualen die Kontrolle über ihre Verdauungsorgane. Irgendwo hatte es zu Beginn der Reise einen Eimer gegeben, aber uns blieb gar nichts anderes übrig, als zu urinieren, wo wir standen. Der Gestank war unerträglich. Langsam wurde uns klar, dass wir auf den Körpern unserer Gefährten standen, manchmal auch saßen.

Ich wollte mir nicht eingestehen, dass sie tot waren, denn dann hätte ich sehen müssen, dass auch mir dieses Schicksal bevorstand. Viele glitten einfach weg wie ein Ertrinkender, der unter Wasser sinkt. Gelegentlich bewegte sich ein Körper, ein Bein rutschte weg, eine Hand oder ein Finger zuckte oder hob sich zentimeterweise. Es war, als nähme jemand Abschied oder wollte uns ins Jenseits locken.

Wir waren alle schon halb tot. Tief in meinem Inneren glaubte ich nicht mehr, dass ich diesen Waggon lebend verlassen würde. Die Qualen waren so groß, dass wir den Tod nicht mehr fürchteten. Wir wussten, dass er uns unmittelbar bevorstand, und die Versuchung, ihn willkommen zu heißen, war riesengroß. Wie es mir gelang, in dieser Situation ein Mensch zu bleiben? Ehrlich gesagt, weiß ich gar nicht, ob es mir gelang.

Wie schon erwähnt, bin ich ein kleiner Mann, nur eins zweiundsechzig groß. Am Morgen des dritten Tages auf diesem Nebengleis hatten sich die Leichen so hoch aufgetürmt, dass mein Kopf das Dach berührte. Die Luft war stickig, und ich fand mich mit der Tatsache ab, dass mein letzter Blick auf die Welt ein verschwommener Blick auf Schienen und Zäune sein würde.

Dann plötzlich eine Bewegung. Die Türen, die von außen versiegelt waren, wurden geöffnet. Licht strömte hinein, sodass diejenigen von uns, die noch lebten, zusammenzuckten.

»Raus! Raus!«

Ich übertreibe nicht, auch wenn ich mir ehrlich wünsche, es wäre so. Doch wir waren nur noch 20 Männer, die aus dem Wagen krochen und sich schwankend auf den Schienen versammelten. Die SS-Leute, denen die Leichen, über die wir geklettert und gestolpert waren, vollkommen gleichgültig waren, brüllten uns an und schlugen auf uns ein. Drei oder vier von uns atmeten kaum noch und wurden von anderen Häftlingen auf Bahren weggetragen.

Der Gestank von brennendem Menschenfleisch, einer der ersten Eindrücke, die mich überkamen, als wir auf dem Nebengleis abgestellt worden waren, wurde überwältigend. Es war der Gestank der Vernichtung.

Zwei Jahre zuvor hatten die Nazis mit einem Programm zum Bau von massiven Krematorien und Gaskammern begonnen, von denen sie glaubten, sie könnten darin 1,6 Millionen Menschen pro Jahr töten und verbrennen. Die Berechnungen der Zentralbauleitung der Waffen-SS und Polizei in Auschwitz waren kalt und präzise. Sie schätzten, dass sie 4416 Leichen pro Tag verbrennen konnten, 1440 in jedem der beiden großen Krematorien, jeweils 768 in den beiden anderen. Die Leute, die das ausgerechnet hatten, waren Funktionäre, Ingenieure und Planer, aber sie wussten genau, was sie da taten. Sie entwickelten und lieferten die Maschinen für den Mord.

Bis heute habe ich Probleme mit Barbecues. Sie erinnern mich an brennende Tote, an Fleisch, das von den Flammen verzehrt wird. Der Rauch, der von einem Grill aufsteigt, ruft die Bilder der Schornsteine wach, aus denen die Überreste der Holocaust-Opfer aufsteigen. Wenn ich zu einem Grillfest eingeladen bin, gebe ich mir Mühe, mein Unwohlsein nicht zu zeigen, weil ich niemandem die Freude an einer herzhaften Mahlzeit verderben will. Aber so sieht nun mal meine Wirklichkeit aus.

Wie viele Seelen wurden vom Wind verweht? Die Geschichtswissenschaft geht von 1,3 Millionen Menschen aus, die nach

Auschwitz-Birkenau gebracht wurden. 1,1 Millionen wurden ermordet, 960 000 der Opfer waren Juden. Ich bin überzeugt, dass ich zu ihnen gehört hätte, wenn nicht Hunderte oder Tausende in diesem Zug gestorben wären, der sich weit in die Ferne erstreckte. An diesem Tag waren es einfach zu viele Leichen für die Häftlinge, die normalerweise die Waggons reinigten, bevor sie wieder eingesetzt wurden.

Es ist eine Sache, in so einen Waggon zu klettern und die Namen, Initialen oder letzten Botschaften zu entfernen, die von den Todgeweihten an die Wände gekritzelt wurden. Doch es ist etwas ganz anderes, wenn man Tag für Tag unzählige Leichen aus diesen Waggons holen muss. Die Arbeitsbrigaden waren daran gewöhnt, die Wände sauber zu schrubben oder mit Ölfarbe zu übermalen. Um den Tod im industriellen Maßstab zu entfernen, waren sie nicht genug Leute.

Wie schon gesagt: Wir waren alle dem Tode nahe, solange wir in dem Waggon eingesperrt waren. Der Schmerz war so durchdringend, die Umgebung so furchtbar, dass selbst wir an den Rand dessen kamen, was wir aushalten konnten. Zum Glück ist der Überlebenswille ungeheuer stark. Und ich besaß immer noch *Emunah*, meinen Glauben. Ich erneuerte mein Vertrauen zu Gott. Er war der Einzige, der helfen konnte. Deshalb pflege ich meinen Glauben so sehr und stärke ihn, wann immer es möglich ist.

Als man uns den Abmarsch befahl, katapultierte uns die Aussicht, womöglich doch zu überleben, zurück ins Land der Lebenden. Wir waren klug genug, uns unsere Gedanken nicht anmerken zu lassen, doch unser Geist raste: »Was werden sie tun? Was haben sie mit uns vor?«

Es zeigte sich, dass sie einen Job für uns hatten. Umbringen konnten sie uns später immer noch.

Wir gingen zurück zum Schauplatz ihres großen Verbrechens.

Wir mussten uns ausziehen, und dann folgte ein Spießrutenlauf an vier SS-Männern mit Stöcken vorbei, die sie uns in die Ohren stießen, um festzustellen, ob wir etwas versteckten. Sie befahlen uns, den Mund zu öffnen und ein Bein zu heben, sodass sie auch unseren Hintern untersuchen konnten. Das alles war vollkommen sinnlos, wir hatten ja nur die Lumpen bei uns, in denen man uns auf die Reise geschickt hatte. Doch so verrückt das heute klingt, diese Demütigungen gehörten zur Routine, wir erwarteten nichts anderes.

Da in Auschwitz – und nur dort – die Häftlinge mit Nummern tätowiert wurden, stellten wir uns vor einem Tisch auf, an dem ein gelangweilter Aufseher einige Fragen stellte (wieder dachte ich mir spontan die Antworten aus) und uns dann mit grober Hand eine Nummer in die Haut tätowierte, und zwar auf der Innenseite des Unterarms gleich unterhalb des Ellbogens. Später in diesem Jahr, als scharenweise ungarische Deportierte kamen, wurde die Tätowierung auf den äußeren Unterarm gestochen.

Als Zwangsarbeiter, der innerhalb des Systems schon etwas herumgekommen war, wurde ich damit nun also zur Nummer gemacht. 85314. Ich bereue es, dass ich mir diese Nummer viele Jahre später von einem plastischen Chirurgen in Kolumbien entfernen ließ. Sie wurde mir aufgezwungen, das Tätowieren war sehr schmerzhaft, und die Nazis demütigten uns, indem sie uns wie Sklaven oder Vieh brandmarkten. Aber wenn ich so darüber nachdenke, wäre es doch besser gewesen, sie bis zu meinem Tod zu bewahren.

Übrigens gibt es da noch etwas, was mir Rätsel aufgibt. Meine Häftlingsakte aus allen anderen Lagern ist vollständig und in einer Online-Datenbank zu finden, doch trotz jahrelanger Nachforschungen ist es mir nie gelungen, irgendwelche Aufzeichnungen über meine Zeit in Auschwitz zu entdecken. Ich war etwa vier bis sechs Wochen dort, bevor man uns weiterschickte.

Möglicherweise wurden die Aufzeichnungen über meine Zeit in Auschwitz zerstört, wie es in so vielen Fällen passierte, als die Rote Armee näherkam. Ebenso ist es aber auch denkbar, dass ich im Chaos unserer Ankunft und angesichts unserer kurzen Reise schlicht und einfach übersehen wurde – Verwaltungsschlamperei. Das kann man sich leicht vorstellen, denn die Überlebenden von Amon Göths mörderischem Regime wurden offenbar willkürlich quer durch das Lagersystem an andere Orte geschickt, darunter Freiberg, Buchenwald und Groß-Rosen.

Wie auch immer, es fühlte sich nur allzu wirklich an, als wir zu den Viehwaggons zurückkehrten, um die grausige Aufgabe zu erfüllen, die uns am Leben erhalten sollte. In solchen Momenten schaltet der Geist ab. Man wird gefühllos, distanziert, gleichgültig. Vielleicht hält man in seinem Herzen ein Gebet am Leben, doch man wird zur Maschine. Tu dies, tu das, geh hierhin, geh dorthin. Absoluter Gehorsam ist die einzige Möglichkeit. Egal, wie schlimm und bitter die Befehle sind, man tut, was einem gesagt wird.

Die Leichen waren steif und kalt und bestanden nur aus Haut und Knochen. Wir schleppten sie zu Schubkarren und luden sie auf Lastwagen. Vor den Krematorien wurden sie ausgekippt und in die Öfen geschaufelt. Wir mussten sie ausziehen, während die Aufseher brüllten und ihre Hunde heulten. Die SS sah nur den möglichen Profit, den Schmuck oder Geld bringen konnten, wenn man sie in den Lumpen fand. Für sie bedeutete ein Menschenleben gar nichts.

Meine Erinnerungen sind der Preis, den ich für die Wunder zahle, die mir widerfuhren. Als ich nach Auschwitz-Birkenau zurückkehrte, drohten mich diese Erinnerungen zeitweise zu überwältigen. Der Kontrast zwischen dem, was ich mit eigenen Augen sah und was sich im Rückblick in meinem Kopf abspielte, war so krass, dass ich merkte, wie ich etwas schneller und flacher atmete. Ich sah eine Normalität und Einfachheit, die an Schönheit grenzte, während sich in meiner Erinnerung nur Abnormität und Zerstörung abspielten.

Auf der Fahrt in die Gedenkstätte bemerkte ich einen neu erbauten Bungalow in unmittelbarer Nähe des ehemaligen Lagers. Das Haus hatte ein schönes Ziegeldach, und die Mauern schienen frisch gestrichen zu sein. Im Garten standen eine Kinderrutsche und eine Schaukel neben einem Spielhaus. Mir stockte der Atem. Wie konnten Menschen dort leben, in Gegenwart der Gespenster? Ich sah Bäume und Blumen und fragte mich, wie sie in der Asche so vieler jüdischer Opfer blühen und wachsen konnten.

Der Boden an diesem Ort birgt schreckliche Geheimnisse. Knochen, die in den Öfen nicht vollständig verbrannt waren, wurden mit Mörsern zu Pulver zerstoßen und dann als Füllmaterial in sumpfigem oder unebenem Gelände genutzt. Sie wurden in nahe gelegene Teiche und Flüsse oder als Dünger auf die Felder gestreut. Bauernhäuser in unmittelbarer Nähe des Lagers Birkenau wurden beschlagnahmt und zubetoniert, sodass sie als zusätzliche Gaskammern dienen konnten.

Wir fuhren an einem modernen Einkaufszentrum vorbei, die Parkplätze waren voll, und Familien eilten hin und her. Viele waren schick angezogen, und sie trugen ihre Einkäufe sorglos zum Auto. Doch ich konnte nicht vergessen, was dieser Ort war, was er repräsentiert. Es ist der Ort einer unvorstellbaren Katastrophe für mein Volk.

Vielleicht erklärt das, warum ich versucht habe, einige Mitglieder meiner wunderbaren Familie, insbesondere meine jüngeren Enkelkinder, vor der ganzen Wucht meiner Erfahrungen zu schützen. Mich berühren ihre Verspieltheit, ihre Offenheit und Unschuld. Warum sollte ich etwas so Kostbares in Gefahr bringen, indem ich ihnen von Tod und Zerstörung, Grausamkeit und Terror erzähle?

Sie werden die Wahrheit noch früh genug erfahren. Einstweilen sollen sie sorgenfrei aufwachsen und sich auf ihre Träume konzentrieren. Sie werden älter und bekommen eine ausgezeichnete jüdische Erziehung. Man wird ihnen davon erzählen, und sie werden anfangen zu verstehen, was mit ihren Vorfahren geschehen ist. Vielleicht wird ihr Morgen durch mein Gestern bereichert. Und mit Gottes Hilfe werden sie vielleicht sogar dieses Buch an ihre Kinder und Kindeskinder weitergeben.

Wenn ich nur einen Wunsch frei hätte, so wäre es dieser: Dass sie lernen, welch große Bedeutung das Leben hat.

Künftige Generationen werden ihre eigenen Geschichten aufschreiben, ihre eigenen Welten erschaffen, doch mich ermutigt die Leidenschaft so vieler Besucher, die ich getroffen habe. Mit einer französischen Reisegruppe, deren Mitglieder T-Shirts mit der Aufschrift »Voyage de la Memoire« trugen, habe ich am Eingang von Birkenau die alten Lieder gesungen. Ich fürchte, ich war ein wenig heiser, denn ich war durstig, und meine Stimmbänder sind genauso alt wie ich.

Ich ging durch das Lagertor von Auschwitz, das als Inschrift die große Lüge trägt: »Arbeit macht frei«. Und ich drehte mich instinktiv zum Wachturm um, wo ich mir die vier oder sogar acht SS-Leute vorstellte, die in verschiedene Richtungen blickten, alle mit der gleichen Absicht: jeden zu erschießen, der in irrsinniger Verzweiflung einen Fluchtversuch unternahm.

Die kleinen rechteckigen Schilder mit schwarzem Totenkopf und gekreuzten Knochen waren unübersehbar, auf denen längst tote Menschen mit dem polnischen Wort »Stoj!« am Weitergehen gehindert wurden. Doch die Kontraste waren ebenso unübersehbar. Der Flieder blühte neben den Verwaltungsgebäuden aus verwitterten Ziegeln, die von der Zeit geschwärzt worden waren.

Er duftete so gut, so süß, so seltsam, wenn man bedachte, was für ein gefährlicher, Furcht einflößender Ort dies einst war.

Ich dachte wieder an schreckliche Morgen, wenn wir in acht oder zehn Reihen auf den grauen staubigen Pflastersteinen darauf warteten, welches Schicksal uns an diesem Tag bevorstand. Wir fürchteten uns von dem Moment an, wenn die Sirene uns zum Appell rief. Wir waren von mordlustigen Gesichtern umstellt, die uns voller Hass und Verachtung ansahen. Hier selektierten sie uns in Gruppen zu fünf oder zehn Mann. Einige dieser Gruppen sahen wir nie wieder. Die Erleichterung, wenn man uns eine Aufgabe zuteilte, so grotesk sie auch sein mochte, war groß, aber vorübergehend.

»Umzug. Schneller, ihr schmutzigen Juden!«

Es spielte keine Rolle, dass sie uns anschrien und anspuckten. Wir hörten die Beleidigungen ja jeden Tag, sie hatten längst jede Bedeutung verloren. Worte stachen nicht und ließen uns nicht bluten, also konnten wir sie ignorieren. Solange man uns nicht erschoss, aufhängte oder in die Gaskammern von Birkenau schickte, waren wir zufrieden. Wir dankten dem Himmel für die kleinsten Barmherzigkeiten.

Normalerweise waren wir dazu eingeteilt, Leichen wegzuschaffen, aber wir mussten auch ans nördliche Ende von Birkenau marschieren, wo die letzte Bauphase kurz vor ihrer Vollendung stand. Bei anderen Gelegenheiten wurden wir zu Reparatur- und Reinigungsarbeiten eingesetzt. Es schien, als ginge es hauptsächlich darum, uns beschäftigt, erschöpft und niedergeschlagen zu halten. Die Sinnlosigkeit der schweren Arbeit war oft genug deutlich sichtbar, wurde aber nie zum Thema gemacht.

Mit einem Ruck kam ich in die Gegenwart zurück und stellte fest, dass ich tief in meiner eigenen Geschichte versunken war. Ich hoffe, das klingt nicht arrogant, aber meine Vorgeschichte verhindert, dass ich als normaler Tourist an diesen Ort komme, so wie die 2,3 Millionen Menschen, die Auschwitz jedes Jahr besuchen. Trotzdem zückte ich mein Handy und machte Fotos von den Schautafeln, die dazu dienen, unsere Qual historisch einzuordnen.

Diese Fotos wurden dort aufgestellt, wo sie ursprünglich gemacht worden waren, und entwickelten auf diese Weise eine besondere emotionale Kraft. Mir kamen die Tränen, als ich ein Bild von Frauen und Kindern sah, die ohne es zu wissen auf ihre persönliche Endlösung warteten. Ein kleiner Junge hockte mit gesenktem Kopf neben der Reihe und spielte mit einem Stein. Ein anderer trug einen strahlend weißen Rucksack auf dem Rücken und stand auf den Zehenspitzen. Sie hatten vielleicht noch ein paar Minuten zu leben.

Unwillkürlich rief ich: »Das war ich, das war ich«, ohne jemanden persönlich anzusprechen, als ich ein Foto von einer Arbeitsbrigade sah, die gleich außerhalb von Birkenau Gräben zogen. Ich sah mich nicht wirklich auf diesem Foto, aber das war meine Arbeit in der Endphase meines Aufenthalts. Ich erkannte die Brücke mit den dünnen Metallgeländern, über die bis heute die Besucher ins Lager kommen.

Diese Gräben mit ihren steilen Wänden, vielleicht drei Meter tief, verliefen auf einer Strecke von 13 Kilometern um das Lager. Sie entwässerten sumpfiges Gelände, wo das Gras bis heute besonders hoch steht. Wir wurden von mürrischen SS-Leuten mit aufgepflanztem Bajonett bewacht, während wir den Boden bearbeiteten und Rohre legten. Kapos standen bereit, um uns ihre Peitschen spüren zu lassen, wenn wir mit der Arbeit nachließen – oder wenn sie einfach nur ihre Herren und Meister beeindrucken wollten.

Es hat fast 80 Jahre gedauert, bis ich vom Sklaven zum Pilger wurde.

Und es gab etwas, das ich bei meiner Rückkehr unbedingt tun

wollte: Ich wollte ein äußerst schmerzhaftes Ritual ausführen und nach der Stelle suchen, wohin wir die Leichen aus unserem Zug gebracht hatten. Es schien, als hätte sich der Grundriss des Lagers etwas verändert, aber ich suchte nach einem bestimmten Merkmal in der Landschaft, einem niedrigen, einstöckigen Gebäude. Und tatsächlich sah es genauso aus wie in meiner Erinnerung.

Es besaß eine Aura von Bedrohung und Bedauern. Die Außenmauer war mit grauem Zement verputzt, der in der Nähe der schweren Tür abgeplatzt war, sodass die ursprüngliche Ziegelmauer sichtbar wurde. Wir fuhren die nackten Leichen mit Schubkarren in dieses bunkerähnliche Gebäude und luden sie dort auf hölzerne Loren, die die kurze Schienenstrecke zu den Öfen gefahren wurden. Einer von uns hielt normalerweise den Kopf des Toten, der andere die Beine. Den Häftlingen, die die gefürchteten »Sonderkommandos« bildeten, blieb es überlassen, sie zu verbrennen.

Dieses Gebäude, offenbar ein Munitionsdepot aus der Zeit vor dem Krieg, wurde vorübergehend wieder in Betrieb genommen, nachdem man es eigentlich im Sommer 1943 geschlossen hatte. Es enthielt drei Öfen. Als ich im Sommer 1944 dort war, wurden diese Öfen wieder angeheizt, weil der Bedarf so groß war, nachdem täglich 12 000 ungarische Juden ankamen. Die Toten wurden auf den Boden eines Raums am hinteren Ende geworfen, der als eine Art provisorische Leichenhalle diente. An anderen Stellen wurden Stapel von Leichen in Verbrennungsgruben unter freiem Himmel geworfen – die Verzweiflung führte zu einem Verlust jeder Menschlichkeit.

Als ich bei meinem Besuch an diesen Ort kam, war ich allein mit meinen Gedanken in einem Gebäude, das sich wie eine Mischung aus Gefängnis und Grabkammer anfühlte. Ein Lichtstrahl, der durch ein kleines Fenster fiel, malte einen hellen Fleck auf den Boden, doch die Schatten, die von vier nackten Glühbirnen an der Decke ausgingen, sorgten für eine düstere, niedergedrückte Stimmung. Ich fror bis auf die Knochen. Heute bittet ein Hinweisschild die Besucher um Schweigen, um die Würde der Toten zu wahren, doch ich musste einfach sprechen. Meine Stimme hallte von den Wänden wider, als ich an eine Zeile dachte, die ich auf einem Schild draußen gelesen hatte: »Erinnert euch an ihre Leiden.«

Ich erinnerte mich an mein eigenes Leiden. Und ich konnte auch die Qualen derer nicht vergessen, deren Reise hier geendet hatte. Ich warf einen Blick auf den symbolisch aufgestellten Viehwaggon, der noch auf einem Nebengleis steht und von dem aus man das sogenannte Tor des Todes, die Hauptwache, in der Ferne sehen kann. Er wirkte wie ein Grab, ein durchaus passender Eindruck. Steine in verschiedenen Formen und Größen waren auf die Fußrasten, die Rampen und Stangen gelegt. Diese Geste des Trauerns gehört zu den großen Traditionen des Judentums: Dort, wo ein Mensch seine letzte Ruhestätte gefunden hat, werden Steine abgelegt. Schnittblumen, wie man sie in anderen Religionen und Kulturen verwendet, sind wie das Leben: Sie blühen, vergehen und sterben. Steine jedoch überdauern, sie stehen in Verbindung mit einem dauerhaften Gedenken. Außerdem wird der Stein in der Thora oft als Metapher für den Allmächtigen verwendet.

Ich brauchte mehrere Anläufe, um eine Kerze anzuzünden und auf die Schienen unter dem Waggon zu stellen. Der Wind ging ganz leicht, sodass ich mich in fantasievolleren Momenten frage, ob er nicht ein Zeichen für die letzten Atemzüge so vieler verlorener Seelen war. Ich jedenfalls war entschlossen, ihnen die Ehre zu erweisen; ich schloss meine Augen und betete für ihre Erlösung.

Meine Erlösung, um es einmal so zu nennen, kam in der zweiten Augustwoche 1944, als man mir sagte, ich würde in Auschwitz-Birkenau nicht mehr gebraucht. Meine Arbeit war getan, und zumindest für den Augenblick blieb ich verschont. Meine nächste Station war ein Konzentrationslager namens Mauthausen in Österreich, östlich von Linz an der Donau. Es schien eine Erleichterung, denn die Bedingungen dort, auf einem Hügel oberhalb des Marktfleckens, müssten doch eigentlich besser sein.

Wie sehr man sich doch irren kann.

KAPITEL 8

DIE TODESSTIEGE

Was ist der Mensch? Das ist eine der großen Lebensfragen. Ein Philosoph würde die eine Antwort geben, eine Ärztin eine andere. Ein Mensch des Glaubens, Rabbi, Priesterin, Imam, würde sich auf die spirituellen Aspekte des Menschseins konzentrieren. Ich habe immer zu ihrer Sichtweise tendiert, dass die Seele wichtiger für das Dasein ist als Haut und Knochen, Muskeln und Sehnen.

Je älter ich wurde, desto häufiger habe ich das Gefühl gehabt, dass ich mich mit einem anderen Menschen beschäftige, der in historischen Archiven existiert. Diese Dokumente, so unscharf und seltsam sachlich sie auch sein mögen, zeichnen mein Leben in der Gefangenschaft nach, das aus den verschiedensten Gründen, zu den verschiedensten Zeiten und an jedem beliebigen Ort hätte ausgelöscht werden können. Sie sind unvollständig und enthalten Ungenauigkeiten, doch sie werfen ein Licht auf die Bürokratie der Verfolgung.

Jedenfalls kann ich aus ihnen herauslesen, dass ich einer von 4590 Jüdinnen und Juden war, die am 10. August 1944 in Mauthausen ankamen, einem der berüchtigtsten Konzentrationslager überhaupt. Offiziell wurde ich als »Lehrling« registriert. Auf meiner Häftlings-Personal-Karte heiße ich Josef. Ich war der Häftling Nummer 1014, der an diesem Tag aufgenommen wurde. Auf dem entsprechenden Stück Papier mit der Nummer 21 hieß ich Jozek.

Meine »Personenbeschreibung« bezeichnet meine »Gestalt«

als »schlank«. Keine große Überraschung, da ich zu dieser Zeit ständig Hunger litt und weniger als 40 Kilogramm wog. Meine Haare wurden als »dunkel« bezeichnet, meine Augen als blau, mein Gesicht als »schmal«.

Ich weiß nicht, ob es sich um einen Fehler des Schreibers handelt, denn das Wort ist zwischen die Zeilen getippt, aber meine Nase ist angeblich »grob«. Ob das stimmt, ist zumindest fraglich, und es klingt definitiv nicht nach einem Kompliment. Zum Glück wird alles andere an mir als »normal« beschrieben.

Mauthausen gilt heute, so die Texte in der Gedenkstätte, als Tatort, Erinnerungsort und letzte Ruhestätte der sterblichen Überreste von Tausenden Menschen, die dort ermordet wurden. Und es gilt zunehmend auch als Ort politischer und historischer Bildung mit der Aufgabe, das Bewusstsein für die Geschichte des Hauptlagers und seiner Nebenlager sowie für die Verantwortung der Täter und Zuschauer, aber auch die Erinnerung an die Opfer zu fördern.

Ich war einer von 190 000 Menschen aus mehr als 40 verschiedenen Nationen, die hier inhaftiert waren. Mauthausen war das einzige Lager der Stufe III, der schlimmsten Kategorie im Nazi-System. Unsere Leiden werden durch eine Reihe von erschütternden Statuen aus Ländern wie Albanien, Belgien, Tschechien, Dänemark, Frankreich, Griechenland, Großbritannien, Ungarn, der Ukraine, Russland, Spanien und Polen symbolisiert. Das Mahnmal für die slowenischen Opfer stellt in unvergesslicher Weise einen schreienden, zum Skelett abgemagerten Mann dar, der die Hände zum Himmel erhebt, als wollte er um Freiheit flehen.

Das Denkmal für den russischen Generalleutnant Dmitri Michailowitsch Karbyschew beim Eingang zum Lager zeigt ihn in eine Eisplatte eingefroren. Einigen Quellen zufolge ertrank er, nachdem man ihm in der Dusche einen Wasserschlauch in die Kehle gesteckt hatte, nach anderen erfror er, weil man ihn dazu zwang, im tiefsten Winter (er starb am 18. Februar 1945) in der Kälte draußen zu stehen, wobei man ihn immer wieder mit Wasser übergoss.

Zu Tränen rührte mich das israelische Denkmal, das im Namen aller jüdischen Opfer errichtet wurde. Es handelt sich um eine riesige eckige Menora, einen heiligen siebenarmigen Leuchter, wie man ihm im alten Tempel in Jerusalem verwendete. Säulen aus dem lokalen Granit, der so viele Tausend versklavte Häftlinge das Leben kostete, liegen am Fuß der Menora.

Dieser Leuchter hat in meinem Glauben eine große Bedeutung. Die einzelnen Arme stehen für das menschliche Wissen. Sechs neigen sich zu dem Leuchter in der Mitte, der das Licht Gottes symbolisiert. Das Objekt steht auch für die Schöpfung der Welt in sieben Tagen. Mein Leben wird von diesem Glauben bestimmt, doch das ist nicht der Grund, warum mich das Erlebnis überwältigte.

Meine Sinne waren überfordert.

Ich lehnte mich an den Zaun und schaute über das Tal hinweg, in dem der mörderische Steinbruch liegt. Wieder einmal rief die Schönheit der Landschaft schmerzhafte Erinnerungen wach. Diese ländliche Gegend in Österreich besaß eine bezaubernde Schlichtheit. Die Bäume standen in vollem Laub, ich sah ein frisch gepflügtes Feld, fast wie ein Fragezeichen geformt, neben einem Bauernhaus mit weißen Mauern, das auf einem Hügel auf der anderen Seite stand.

Mein Weg führte mich am Hang entlang zu einem weiteren brutalen, übergroßen Denkmal, das den Stacheldraht symbolisiert, der unser Gefängnis umgab. Dieses Denkmal wurde von der Regierung der DDR gestiftet. Auf der rechten Seite ist die Statue einer Frau zu sehen, dazu das Zitat eines Gedichts von Bertolt Brecht:

O Deutschland, bleiche Mutter!
Wie haben deine Söhne dich zugerichtet
Daß du unter den Völkern sitzest
Ein Gespött oder eine Furcht!

Ich blieb stehen, dachte über die Reue nach und konnte nicht mehr an mich halten, als ich zum letzten Zaun kam, der den Weg zum oberen Ende der sogenannten Todesstiege versperrte. Nur sechs Tage war ich dort gewesen, war diese 186 Stufen hinaufgetaumelt, mit Granitblöcken auf dem Rücken, doch ich habe dabei genug Leiden und Barbarei gesehen, dass es für ein ganzes Leben reicht.

Es war, als wäre ich in der Zeit zurückkatapultiert worden. Ich musste mich bei meinem Gefährten Rabbi Naftali Schiff anlehnen, der versuchte, mich ein wenig aufzuheitern, indem er darauf hinwies, dass er als Junge kein kurzärmeliges gestreiftes Hemd habe tragen dürfen, so wie ich es an diesem Tag tat, weil es seine Mutter an die Uniformen erinnerte, in denen die KZ-Häftlinge lebten und allzu oft auch starben.

Als wir an diesem Tag in das Tal hinunterstiegen und uns ein Rundweg an den Fuß der Todesstiege brachte, hatten Kummer und Trauer dem Zorn Platz gemacht. Ich blickte die 31 Meter hohe Treppe hinauf, die sich nach rechts neigte, und warf aus einem Impuls heraus einen Stein, so heftig ich konnte. Keine besonders sinnvolle Aktion, aber ich wollte diesem Ort heimzahlen, was er uns angetan hat.

Vielleicht bedeutete diese Rückkehr als freier Mann mehr für mich, als mir klar war. Ich habe von schlechten Menschen gelernt, kein schlechter Mensch zu sein und das Gegenteil von dem zu tun, was unsere Verfolger taten. Ein kluger Mann verliert nie den Blick dafür, wer er ist. Deshalb hätte ich niemals töten können, nicht einmal, um die vielen Gräuel zu rächen, die mir und meinem Volk angetan wurden. So bin ich nicht. Das bin ich nicht.

In Mauthausen wurden die Häftlinge systematisch durch Arbeit vernichtet. Die Rationen waren die kleinsten im gesamten KZ-System der Nazis und umfassten nur eine Scheibe Brot plus etwas Suppe pro Tag. Wir arbeiteten im Steinbruch und mussten Steinblöcke mit einer Spitzhacke oder mit Sprengstoff lösen. Unter der Aufsicht eines zivilen Vorarbeiters lernte ich schnell.

Wie ein Kletterer, der nach Halt für seine Hände sucht, hielt ich Ausschau nach Spalten und Rissen, die es mir ermöglichten, die Felsblöcke relativ schmerzlos zu lösen. Die Quälerei kam früh genug, als andere unseren Platz an der Felswand einnahmen und wir zu menschlichen Mulis wurden, die genau wie diese Tiere benutzt und behandelt wurden. Der Granit war scharfkantig und bohrte uns Löcher in die Schultern.

Die durchschnittliche Last war auf etwa 50 Kilogramm berechnet, doch ich versuchte, möglichst kleine Blöcke zu finden, bevor wir uns zu acht in einer Reihe aufstellten. Dann mussten wir die steile Treppe hintereinander hinaufsteigen und dabei versuchen, den Peitschen der SS-Leute auszuweichen, die dort alle paar Meter standen. So ging das weiter, elf Stunden am Tag ohne Pause.

Hinzu kam das Chaos, weil Leute versuchten, gegen den Strom der Lastenträger hinunterzukommen. Wir waren alle erschöpft, und wenn einer von uns zusammenbrach, fiel er meistens auf den Mann, der hinter ihm ging. So kam es dann zu einer Art Dominoeffekt bis hinunter an den Fuß der Treppe. Schädel und Knochen brachen. Können Sie sich vorstellen, wie wir uns fühlten? Wir waren wie tot. Warum ich weitermachte? Der Himmel allein weiß es. Ich nutzte nicht meine eigene Kraft, sie kam wohl von anderswo her.

Die Aufseher befolgten nicht nur Befehle, sie hatten ganz offensichtlich eine sadistische Freude daran, Panik zu verursachen, indem sie uns zwangen, die Treppe hinaufzurennen. Sie brüllten »Härter arbeiten!«, was körperlich unmöglich war angesichts des Staus aus schwitzenden, schwankenden, kämpfenden Körpern vor uns. Doch das alles war immer noch besser als das, was uns am Ende des Aufstiegs erwartete. Denn dort wurden die Steine aufgestapelt, um daraus Unterkünfte für die SS-Leute zu bauen.

Einige von uns, die man aussuchte, indem man in ihrer Häftlingsakte den Vermerk »RU« für »Rückkehr unerwünscht« anbrachte, wurden an den Rand des Abhangs gestellt, den die Aufseher als »Fallschirmspringerwand« bezeichneten. Dann stellte man sie mit vorgehaltener Waffe vor die Wahl, entweder erschossen zu werden oder den Mann vor ihnen über die Kante zu stoßen – in den sicheren Tod.

Ich danke Gott, dass mir dieses moralische Dilemma erspart blieb. Wer von uns hätte das Opfer gebracht, sich für einen Fremden erschießen zu lassen, der vermutlich in jedem Fall todgeweiht war? Die Vernichtung ließ sich ohnehin nicht vermeiden. Für einige, darunter eine Gruppe niederländischer Juden, die mit einem Transport von 8000 Menschen nach Mauthausen kamen, während ich mich dort aufhielt, war es unaussprechlich grausam.

Sie besaßen eine herzzerreißende Würde, wie sie da ins Lager kamen, mit ihren besten Schuhen in Schachteln und ihren Anzügen ordentlich auf Kleiderbügeln. Man brachte sie sofort zum oberen Ende der Felswand, wo sie von höhnischen SS-Aufsehern und Kapos erwartet wurden, die sie fragten, wer sich freiwillig als Fallschirmspringer melden würde. Verwirrt und versteinert, wie sie waren, stimmten die meisten zu.

Unmittelbar danach wurden sie über die Kante gestoßen. Ihre Körper schlugen auf dem Stein auf, während sie die 30 Meter hinunterstürzten. Einigen wurden Gliedmaßen ausgerissen, andere fielen in einen Teich am Fuße der Wand. Als ich viele Jahre später an diesem Teich vorbeikam, war das Wasser ganz ruhig, wirkte aber immer noch irgendwie bedrohlich. Ich konnte nicht umhin, mich zu fragen, wie viele menschliche Überreste noch darin lagen.

Der Tod dieser Menschen wurde in den offiziellen Lagerdokumenten als »Selbstmord durch Springen« verzeichnet.

Wie bestialisch das alles war, wurde während der Nürnberger Kriegsverbrecherprozesse durch Lieutenant Commander Jack Hendrick Taylor bestätigt, einen Soldaten der US Navy, der gefangen genommen wurde, nachdem er mit dem Fallschirm über Österreich abgesprungen war, um Informationen zu sammeln und Kontakt zu Partisanengruppen aufzunehmen. Zweimal war in Mauthausen seine Hinrichtung bereits terminiert. Das erste Mal entkam er, weil ein mitfühlender Schreiber im Lagerbüro seine Papiere verbrannte, das zweite Mal, als das Lager im Mai 1945 von der 11. Panzerdivision der US-Armee befreit wurde.

Dieser Mann, der besonders geehrt wurde, weil er Operationen in der Luft, zu Land und auf See durchgeführt hatte, gab einem amerikanischen Filmteam, das die Befreier begleitete, einen Augenzeugenbericht, der große Bekanntheit erlangen sollte. Im Prozess, der zur Verurteilung aller 61 Angeklagten aus dem Lager führte, wurde er von den Anklägern gebeten zu beschreiben, welche Methoden zur Ermordung von Häftlingen sie verwendeten. Seine Antwort jagt mir heute noch einen Schauer über den Rücken.

»Vergasen, Hängen, Erschießen, Erschlagen. Es gab eine Gruppe niederländischer Juden, auf die sie so lange einschlugen, bis sie über die Felswand in den Steinbruch sprangen. Einige, die beim ersten Sturz nicht umkamen, brachte man wieder hinauf und stieß sie ein zweites Mal hinunter. Dann gab es das

Stehen. Jeder neue Transport, der ins Lager kam, wurde gezwungen, praktisch nackt im Freien zu stehen, unabhängig von der Jahreszeit. Andere Formen des Tötens waren das Erschlagen mit Äxten, Hämmern und so weiter. Menschen wurden von speziell abgerichteten Hunden in Stücke gerissen; es gab Injektionen von Magnesiumchlorid oder Benzol ins Herz; Menschen wurden mit einem Ochsenziemer geschlagen, bis sich das Fleisch von den Knochen löste; sie wurden in einem Betonmischer zerquetscht; man zwang sie, große Mengen Wasser zu trinken, und sprang ihnen dann auf den Magen, während sie auf dem Rücken lagen; man ließ sie halb nackt bei Frosttemperaturen erfrieren, begrub sie bei lebendigem Leibe, stieß ihnen rot glühende Eisen in die Kehle …«

Wenn Sie das alles lesen, bedenken Sie: Die Täter betrachteten sich als normale Menschen. Georg Bachmayer, der SS-Hauptsturmführer, der für den Steinbruch zuständig war, ein Massaker an 300 Deportierten mit Äxten befahl und außerdem zwei Bluthunde besaß, die er regelmäßig auf Häftlinge hetzte, war nach allem, was man weiß, ein großer Fußballfan. Die Fußballmannschaft der SS spielte in der Regionalliga, und die Zeitungen berichteten über die Spiele.

Die Ortsbevölkerung war eingeladen, bei den Spielen auf dem Platz gleich bei der Krankenstation des Lagers zuzusehen, in der Tausende von Menschen starben. Die Menschen dort wussten über die vielen Häftlinge Bescheid, denn alle Neuankömmlinge mussten den vier Kilometer langen Weg zum Lager durch die Stadtmitte marschieren. Die meisten schauten einfach weg, und bei einer besonders berüchtigten Gelegenheit, die den Namen »Hasenjagd« bekam, halfen sie sogar dabei, Hunderte geflüchteter Häftlinge aus der Sowjetunion wieder einzufangen. Nur elf Häftlinge überlebten.

Wie und warum konnte das passieren? In späteren Jahren, als

Geschäftsmann, lernte ich dem Geld zu folgen. Die Nazis hatten den Steinbruch schon 1938 von der Stadt Wien gepachtet, als die SS-Führung die Deutsche Erd- und Steinwerke GmbH gründete, um ihre Tätigkeit auch in die Baustoffindustrie auszudehnen.

Hitler hasste Wien, weil er dort obdachlos geworden war, nachdem er zweimal durch die Aufnahmeprüfung der Kunstakademie gefallen war. Wien erinnerte ihn an die Zurückweisung und an seine eigenen Unzulänglichkeiten. Der Granit von Mauthausen, der früher benutzt worden war, um die Wiener Straßen zu pflastern, wurde nun für große Bauprojekte in seiner angenommenen Heimatstadt Linz eingesetzt. Linz bekam den Beinamen »Führerstadt« und sollte ein kulturelles Zentrum des Dritten Reiches werden.

Der Tod schien eine Art Berufsrisiko zu sein, ein akzeptabler Sollposten. Die Lohnkosten lagen ja bei null, da ausschließlich Zwangsarbeiter beschäftigt wurden. Kost und Logis waren ebenfalls minimal. Bis zu 400 von uns schliefen, so gut das eben ging, umschichtig auf dem Fußboden eines großen Raums, dessen Tür direkt auf den Appellplatz führte. Zu Essen bekamen wir ein paar Kanten Brot und dazu entweder eine Brennnesselsuppe oder eine dünne weiße Grießsuppe.

Tatsächlich stellten wir, ohne es zu wissen, Geschäftskapital dar. Häftlinge mit Goldzähnen wurden bei der Ankunft speziell vermerkt, sodass man sie leichter finden und ihnen die Zähne nach ihrem Tod ausreißen konnte. Kein Wunder, dass nach Gründung des Lagers die »Granitwerke Mauthausen« zur größten, produktivsten und profitabelsten Zweigstelle der SS-Bauindustrie wurden.

Das Geld, mit dem das Lager erbaut und erweitert wurde, war von den Häftlingen oder vom Roten Kreuz gestohlen worden. Außerdem gaben bereitwillige Banken in Dresden und Prag Darlehen dazu. Das Ganze war eine monströse Abart des Kapitalismus ohne jeden moralischen Skrupel und ohne staatliche Aufsicht. 1944 erwirtschaftete Mauthausen einen Jahresgewinn von mehr als elf Millionen Reichsmark, das entspricht etwa 80 Millionen Euro.

Auch die lokalen Firmen brauchten Zwangsarbeiter, weil immer mehr österreichische Arbeiter zur Wehrmacht eingezogen wurden. Häftlinge aus Mauthausen und den drei Außenlagern, in die ich später verlegt wurde – Melk, Amstetten und Ebensee –, wurden an Bauernhöfe, für Straßenbauprogramme und Wohnbaumaßnahmen ausgeliehen.

Arbeitsbrigaden aus dem Lager reparierten und verstärkten auch die Donauufer und waren bei den archäologischen Ausgrabungen einer Burgruine aus dem 12. Jahrhundert beschäftigt. Sie schlugen Tunnel in den Kalkstein unter dem Loiblpass in den Alpen, der Österreich mit Slowenien verbindet. Insgesamt waren es 45 Firmen, darunter auch Pharmafirmen und Batterieproduzenten, die unsere Hilflosigkeit ausbeuteten.

Das meiste hatte natürlich mit dem Krieg zu tun. Ein Abschnitt des Steinbruchs wurde zur Produktionsstätte für Maschinenpistolen der Firma Mauser umgewandelt. Aus lokal produziertem Stahl wurden Panzer gebaut. Und obwohl die Häftlinge, die am Bau einer unterirdischen Fabrik der Steyr Daimler Puch AG mitarbeiteten, eine Extrazuteilung Zigaretten bekamen, gab es viele Sabotageversuche in der Produktion von Gewehren und Militärfahrzeugen.

Ich will nicht überkritisch sein, die Denkmäler und Museen sind wirklich beeindruckend. Sie sind gut präsentiert und scheuen sich nicht davor, auch die Rolle der örtlichen Bevölkerung anzusprechen, die unsere Leiden zumindest tolerierten. Doch bis heute trägt Mauthausen schon durch die hohe Zahl an Besuchern zur lokalen Wirtschaftsleistung bei. Wenn man alles abwägt, ist das aber eine gute Sache, denn unsere Leiden werden immerhin anerkannt und respektiert.

Als ich durch das Tor auf den Appellplatz ging, fiel mir eine schlichte Plakette auf, die erst kürzlich an den abweisenden Steinwänden angebracht worden war. Darauf war der berühmte Satz von Simon Wiesenthal – gesegnet sei sein Andenken – zu lesen, dass »die Hoffnung lebt, wo Menschen sich erinnern«. Auch eine andere zeitlose Wahrheit von diesem ehemaligen Mauthausen-Häftling, der sein Leben der Aufgabe gewidmet hat, Nazis der Justiz zu überantworten, ließ mich innehalten: »Freiheit ist kein Geschenk des Himmels, sie ist ein wertvolles Gut, um das wir jeden Tag kämpfen müssen.«

Der Lagerkommandant Franz Ziereis wurde zum SS-Standartenführer befördert, weil er uns so erfolgreich ebendiese Freiheit verweigerte. Seiner Anerkennung für »hervorragenden Dienst« folgte bald die Verleihung des Deutschen Kreuzes, ein Orden, der von Hitler für »vielfache außergewöhnliche Verdienste in der militärischen Kriegführung« gestiftet worden war.

Ziereis war Hitlers Marionette in Mauthausen. Er entschied, wohin und wann wir an andere Einsatzorte geschickt wurden. Zum Ende des Krieges leitete er 49 Außenlager. Das größte von ihnen war Melk, wohin ich am 16. August 1944 gebracht wurde. Die Sterblichkeitsrate unter den Häftlingen lag dort bei etwa 45 Prozent.

Immerhin musste Ziereis für seine Verbrechen büßen. Zwei Tage vor der Befreiung des Lagers war er mit seiner Frau geflohen, doch eine US-Einheit fand ihn in seiner Jagdhütte in den Bergen und verhaftete ihn. Bei einem Fluchtversuch schoss man auf ihn, er erlitt tödliche Verletzungen in Magen, Lunge und Rücken und starb, nachdem er während eines achtstündigen Verhörs durch amerikanische Beamte und Zivilisten seine Taten gestanden hatte, in einem Lazarett in einem der Lager, über die er selbst geherrscht hatte: in Gusen I. Und man verweigerte ihm nach seinem Tod die Würde, die er auch anderen verwehrt hatte. Polnische und russische ehemalige Häftlinge hängten seine Leiche an den elektrischen Stacheldrahtzaun in Mauthausen, in den die Kapos auf seinen Befehl hin Lagerinsassen geworfen hatten. Er war nackt bis auf einen Verband am linken Arm, und sie hatten ihm antinazistische Slogans auf den Rücken gemalt. Die Leiche wurde auf Befehl eines US-Offiziers erst entfernt, als sie anfing zu verwesen.

Diejenigen, die die Geschichte umschreiben wollen, behaupten, sein Geständnis sei erfunden gewesen und er sei bereits tot gewesen, als man ihn beim Verhör durch Angehörige der US-Armee auf dem Sterbebett fotografierte. Dieselben Leute leugnen, dass er überhaupt im Lazarett gewesen war, eine lächerliche Behauptung, die sich leicht durch das offizielle Logbuch widerlegen lässt. Es befindet sich im US-Nationalarchiv.

Ich wünsche mir nur, diese Verschwörungserzähler hätten mich nach Melk begleiten und den härtesten aller Winter mit Häftlingen aus 26 Ländern erleben können. Zur Hochphase hausten in diesem Lager 10 000 Menschen, eingezwängt in 18 Baracken, die auf dem Gelände der heutigen »Birago-Kaserne« erbaut worden waren. Mehr als 200 von uns erfroren jede Woche Ende 1944 und Anfang 1945. Das kann kaum überraschen, denn wir trugen nur Lumpen als Uniform, die wir durch dünne, speziell markierte Zivilkleidung von ermordeten Mithäftlingen ergänzten. Nichts davon konnte uns vor Wind, Regen und Schnee schützen. Wir mussten unsere Hemden und Holzschuhe mit dem Papier von zerrissenen Zementsäcken ausstopfen, um ein kleines bisschen Wärme zu finden. Der Zementstaub saß uns in der Kehle fest und geriet, wenn man Pech hatte, in die Lungen.

Die Wunden an unseren ungeschützten Füßen brauchten

Wochen, bis sie abheilten, weil wir so geschwächt waren. Und ständig ging damit die Gefahr einer tödlichen Blutvergiftung einher. Ich war zu vorsichtig, um derlei zu wagen, aber einige Häftlinge riskierten Erschießung wegen Sabotage und schnitten Gummistücke von den Fließbändern ab, die sie dann an den Wachen vorbei ins Lager schmuggelten und in ihre Schuhe legten.

Tatsächlich wurden wir immer an den Höchstbietenden verkauft. Abhängig vom Auktionspreis oder nach Lust und Laune unserer Herren mussten wir Beton gießen, Munition bauen, Rohre legen, Bauholz vorbereiten oder Häuser für SS-Offiziere und leitende Mitglieder der Luftwaffe bauen, die ebenfalls dem Lager zugeteilt waren.

Zahllose Häftlinge wurden bei verschiedenen Tunnelprojekten in den umliegenden Hügeln lebendig begraben. Ursprünglich sollten hier unterirdische Fabriken entstehen, in denen Kugellager, Flugzeugmotoren und anderes militärisches Gerät gebaut werden sollten. Sechs riesige Höhlen, die mehrere Hundert Meter lang waren, wurden ausgegraben, aber es gab immer wieder Einstürze, weil der Boden, der aus feinem Sand und Quarz bestand, zu instabil war.

Meine Arbeitsbrigade schlief auf Strohsäcken und arbeitete rund um die Uhr für Wayss & Freytag, ein deutsches Bauunternehmen, zu dessen Aktivitäten während des Krieges auch der Bau des Hitler-Bunkers namens Wolfsschanze gehörte, Kommandozentrale für die Ostfront und Schauplatz des missglückten Attentats im Juli 1944.

Die Firma betreibt bis heute internationale Tunnelbauprojekte und verzeichnet derzeit einen Umsatz von etwa 300 Millionen Euro jährlich. Ihren eigenen Werbeaussagen zufolge verfügt sie über hoch motivierte Mitarbeiter und sorgt dafür, dass »der Gesundheit und Arbeitssicherheit der Mitarbeiter und all jener, die direkt oder indirekt an den Aktivitäten beteiligt sind, größtmögliche Aufmerksamkeit geschenkt wird und sämtliche Bauaktivitäten unter ständiger Berücksichtigung des Umweltschutzes durchgeführt werden«.

Offenbar hat sich dort einiges geändert.

Trotz der ständigen Gefahr bei unserer Arbeit gab es keine angemessene Ausrüstung. Oft mussten wir mit bloßen Händen graben. Da die Höhlen zur Aufbewahrung von Munition in Zeiten zunehmender Luftangriffe durch die Alliierten gedacht waren, gab man uns irgendwann Spitzhacken, Hämmer und Meißel, um damit Holzregale zu bauen und an den Felswänden zu verankern.

Wie üblich wurde ich, weil ich so klein war, eingesetzt, um die obersten Regale zu befestigen. Dazu kletterte ich auf einem wackeligen Gerüst herum. Einmal brach dieses Gerüst zusammen, sodass ich am Schritt hängen blieb. Es tat schrecklich weh, und ich musste mich befreien und dann zu Boden fallen lassen. Vor lauter Schmerzen konnte ich mich nicht bewegen, aber meine Kollegen zogen mich hoch.

Hätten die Wachen das Ausmaß meiner Qual bemerkt, dann wäre das mein sicheres Ende gewesen. Man hätte mich für »arbeitsunfähig« erklärt und zur Vernichtung zurück nach Mauthausen geschickt, wo man mich entweder durch eine Injektion oder im Euthanasie-Zentrum getötet hätte. So ging es 1400 anderen Häftlingen, die nicht so viel Glück hatten wie ich. An eine Behandlung in der Krankenstation des Lagers war nicht zu denken; das Lazarett, das für 100 Patienten ausgelegt war, beherbergte zu dieser Zeit mitten im Winter 2000 schwerkranke oder verletzte Häftlinge.

All das war wenig überraschend für die Soldaten und Zivilisten, die unsere Qual jeden Tag beobachteten. Die Verbindungsstraßen gaben den Blick aufs Lager frei; eine der wichtigsten Durchfahrten der Wehrmacht führte genau am Eingang des Krematoriums vorbei, das einen sehr hohen, relativ dünnen Schornstein hatte. Der Gestank war widerlich, und es war unmöglich, die Grausamkeiten nicht wahrzunehmen.

Der Tod war hier nicht ganz so öffentlich wie unter Amon Göth in Płaszów, doch er kam ebenso willkürlich. Der Befehl »Komm, komm doch heraus, Jude!« führte oft dazu, dass Leute aus dem Tunnel geholt wurden, um ohne ersichtlichen Grund übel zusammengeschlagen oder erschossen zu werden. Ich kann mich glücklich schätzen, obwohl ich immer noch unter scheußlichen Schmerzen im unteren Rücken leide, eine Folge der Verletzungen, die ich in Melk verbergen musste. Es dauerte Jahre, bis ein Leistenbruch aus dieser Zeit verheilte.

Mein Leben ist voller Kontraste und Widersprüche. Böse Männer retteten mir entgegen aller Wahrscheinlichkeit das Leben. Gegen einen von ihnen sagte ich bei den Prozessen nach dem Krieg aus: den Lagerkommandanten von Melk, Julius Ludolf. Dass er gehängt wurde, war nur gerecht, denn er war ein mordgieriger Unhold, doch wenn er mir nicht aus einer Laune heraus erlaubt hätte, sein Haus zu betreten, hätte ich wahrscheinlich nicht überlebt.

KAPITEL 9

DIE GRENZEN DER FREUNDLICHKEIT

Der Tag begann wie jeder andere mit dem Läuten der Glocke um vier Uhr früh. Wir wussten, wir durften nicht trödeln, denn jede Minute war verplant, und für Zeitverschwendung drohten strenge Strafen. Wir waren noch gar nicht richtig wach, schufen aber eine Illusion von Ordnung und Normalität, indem wir die von Läusen verseuchten Strohsäcke auf unseren Stockbetten wie gewohnt zurechtlegten.

Danach stellten wir uns auf, um uns schnell zu waschen und die Latrine zu besuchen. Die Kapos lauerten und brüllten uns an: »Beeil dich! Mach schnell!«, während wir unser Geschäft verrichteten, so gut es eben ging. Dazu hockten wir über Löchern, Rücken an Rücken mit dem Häftling auf der anderen Seite der Reihe. An den Gestank und die Würdelosigkeit hatten wir uns längst gewöhnt.

Vor Kurzem habe ich eine Dame getroffen, die mich fragte, ob wir Toilettenpapier zur Verfügung hatten. Als ich verneinte, fragte sie mich, was ich getan hätte, um mich zu reinigen, und wie wir damit zurechtgekommen seien. Ich verstand ihre Verwirrung, die ganze Sache lag weit außerhalb ihres Begreifens, und antwortete einfach nur: »Madam, ich überlasse das Ihrer Fantasie.«

Nein, es gab keine Hygiene. Wenn jemand krank wurde, gab es auch keinen Arzt, der ihn untersuchte oder behandelte. Die Leute arbeiteten entweder weiter und erholten sich allmählich wieder oder sie starben. Die Entwürdigung war offizielle Nazi-Politik, Teil eines Gesamtpakets, das Menschen in die Knie zwang, auch wenn man sie leicht hätte gesund machen können. Lasst sie doch zusammenbrechen. Lasst sie doch sterben. Dafür sind sie ja hier.

Die meisten von uns beschränkten sich darauf, sich zweimal am Tag zu erleichtern, einmal früh am Morgen und einmal kurz vor dem Schlafengehen. Das verzweifelte Gefühl, sich den Rest des Tages alles verkneifen zu müssen, wünsche ich niemandem, aber die Alternative, nämlich wegen einer kurzen Arbeitspause zum Entleeren von Darm oder Blase zusammengeschlagen zu werden, machte uns Angst.

Im Winter 1944/45 wurden die Rationen in Melk ein weiteres Mal gekürzt. Wir mussten jetzt mit einem Sechzehntel Laib Brot pro Tag auskommen. Morgens stellten wir uns auf, um unseren »Kaffee« entgegenzunehmen, der reichen musste, bis wir mittags eine Art Suppe bekamen. Danach versammelten wir uns Block für Block auf dem Appellplatz. Der Zählappell konnte Stunden dauern, weil die SS ständig überprüfte, ob auch niemand entkommen war. Das war für uns die gefährlichste Zeit des Tages.

Beim Appell wurden auch wegen der kleinsten Vergehen Auspeitschungen verhängt. Wer Schwäche oder Unaufmerksamkeit zeigte, war der Willkür der Aufseher ausgeliefert, die ihre Opfer zu Boden schlugen und dann in die Nieren oder ins Rückgrat traten, sodass viele nicht wieder aufstanden. Da wir uns nach Größe aufstellen mussten, die kleinsten vorn, die größten hinten, stand ich immer in der ersten Reihe und gehörte zu denen, die am meisten abbekamen.

Einige SS-Leute gefielen sich darin, uns einzuschüchtern, indem sie sich so nah zu uns herunterbeugten, dass wir ihren schlechten Atem riechen konnten. Man wusste nie, was sie vorhatten oder wie ihr verdrehter Geist arbeitete. Wenn man zuckte, während man darauf wartete, welche Arbeitsaufgabe man für den Tag zugeteilt bekam, konnte es sein, dass sie einen von einer Sekunde zur anderen erschossen.

Noch schlimmer war es, wenn der Kommandant Julius Ludolf seine Inspektion machte. Er war ein arroganter Mann mit hoher Stirn und einer großen kantigen Nase, stets in Begleitung von drei oder vier Leutnants. Nach Melk kam er im Mai 1944, nachdem er in mehreren kleineren Außenlagern gewesen und befördert worden war. Er war von seiner eigenen Wichtigkeit sehr überzeugt.

Wenn er an uns vorbeimarschierte, ohne unsere Gegenwart zur Kenntnis zu nehmen, atmeten wir erleichtert auf. An diesem speziellen Morgen jedoch blieb er unvermittelt vor mir stehen und starrte mir eindringlich in die Augen, ohne ein Wort zu sagen. Ich war außer mir vor Angst, wie hypnotisiert von seinem grimmigen, wütenden Gesicht. Erstaunlich, wie viele Gedanken einem im Bruchteil einer Sekunde durch den Kopf schießen, wenn sich in kürzester Zeit das eigene Schicksal entscheidet.

Ich hörte die Stimme meines Vaters wieder: »Wenn sie dich schlagen, wehr dich nicht. Tu den Kopf runter und nimm es hin. Besänftige deinen Feind durch deinen Gehorsam.« Sein Bild verblasste vor meinem inneren Auge und wurde durch das von Wilek Chilowicz ersetzt, den Kollaborateur, der mir das Leben gerettet hatte, indem er mich zusammenschlug. Er hätte sich keinen Deut um mich gekümmert, wäre ich nicht sein Schuhputzer gewesen. Und jetzt fühlte es sich an, als würde sein Geist mir den Rat geben, auf die Kraft der Schmeichelei zu vertrauen.

Und so ging ich das entsetzlich große Risiko ein, darauf zu vertrauen, dass Ludolf sich ebenso wie Chilowicz seinerzeit in Płaszów von meiner naiven Ansprache verführen lassen würde. Ich knallte die Hacken meiner Holzschuhe zusammen, salutierte zackig mit meiner rechten Hand und rief: »Hochgeschätzter Herr

Lagerkommandant! Ich werde Ihre Stiefel polieren, damit sie wie die Sonne strahlen.«

Nicht besonders originell, aber wirksam, wie sich nach ein paar lähmenden Sekunden zeigte. Fast meinte ich ein Lächeln in seinen Mundwinkeln zu sehen, als er sich zu seiner Entourage umdrehte. Er hatte eine tiefe, raue Stimme, und ich konnte zwar nicht hören, was er sagte, aber es klang nach einer abfälligen Bemerkung, und dann fing er an zu lachen. Das nahm ich als positives Zeichen. Und tatsächlich, bevor er weiterging, rief er den Lagerverwalter zu sich und gab den Befehl: »In Ordnung. Lass ihn machen.«

Sofort ergriff mich wieder die Angst, weil mich ein SS-Mann grob aus der Reihe zerrte. Er schwenkte sein Bajonett in meine Richtung und schnauzte verächtlich: »Komm, folge mir.« Ich tat wie befohlen und ging mit ihm durch das Lagertor eine steile Wiese hinauf zu Ludolfs Villa, die auf einem Hügel lag.

Während meine Eskorte hinter mir ging, um mich zu bewachen, rasten meine Gedanken. Ich hatte große Angst, versuchte mich aber davon zu überzeugen, dass ich längst tot wäre, wenn der Kommandant die Absicht gehabt hätte, mich umzubringen. Wir hatten schlimme Gerüchte über die Umtriebe in der Villa gehört: Saufgelage, Ausschweifungen aller Art und Menschen, die einfach verschwanden. Von hier aus gab es kein Zurück mehr.

Der Soldat öffnete eine Tür, ich trat ein, und er ließ mich dort allein sitzen und meinen Gedanken nachhängen. Was hatte ich zu verlieren? Ich hatte gesehen, wie meine Freunde starben und wie meine Familie weggebracht worden war, um ermordet zu werden. Ich war als Untermensch behandelt worden. Was konnten sie mir denn noch an Schmerz und Demütigung zufügen?

Ich erstarrte innerlich, als Ludolf von seiner Runde zurückkehrte, salutierte aber noch einmal und schmeichelte seinem Ego, in dem ich ihn als SS-Hauptsturmführer ansprach, Amon Göths

Dienstrang in Płaszów. Tatsächlich war Ludolf nur Obersturmführer, doch mein Fehler schien ihm zu gefallen.

Er sprach selten in ganzen Sätzen, sondern kommunizierte lieber mit Knurrlauten und Gesten, doch nachdem er mich misstrauisch beäugt hatte, als wollte er meine Absichten erforschen, nannte er mich »Putzer-Jude« und schickte mich zu einem Schränkchen, in dem Schuhcreme und Bürsten aufbewahrt wurden, und einem Schuhschrank mit mehreren Paar Schuhen sowie einer Reihe wadenhoher Lederstiefel.

Ich schrubbte und polierte diese Stiefel, als gäbe es kein Morgen, was auch sicher zumindest für mich der Fall gewesen wäre, hätten meine Bemühungen ihn nicht zufriedengestellt. Als er zurückkam, war ich fertig, er nickte befriedigt und fragte mich nach meinem Namen. Ich nutzte meine Deutschkenntnisse, die noch aus meiner Kinderzeit herrührten, und wagte es, ihn zu fragen, ob er noch weitere Wünsche habe.

Und tatsächlich führte er mich in den Garten, eine Welt voller Wunder. Es gab dort ein Gehege mit Hirschen, Affen auf dem Dach und frei laufende Hühner. Feiste Tauben pickten an den Resten ihres Körnerfutters. Ludolf jedoch brachte mich zu einem lang gestreckten, großen Käfig am Ende des Gartens, in dem sich jede Menge Kaninchen befanden. Er sagte mir, es sei meine Aufgabe, dafür zu sorgen, dass sie jeden Tag gefüttert würden, und deutete auf einen Eimer mit Möhren, der in der Nähe stand.

Jeden. Tag. Zwei Wörter mit einer ungeheuren Bedeutung.

Ich verbarg meine Freude gut, aber sie war grenzenlos. Jeden Tag, das hieß, ich sollte leben, jedenfalls vorerst. Als er sich umdrehte, wieder zum Haus ging und mich meiner neuen Arbeit überließ, beschloss ich, dass ich das erste Kaninchen sein würde, das gefüttert wurde. Ich kannte das Risiko, aber ich biss kräftig in eine Möhre. Der Geschmack explodierte förmlich in meinem Mund, während ich kaute.

Köstlich. Ein Traum. Diese Möhre schmeckte nach Erlösung. Es war einer meiner glücklichsten Momente, seit ich von meiner Mutter und meinen Brüdern getrennt worden war. Ich wusste sofort, dass meine Gebete erhört worden waren. Die Villa war mein Arbeitsplatz, mein Zufluchtsort, meine Chance.

Als ich Jahre später nach Melk zurückkehrte, konnte ich das Haus zu meiner Enttäuschung nicht mehr finden. Das Lager wird seit 1956 als Kaserne der österreichischen Arme genutzt, und dort, wo früher Ludolfs Haus stand, befindet sich nun ein Teil der 1150 Meter langen Motorsportstrecke des Wachauringes. Zumindest wurde ich dort in Frieden willkommen geheißen, statt wie ein Schaf in der Herde zur Schlachtbank geführt zu werden. Und es machte mir große Freude, dass ich die Freiheit besaß, meine Geschichte mit dem diensthabenden Offizier zu teilen.

Wohlgemerkt, Ludolf hatte sich nicht gewandelt. Er war nach wie vor zu monströser Grausamkeit fähig und zeigte offenes Vergnügen daran, Häftlinge zu verprügeln, manche sogar totzuschlagen. Ich habe so etwas nie mit eigenen Augen gesehen, doch während des Nachkriegsprozesses in Dachau, bei dem ich als Zeuge aussagte, kam zur Sprache, dass er den Befehl gegeben hatte, eine Gruppe russischer und polnischer Häftlinge in den elektrisch geladenen Zaun zu stoßen, mit grausigen tödlichen Folgen.

Der Lagerarzt in Melk, Josef Sora, war von der Luftwaffe ins KZ abkommandiert. Die Wachen von der Luftwaffe galten insgesamt als nachsichtiger als die von der SS. Sora war ein guter Mann, der in den letzten Monaten des Krieges auch Informationen an uns weitergab, die er auf BBC gehört hatte. Und er war ein mutiger Mann, denn er ignorierte Ludolfs Befehl, 50 Tuberkulosepatienten verhungern zu lassen. Seine Aussage im Dachauer Kriegsverbrecherprozess war von großer Bedeutung, weil sie besonders deutlich machte, wie sehr absolute Macht korrumpiert.

In einer Aussage vor Gericht erklärte Sora: »Vor allem nachts taten diese Leute einige Dinge, deren Anblick mir Angst einjagte. Um Mitternacht ließ er [Ludolf] die Häftlinge bei Flutlicht aus den Baracken bringen. Sie mussten sich aufstellen und Habtachtstellung annehmen. Einer der Häftlinge stand mit einem Eimer Wasser daneben, während ein anderer ein Handtuch hielt. Dann suchte er willkürlich einen Häftling aus und schlug ihn heftig mit den Fäusten, bis das Blut floss. Danach wusch er sich feierlich die Hände und ließ sich das Handtuch reichen. Anschließend suchte er einen weiteren Häftling aus, verprügelte ihn und trieb ihn mit ständigen Tritten in den elektrischen Zaun.«

Ich konnte es mir nicht leisten, über derartige Unmenschlichkeiten nachzudenken, auch wenn ich mich gut daran erinnerte. Meine Verantwortung bestand darin, mich auf die zusätzliche Aufgabe zu konzentrieren, die er mir gegeben hatte. Ich musste die Hühner füttern und die Enten und Puten mästen, die von SS-Leuten ins Lager gebracht worden waren. Selbstverständlich nahm ich mir meinen Anteil an dem Getreide, und wenn ich wusste, dass die Luft rein war, suchte ich im Abfall nach allerlei Essbarem.

Und da gab es reichlich, denn Ludolf hatte jeden Tag Gäste zum Abendessen, die er üppig bewirtete. Gelegentlich trug er mir auf, den Keller zu putzen, in dem Regale mit Wein, Kartoffeln, Zwiebeln und anderem Gemüse lagerten. Außerdem gab es dort auch Obst und Backzutaten, aus denen Kuchen und Desserts zubereitet wurden.

Mir war damals nicht bewusst, dass er die besten Vorräte aus den Küchen stahl, die eigentlich sowohl die Soldaten als auch die Häftlinge versorgen sollten. Fleisch und einen Großteil der Zigarettenzuteilungen für die Insassen verkaufte er an die örtliche Bevölkerung. Er war ein gieriger Aufschneider, ein farbloser ehemaliger Friseur und Taxifahrer, der sich daran gewöhnt hatte, dass diejenigen, die sein Missfallen fürchteten, vor ihm katzbuckelten.

Ich dachte an die hungernden Männer in den Baracken, die ich jeden Morgen verließ. Statt mich zum Appell aufzustellen, wurde ich von einem der Soldaten den Hügel hinauf zur Villa gebracht. Allmählich entwickelte sich ein Plan in meinem Kopf, aber zunächst musste ich mich weiter darum bemühen, Ludolfs Vertrauen zu gewinnen und zu festigen. Dass er mich fast so behandelte wie ein Haustier, kümmerte mich dabei nicht.

Irgendwann nach ein paar Wochen gab er den Befehl, ich könne von jetzt an ohne Begleitung zur Arbeit kommen. Ich bekam sogar Schlüssel fürs Haus. Das Hintertor des Lagers öffnete sich wie von Zauberhand, wenn ich mich näherte. Aber mir war natürlich klar, dass ich nicht wirklich frei war.

Unsichtbare Augen folgten mir vom Wachturm aus, wenn ich den Hügel hinauf- und hinunterging. Wäre ich so dumm gewesen, einen Fluchtversuch zu unternehmen, hätte man mich schnell gefasst und mit meiner Hinrichtung ein Exempel statuiert. Ludolf wünschte sich einen willigen Sklaven. Also wichste ich brav seine Stiefel, putzte die Toiletten, wischte die Böden und bereitete die Wäsche vor, die in die Stadt gebracht wurde. Ich machte Feuer und holte Kohlen und Holz von einem Schuppen in der Nähe des Hauses. Eine endlose Reihe von Frauen, jeden Abend vier oder fünf andere, arbeitete in der Küche. Ich machte die Betten und schloss die Fensterläden für die zumeist weiblichen Übernachtungsgäste – Ludolf war ein großer Frauenheld. Mein Job bestand darin, nichts zu sehen und keine Fragen zu stellen.

Wenn man mich nicht rief, hielt ich mich von den Haupträumen fern. Kam ich doch einmal herein, um Wodka oder andere

Getränke zu servieren, schwiegen alle, aber ich wusste, wenn sie so weit wären, zu singen und zu lachen, würden auch Geheimnisse zur Sprache kommen. Dann würden sie laut über den Krieg reden, deutsche Siege feiern und über Niederlagen jammern, was mir immer ein Lächeln abnötigte. Bevor ich am späten Abend in meine Baracke zurückkehrte, bereitete ich noch heiße Getränke für alle zu.

Einige Gäste waren tabu für mich. Als Ludolf Heinrich Himmler und mehrere Generäle bewirtete, versteckte ich mich in einem Schrank. Ich wusste, wenn der Hauptarchitekt des Holocaust mich entdeckte, würde er den Kommandanten zumindest dafür tadeln, dass er einen Juden in seinem Haus duldete. Aber ich versteckte mich nicht, um Ludolf vor Kritik oder mich vor potenzieller Strafe zu schützen, sondern weil sich inzwischen andere Menschen auf mich verließen.

Dabei war ich mir stets der Möglichkeit bewusst, dass man mir eine Falle stellen könnte. Immer wieder einmal fand ich eine größere Menge ausländischen Geldes, gestohlenen Schmuck oder Goldmünzen in den oberen Räumen, wagte aber nicht, etwas davon anzufassen, weil es sein konnte, dass man es absichtlich dort hingelegt hatte, um meine Ehrlichkeit zu prüfen. Im Übrigen waren diese Dinge ja ohnehin wertlos für mich. Brot war wichtiger als Juwelen und Banknoten.

Ludolf wusste wohl, dass ich mich an den Essensresten bediente. Ich kalkulierte, solange ich es nicht zu offensichtlich machte und solange er den Eindruck hatte, ich würde für mich selbst sorgen, ohne ihn als Schwächling dastehen zu lassen, könnte ich meinen Plan ausführen, auch einige Reste ins Lager zu schmuggeln. Da ich wusste, dass mein Job kostbar war, und da ich ihn nicht aufs Spiel setzen wollte, fing ich so an, dass ich nur kleine Stücke Hühnchen- oder Kaninchenfleisch in meinen Kleidersäumen versteckte.

Als ich nach einiger Zeit immer noch nicht kontrolliert worden war, wurde ich mutiger. Ich suchte mir ein Stück Schnur, das ich um meinen Hosenbund band, sodass eine Art Tasche entstand. Außerdem versteckte ich Essen unter meinem Hemd und in meinen Manteltaschen. Das Risiko war mir durchaus bewusst, doch meine Solidarität mit meinen Freunden konnte für sie den Unterschied zwischen Leben und Tod bedeuten.

Enge Freundschaften waren aus leicht ersichtlichen Gründen nur schwer aufrechtzuerhalten. Oft hatte ich kaum Zeit, den Namen eines anderen zu erfahren, bevor er schon wieder in ein anderes Lager verlegt oder in die Gaskammern geschickt wurde. So wurde ich vorsichtig und zurückhaltend, um mir nicht unnötigen Schmerz zu bereiten.

Die Brüder Spielman, Chaim und Jacob, bildeten die Ausnahmen von dieser Regel. Sie überlebten durch Gottes Gnade, und wir blieben befreundet, bis sie starben. Jacob war mein Trauzeuge, als ich im März 1954 in Kolumbien Perla heiratete, und wir verbrachten mehrfach einige fröhliche Tage mit Chaim, der später in New York lebte.

Die beiden begleiteten mich durch das Lagersystem von Płaszów nach Auschwitz und dann nach Mauthausen. Da wir in benachbarten Betten schliefen, konnte ich ihnen in der Finsternis ein paar Brocken Essen zuschieben. Das blieb natürlich nicht unser Geheimnis. Und so begriff ich bald, dass alle Freundlichkeit ihre Grenzen hat.

Hunger verleitet Männer zu verzweifelten Taten. In Melk gab es so wenig zu essen, dass wir auch die Rationen der kürzlich Verstorbenen schnell teilten oder gegen Zigaretten eintauschten. Meistens handelte es sich bei den Toten um Arbeiter, die in der Krankenstation gelandet waren. Gelegentlich nahm die Gefühllosigkeit auch überhand. »Muselmänner«, wie man die Häftlinge im Endstadium kurz vor dem Tod durch Hunger, Erschöpfung oder Apathie nannte, mussten erleben, dass man ihnen das Essen stahl und denen gab, die eine kleine Extraration brauchten, um zu überleben. Niemand kümmerte sich darum, da die Bestohlenen ohnehin dem Tode geweiht waren.

Es gab eine regelrechte Nahrungskette unter den Häftlingen. Solche mit Leitungsfunktionen, beispielsweise im Küchendienst, ließen sich, auch hier wieder hauptsächlich mit Zigaretten, bestechen, um tiefer in ihren Suppentopf einzutauchen, an dessen Grund sich Bohnen oder andere feste Bestandteile wie getrocknete Kohlblätter fanden.

Wer nicht in der Lage war, sie für eine solche Gunst zu bezahlen, musste verzweifelt zuschauen, wie sie eine unzureichende Portion der kostbaren Flüssigkeit direkt von der Oberfläche schöpften, wo sie im besten Fall einer schwachen Brühe ähnelte. Oft gab es Streit, wenn Versprechen nicht eingehalten wurden. Dann hatten die Wachen wieder einen Grund, auf Köpfe einzuschlagen.

Der Barackenälteste, ein deutscher Krimineller, der mit der Aufsicht über die etwa 200 Männer in unserer Baracke betraut war, stand am obersten Ende der Nahrungskette. Ihm war das Geflüster von meinen Heldentaten zu Ohren gekommen, und als ich eines Abends aus der Villa kam, nahm er mich zur Seite und drohte, mich bei den Nazis anzuschwärzen, wenn wir uns nicht einig würden. Was bedeutete, er würde bekommen, was auch immer er verlangte.

Und er verlangte, dass ich bestimmte Waren aus der Villa schmuggelte, darunter Seife und Schnaps. In kleinen Mengen war das möglich, vorausgesetzt, ich blieb vorsichtig. Doch er wollte auch ein Paar Schuhe, um seine Holzschuhe zu ersetzen. Das war schon schwieriger. Ich hielt ihn bei Laune, indem ich den Häftling bestach, der für das Kleiderlager zuständig war und mein »Geschenk« an Lebensmitteln und Zigaretten benutzte, um sich selbst eine Gunst zu erkaufen.

Ein hungriger Russe gab mir eine Fünf-Złoty-Münze, die ich an einen chinesischen Häftling weiterreichte, der im früheren Leben Silberschmied gewesen war. Gegen etwas Essen und das Versprechen, dass er weiterhin bedacht würde, wenn ich aus der Villa käme, fertigte er mir einen Anhänger, den ich an einem Draht um den Hals trug. Dort konnte ich ihn bewahren, denn die Leibesvisitationen waren seltener geworden.

Eine Seite der flach geschlagenen Münze zeigte meine Nummer, 85314, und den Namen des Hauptlagers, Mauthausen. Die Rückseite wurde von meinen Initialen JL in geschwungenen Buchstaben beherrscht, dazu gab es eine Inschrift in chinesischen Zeichen mit dem Wortlaut: »Möge ein Glücksstern dich stets auf deinem Weg begleiten.« Dieses schöne Stück wird bis heute in unserer Familie bewahrt.

Rasch fand ich mich mitten in einem Netz von widerstreitenden Interessen, Tauschgeschäften und Kleinkorruption wieder – wir nannten das »Organisieren«. Ich entwickelte Geschäftsbeziehungen zum Lagerverwalter, dem ich Geschenke machte, damit meine Verbündeten bessere Jobs bekamen. Das alles bedeutete ein gewisses Maß an Macht für mich, aber ich lebte ständig am Abgrund, denn ich wusste ja nicht, was die Leute um mich herum aus purer Verzweiflung zu tun bereit wären.

Auf der einen Seite wurde ich von den etwa 20 Mithäftlingen, denen ich auf diese Weise helfen konnte, als Held gesehen. Trotz all unserer Drangsal erhielten wir uns unseren Glauben, indem wir uns gegenseitig an die Lehren der Thora erinnerten. Und so bekam ich den Beinamen »Josef in Ägypten« nach der Geschichte im Buch Genesis, wo mein Namensvetter vom Pharao mit der Aufgabe betraut wird, eine Hungerkrise zu meistern.

Ich betrachtete diesen Vergleich als riesengroßes Kompliment. Der biblische Josef wird als selbstloser Mann dargestellt, der das Wohl der anderen im Sinn hat, statt aus seiner neuen Position an der Spitze des königlichen Hofes einen persönlichen Vorteil zu ziehen. Er betrachtete Weisheit und Urteilskraft als göttliche Geschenke und dankte Ihm, weil Er ihm in Zeiten emotionaler Bedrängnis Trost spendete.

Mein geschmuggeltes Essen schenkte einigen Menschen Hoffnung und hielt sie in vielen Fällen am Leben. Dass die meisten meiner Freunde in Melk überlebten, betrachte ich als eine der größten Leistungen in meinem Leben. Doch ich machte mir damit auch Feinde, denn ich konnte ja nicht jedem in der Baracke helfen. Fluchend und bettelnd umringten sie mich und baten um Dinge, die ich ihnen nicht geben konnte. Und so wurde ich auch gehasst und lebte in ständiger Angst, jemand könnte mich verraten.

Wäre Ludolf über meine Aktivitäten informiert worden, hätten meine Freunde das Kaddish für mich sprechen können.

Doch ich kochte ihn langsam und vorsichtig weich. Zu Beginn verpasste er mir eine Ohrfeige, wenn ich fragte, ob ich ein paar Reste oder eine Scheibe altes Brot essen dürfe. Meine Strategie bestand darin, dass ich mich seiner Autorität beugte und seinen Anweisungen folgte. Als ich ihn also fragte, was er mit ein paar alten Brotlaiben vorhabe, die auf dem Küchenbüfett lagen, und er mir befahl, sie wegzuwerfen, tat ich das – oder besser gesagt, ich tat so, als ob. Faktisch riss ich das Brot in Stücke und trug sie den Hügel hinunter. Einmal besaß ich die Chuzpe, ihn um Erlaubnis zu bitten, ein kleines Stück Torte zu essen, das schon seit Tagen in der Küche stand. Zu meiner großen Überraschung nickte er und befahl mir, den Rest in den Mülleimer zu werfen. Da sich dort mein privates Lebensmittellager befand, folgte ich seinem Befehl mit Freuden. Diese Torte hielt uns einen Monat lang bei Laune.

Im Haus fühlte ich mich sicher, obwohl Otto Striegel, der SS-Mann, der für die Küchen und Lebensmitteltransporte zuständig war, eine ständig drohende Präsenz darstellte. Er spielte gern mit mir und befahl mir, mich mit weit geöffnetem Mund in eine Ecke zu stellen. Dann zielte er mit Steinen auf meinen Mund, warf aber oft daneben, sodass ich im Gesicht getroffen wurde. Wenn ich mich dann vor Schmerzen krümmte, freute er sich an meinem Unwohlsein und genoss meine Hilflosigkeit.

Als ich später während des sechswöchigen Dachauer Prozesses gegen ihn aussagte, war seine Arroganz verschwunden. Er war nur noch einer von vielen grauen traurigen Männern mit einer Nummer, in seinem Fall die 53, die er auf einem Stück Pappe um seinen Hals trug. Er war ein gewohnheitsmäßiger Sadist; ich habe miterlebt, wie er Häftlinge mit einem Gummiknüppel schlug, manchmal stundenlang. Im Prozess stritt er alles ab und behauptete, man habe ihn mit Karl Striegel verwechselt, einem Verwandten von ihm, der in Mauthausen Dienst tat. Und die Steinewerferei auf mich bezeichnete er als Spaß, bei dem wir beide gelacht hätten.

Ich war einer von sieben Zeugen der Anklage gegen ihn. Andere beschrieben seine Rolle bei der Hinrichtung von 28 niederländischen Häftlingen und bezeugten, dass er schwerkranke Insassen getreten und geboxt hatte, als man sie in die Lastwagen trieb, mit denen sie in die Gaskammern von Mauthausen oder in ein externes Euthanasie-Zentrum gebracht wurden. Nachdem seine Frau vergeblich ein Gnadengesuch für ihn gestellt hatte, wurde er am 20. Juni 1947 im Alter von 30 Jahren gehängt.

Ludolf war ein weiterer der 58 Nazis, die im Dachauer Prozess zum Tode verurteilt wurden. Die übrigen drei Angeklagten bekamen lebenslange Haftstrafen. Nicht nur er wurde blass, als das Urteil verlesen wurde. Damals fiel es mir gar nicht so auf, weil mir tausend Gedanken durch den Kopf gingen, aber es entbehrte nicht einer gewissen Ironie, dass auch er während des Prozesses mit einer Nummer angesprochen wurde, in seinem Fall mit der Nummer 38. Vielleicht hat er ein wenig gespürt, wie wir uns gefühlt haben, als man uns tätowierte.

Er behauptete den Richtern gegenüber, er habe mich gut behandelt und habe während des gesamten Krieges nicht ein einziges Mal aus Zorn geschossen. Er stritt auch ab, dass er Häftlinge in den elektrisch geladenen Zaun gestoßen hatte, obwohl man ihm das Sterbebuch des Lagers vorlegte, in dem für die Zeit unter seinem Kommando 24 »Selbstmorde« verzeichnet waren, darunter mehrere durch elektrischen Schlag. Er bestand darauf, es habe in Melk nur eine einzige Exekution gegeben, doch man glaubte ihm nicht.

Ich gehörte zu den fünf oder sechs ehemaligen Melker Häftlingen, die ihn drei Tage nach unserer Befreiung ganz in der Nähe des Lagers, in Ebensee, entdeckten. Er hatte sich als Bauer getarnt, doch keiner von uns konnte sein verdrießliches Gesicht und seine raue Stimme vergessen. Ich fühlte mich sehr privilegiert und war froh darüber, dass ich lange genug überlebt hatte, um ihn so zu sehen. Der große Mann war zu einem kleinen Lämmchen geworden.

So mächtig und gnadenlos sie einst gewesen waren – diese Nazis waren ein Nichts. Sie alle versuchten, die Verantwortung auf ihre Vorgesetzten abzuwälzen, und bestanden darauf, sie hätten nur Befehle befolgt und gar keine andere Wahl gehabt. Wir schubsten Ludolf herum und schlugen ihn, bevor wir ihn ins Hauptquartier der US-Armee in einem Hotel vor Ort brachten, aber seine Demütigung verschaffte mir die größte Befriedigung.

Ich untersuchte seine Taschen und fand zu meiner Überraschung – ich hätte gedacht, das würde er sofort wegwerfen – eine rote Armbinde mit weißem Kreis und schwarzem Hakenkreuz. Erst weigerte er sich, sie anzulegen, doch als er schwach wurde und doch damit anfing, riss ich sie ihm aus der Hand, warf sie auf den Boden und trat darauf. Dann zwang ich ihn, gegen seinen Willen den Hitlergruß zu zeigen. Er weinte, als ich seine Hand über seinen Kopf zog. Mehr an Rache brauchte ich nicht.

Meine Zeugenaussage gegen ihn machte ich von einem hölzernen Stuhl aus, der auf einer kleinen quadratischen Plattform stand. Als der Staatsanwalt mich aufforderte, ihn zu identifizieren, ging ich durch den Gerichtssaal auf ihn zu, hielt Blickkontakt und zeigte nur Zentimeter von seinem Gesicht entfernt mit dem Finger auf ihn. »Das ist er«, sagte ich. »Der dreckige Mörder.«

US-Generalmajor Fay Prickett, Vorsitzender eines Militärtribunals, das aus acht Richtern bestand, sagte später zu ihm: »Das Gericht hat in geschlossener Sitzung mit einer Mehrheit von mindestens zwei Dritteln der anwesenden Mitglieder beschlossen, Sie zum Tod durch Erhängen zu verurteilen. Über Zeit und Ort wird höheren Ortes entschieden.« Am 28. Mai 1947 wurde er im Gefängnis Landsberg hingerichtet. Er wurde 53 Jahre alt.

Damit war der Gerechtigkeit Genüge getan, und in die Geschichte wird Melk als ein weiteres Beispiel für die Unmenschlichkeit des Menschen gegenüber seinen Mitmenschen eingehen. Doch ich kann auch die wenigen, vereinzelten Akte der Freundlichkeit nicht vergessen, die jene zeigten, die die Macht hatten, uns das Leben zur Hölle zu machen. Eine solche Geschichte passierte etwa einen Monat nach unserer Ankunft im Lager, als ich in einer Brigade arbeitete, die Schienen verlegte.

Ein älterer Mann mit sehr schwacher Stimme sagte plötzlich: »He, Brüder, Juden, wisst ihr eigentlich, was heute für ein Tag ist?« Da für uns ein Tag wie der andere aussah und wir nur noch wenig Zeitgefühl besaßen – abgesehen von den Sonntagen, an denen wir jeder zwei Zigaretten bekamen –, schüttelten wir den Kopf und arbeiteten weiter. Der alte Mann erklärte uns, es sei

Jom Kippur, das heilige, verehrte Versöhnungsfest. Lolo, der diensthabende Kapo, bemerkte die Unruhe bei uns.

»Was ist los?«, fragte er mich. Ich erklärte ihm die Bedeutung dieses heiligsten aller Tage, an dem wir fasteten, ausruhten und uns mit Gott verbanden. Und ich muss zugeben, dass mir dabei nicht wohl war, da ich mich erinnerte, wie Amon Göth im Jahr zuvor in Płaszów diesen Tag zum Anlass für einen Massenmord genommen hatte. Häftlinge aus anderen Lagern hatten außerdem berichtet, dass an hohen Feiertagen SS-Wachen mit dem Angebot besonderer Rationen auf die Häftlinge zukamen, um sie in Versuchung zu führen, gegen die religiösen Gebote zu verstoßen.

Doch mit Lolo war es eine andere Sache. »Dürft ihr denn an diesem Tag arbeiten?«, fragte er. Als wir ihm erklärten, das jüdische Gesetz erlaube uns die Arbeit, wenn unser Leben in Gefahr sei, dachte er kurz nach und rief uns dann zu sich. »Legt die Schaufeln hin«, sagte er bestimmt, aber vorsichtig, da er nicht die Aufmerksamkeit der SS-Leute auf uns lenken wollte, die an der Reihe der Arbeiter vorbeipatrouillierten. »Lasst die Werkzeuge und legt euch auf den Boden. Ihr werdet heute ausruhen.«

Und dann zeigte er auf einen nahe gelegenen Haufen Kies. »Ich stelle mich da drauf und passe auf. Wenn ich sehe, dass die SS-Leute kommen, rufe ich »Geschrie zeks«. Dann nehmt ihr eure Werkzeuge und arbeitet weiter, und ich werde euch anbrüllen, dass ihr mehr arbeiten sollt, und ein paar von euch mit der Peitsche schlagen. Sobald die Deutschen weg sind, könnt ihr euch wieder hinlegen.«

Und dieser wunderbare Mensch hielt Wort. Er gewährte uns die Gnade, uns Gelegenheit zum Gebet und zur Teshuva, zur Reue, zu geben. Die wörtliche Übersetzung des Wortes aus dem Hebräischen lautet »Umkehr« und bezieht sich darauf, dass man zu dem guten Leben zurückkehren soll, von dem man sich entfernt hat. In unserem Fall, in Gefangenschaft, war das nicht möglich, doch die Chance, uns zu reinigen, indem wir den Allmächtigen priesen, verlieh uns eine Stärke, von der wir nicht gewusst hatten, dass wir sie besaßen.

Wir fühlten uns einander und Gott näher. Unsere Seelen wurden erhoben. Es war nur ein kurzer Moment der Erleichterung, aber Lolo gab uns auf diese Weise die Möglichkeit, uns mit den Menschen zu verbinden, die wir gewesen waren, bevor der Krieg unser Leben auf den Kopf gestellt hatte. Für diese gute Tat würde ich ihn niemals vergessen, beschloss ich. Und es sollte sich zeigen, dass wir uns noch einmal begegnen würden, nämlich im Moment unserer Befreiung.

KAPITEL 10
FREIHEIT

Ich war 18 Jahre alt. Ich hatte zu viel Tod und zu wenig Leben gesehen. Ich hatte fast sechs Jahre des Lernens und der unschuldigen Freuden verloren. Am nächsten kam ich den normalen Übergangsriten eines jungen Mannes, als ich mit meinem ersten Kater aufwachte, und zwar unter dem Waggon eines Zuges, der in einen Luftangriff der Alliierten geraten war. Das klingt sicherlich etwas erklärungsbedürftig, also verzeihen Sie mir, wenn ich aushole.

Ich wusste nicht, wohin sie mich schickten oder was mir bevorstand, aber ich war erleichtert, Melk zu verlassen. So kam ich am 2. April 1945 nach Amstetten, in ein eilig errichtetes Außenlager von Mauthausen, das nur einen Monat in Betrieb war. Ich gehörte zur Arbeitsgruppe »Bahnbau«, die in einer verlassenen Kaserne untergebracht war, dem sogenannten »Panzerlager«.

Es gab kaum etwas zu essen, und die sanitären Verhältnisse waren entsetzlich, aber wir waren trotzdem sehr erleichtert – bis wir herausfanden, warum man uns so eilig verlegt hatte. Der Krieg näherte sich dem Ende. Und Amstetten war ein Eisenbahnknotenpunkt von strategischer Bedeutung an der Hauptstrecke zwischen Wien und Linz – und damit ein bevorzugtes Ziel alliierter Bomber. Wir waren entbehrlich.

Zwei Wochen zuvor waren unzählige Häftlinge getötet worden, als der Amstettener Stadtteil Eisenreichdornach den Löwenanteil eines Angriffes abbekommen hatte. Da man sie nicht in die Zivilbunker einließ, waren sie in den Wald östlich der Stadt geflüchtet, der schwer getroffen worden war. Mindestens 34 weibliche Häftlinge starben. In lokalen Berichten war die Rede von Lastwagen, die Leichen transportierten, wobei Hände, Füße und Köpfe zwischen den Strohlagen herausragten.

Unsere Aufgabe bestand darin, in Vierzehn-Stunden-Schichten die Schutzgräben zu reparieren und das Gelände rund um den ausgebombten Bahnhof aufzuräumen, der einen surrealen Anblick bot. Nie zuvor hatte ich ein solches Ausmaß an Zerstörung gesehen. Schwere Eisenschienen waren zu seltsamen Formen verbogen wie zusammengeknüllte Trinkhalme aus Papier. Lokomotiven, die getroffen worden waren, während sie offene Güterwagen zogen, standen halb aufgerichtet wie ein sitzender Hund, als wollten sie der Schwerkraft trotzen.

Meine Gruppe bekam den Befehl, die Wracks einiger Waggons wegzuräumen, die durch die Kraft der Explosionen von den Schienen katapultiert worden waren. Einer dieser Waggons trug einen runden Tank, aus dem eine klare Flüssigkeit tropfte. Als die Aufseher, hauptsächlich österreichische Kriminelle, die sich im Wesentlichen um ihr eigenes Wohlergeben kümmerten, nicht hinsahen, tauchten ein paar Mutige den Finger in die Flüssigkeit.

Dann rissen sie plötzlich die Augen auf. Es handelte sich um irgendeine Art von Schnaps, höchstwahrscheinlich Wodka. Ich fing mehrere Male etwas davon in der Schüssel auf, die an meiner Taille hing, und nahm einen Schluck. Alkohol war mir eigentlich fremd, aber zu meiner eigenen Überraschung mochte ich den Geschmack. Das Nächste, woran ich mich erinnere, ist das Erwachen am nächsten Morgen – unter einem Waggon, der heil geblieben war.

Ich wusste nicht, wo ich mich befand oder warum mir so schlecht war, aber das war noch mein geringstes Problem. Denn ich stellte fest, dass meine Kollegen nüchtern genug gewesen waren, um in der Nacht in unsere Baracke zurückzukehren, während ich mich zum Schlafen unter den Waggon verkrochen hatte. Ich lag so still wie möglich und versuchte herauszufinden, was los war, indem ich mir die vorbeilaufenden Beine ansah. Holzschuhe, wie sie die Häftlinge trugen, waren ein Zeichen für Sicherheit, schwarze Stiefel warnten mich, dass die SS in der Nähe war.

Als die Deutschen verschwunden waren, wartete ich noch etwa eine Minute und kroch dann auf allen vieren aus meinem Versteck. Wie durch ein Wunder stolperte ich direkt in eine Gruppe von Häftlingen hinein, die sich nichts anmerken ließen und dafür sorgten, dass ich nicht auffiel. Das war schwierig, aber auch zunehmend unnötig, weil unsere Unterdrücker abgelenkt waren. Chaos lag in der Luft.

Ich gehörte zu den Häftlingen, die am 15. April ins Außenlager Ebensee gebracht wurden, während auch die größeren Lager angesichts der näher rückenden Alliierten evakuiert wurden. Wir hörten Gerüchte, die sich später bestätigten, dass ein Kontingent von 30 Häftlingen in Amstetten, die zu schwach zum Gehen waren, dort von einigen verbleibenden Nazi-Fanatikern ermordet wurden.

Übrigens schrieb die Geschichte der Stadt Amstetten noch ein weiteres trauriges Kapitel. Im Jahr 2009 geriet der Ort wieder in die Schlagzeilen, als sich herausstellte, dass ein Mann namens Josef Fritzl seine Tochter Elisabeth 24 Jahre lang gefangen gehalten und immer wieder vergewaltigt hatte. Die Tochter hauste im Keller ihres Elternhauses, der früher ein Bunker gewesen war. Im Zuge der weltweiten Medienberichterstattung über den Fall stellte sich nebenbei heraus, dass in den Akten von Amstetten Adolf Hitler immer noch als Ehrenbürger verzeichnet war.

Hitler freilich beging am 30. April 1945 Selbstmord in seinem Bunker in Berlin. Ich hatte noch eine Woche in Gefangenschaft vor mir, die ich überleben musste. Das klingt leichter, als es war, denn Ebensee war ein wahres Höllenloch. In den letzten Kriegstagen starben dort täglich mehr als 350 Menschen. Das Krematorium war rund um die Uhr in Betrieb, aber trotzdem überlastet. So stapelten sich die nackten Leichen vor unseren Baracken, die je 750 Menschen beherbergten, obwohl sie nur für 100 ausgelegt waren.

So verzweifelt waren die Nazis, dass sie den Insassen den Befehl erteilten, einen Graben außerhalb des Lagers auszuheben. Die Leichen wurden in diesen Graben geworfen und mit Löschkalk bedeckt. Ich habe nichts davon mitbekommen, aber es gab Gerüchte, dass einige Körper noch zuckten. Häufig wurde auch berichtet, dass vier kranke Häftlinge lebendig begraben worden waren, damit ihre Plätze in der Krankenstation frei wurden. Auch das klang sehr glaubhaft.

Der Gestank des Todes war unerträglich, und man konnte ihm nicht entkommen.

Die Rationen waren so gering, dass wir anfingen, Gras zu essen. Es gab auch einige Fälle von Kannibalismus. Der freundliche Kapo Lolo, der mit uns von Melk nach Ebensee gekommen war, beobachtete eine Gruppe Russen, die den Schinken eines kürzlich verstorbenen jungen Mannes am Feuer brieten. Er forderte mich auf, mir das anzusehen, doch ich ertrug es nicht. Wie weit waren wir gekommen? Waren wir denn wirklich die Untermenschen, als die uns Hitler bezeichnet hatte?

In den offiziellen Berichten unserer amerikanischen Befreier wurde unsere Qual folgendermaßen zusammengefasst: »Misshandlungen und Krankheiten grassierten. Die Häftlinge lebten in einem kaum vorstellbaren Schmutz. Der Gestank des Lagers war Übelkeit erregend. Viele Häftlinge waren so weit, dass sie tote Kameraden aßen. Das Lager gehörte zur selben Kategorie wie die berüchtigten Lager Belsen und Buchenwald.«

Wie so viele Holocaust-Überlebende habe ich ein kompliziertes Verhältnis zum Essen, eine Mischung aus Wertschätzung und Schuldgefühlen. Damals, in einer Situation, als unser Mittagessen aus einem Dreiviertelliter Wasser mit ein paar Kartoffelschalen bestand, konnte ich an nichts anderes mehr denken. Brot war so kostbar, dass ich es kaum über mich brachte, es zu essen. In einer friedlichen, normalen Welt scheint so etwas unvorstellbar.

Meine Frau Perla war eine großartige Köchin und eine wunderbare Bäckerin, die eigene Rezepte entwickelte. Ich habe nie selbst gekocht, weil ich beruflich so eingespannt war, um uns das bestmögliche Leben zu sichern, aber sie hat unseren Kindern die Grundlagen beigebracht. Ich erinnere mich noch, mit welchem Stolz sie mir die Brote und Kuchen zeigte, die die Kinder fabriziert hatten. In unserer Küche roch es nach zu Hause.

Heute, da ich allein in Jerusalem lebe, lasse ich mir das Essen liefern. Freunde und Nachbarn bringen mir frisches Obst und saftige Käsekuchen. Meistens esse ich vor dem Fernseher einfache, aber schmackhafte Gerichte. Ich genieße den Fisch und das Fleisch und auch das Gemüse, doch Kartoffeln, Reis oder Couscous lasse ich stehen und werfe sie später weg.

Das tut mir richtig weh. Jedes Mal muss ich an die Zeiten denken, als mich eine solche Portion wochenlang am Leben gehalten hätte. Wie kann ich so etwas tun, Lebensmittel wegwerfen? Jetzt habe ich das Privileg der Vorsicht und nicht zuletzt die Eitelkeit eines alten Mannes, angeregt von meiner Urenkelin.

Bei meinem letzten Besuch in New York schaute sie mich zweifelnd an. »Bekommst du ein Baby?«, fragte sie mit der ganzen Unschuld eines kleinen Kindes. »Wie kommst du darauf?«, fragte ich zurück. »Na, als meine Mummy so einen dicken Bauch hatte wie du, bekam sie ein Baby.«

Was für ein Kompliment …

Ich möchte so gut wie möglich auf mich achten. Gelegentlich nutze ich für sehr lange Strecken einen Rollstuhl, und ich hoffe, dass mir das Gehen nicht zu schwerfallen wird, wenn ich, was Gott gewähren möge, noch älter werde. Ich versuche geistig fit zu bleiben, habe aber bis heute mit einigen der Verletzungen zu tun, die ich in den Lagern erlitten habe. In den Tunneln habe ich mir den Rücken übel verletzt – die Tunnel in Ebensee waren als unterirdische Raketenfabrik vorgesehen, wurden dann aber zu einem Waffendepot umfunktioniert.

Als ich noch jünger war, habe ich den Schaden, den man mir in der Gefangenschaft zugefügt hatte, vernachlässigt. Das galt auch für ein perforiertes Trommelfell, die Folge von Schlägen. Perla und ich besuchten Kurbäder in der Slowakei, um die Spätfolgen behandeln zu lassen, aber nachdem sie von mir gegangen war, hatte ich keine Lust mehr, allein hinzufahren. Über die Krankenversicherung der israelischen Armee sind kürzere Hydrotherapie-Behandlungen möglich, und ich versuche jedes Jahr ans Tote Meer zu fahren, um die heilende Wirkung des Schlamms zu nutzen.

Ein derartiger Luxus kam mir überhaupt nicht in den Sinn, während wir auf die US-Truppen warteten, die zur 80. Infanteriedivision der 3. US-Armee gehörten und bald darauf eintrafen, um unsere Freiheit zu sichern. Nach unseren Erlebnissen in Amstetten entbehrte es nicht einer gewissen Ironie, dass wir uns so ermutigt fühlten, als der Himmel sich an einem Nachmittag Anfang Mai verdunkelte. Wir blickten nach oben und sahen Hunderte von alliierten Flugzeugen, die sich auf den Weg gemacht hatten, um die Deutschen endgültig zur Kapitulation zu bomben.

Nach quälenden Tagen, Wochen, Monaten und Jahren ging jetzt auf einmal alles ganz schnell. Am 4. Mai, als die US-Truppen von Deutschland aus nach Österreich eindrangen und sich Richtung Süden bewegten, also in unsere Richtung, wurde es im Lager unheimlich still. Wir wurden nicht zur Arbeit geschickt und hatten keine Ahnung, dass etwa die Hälfte der Wachen bereits geflohen war. Doch dann rief uns ohne Vorwarnung der letzte Kommandant des Lagers, Anton Ganz, auf dem Appellplatz zusammen.

Er war der Nachfolger des geistesgestörten Otto Riemer, der oft in betrunkenem Zustand Amok lief und Häftlinge schlug, folterte und erschoss. Riemer hatte auch einen Preis – Zigaretten und Extraurlaub – für den Aufseher ausgesetzt, der die meisten tötete. Wer seine Quote noch nicht erfüllt hatte, schlug häufig einem Häftling die Mütze vom Kopf und warf sie in einen Bereich, dessen Betreten verboten war. Wenn der Häftling dann versuchte, die Mütze zu holen, wurde er erschossen.

Ganz war früher Türsteher vor einem Nachtclub gewesen. Er war ein Sadist, der für Tausende Tote verantwortlich war. Als er nun ankündigte, er werde für unsere Sicherheit sorgen, indem er uns in den Tunneln versteckte, glaubte ihm das niemand, jedenfalls niemand, der richtig im Kopf war. Er bestand jedoch über Lautsprecher und in mehreren Sprachen auf seiner Aussage, die Amerikaner hätten Pläne, das Lager zu bombardieren, da es als militärische Anlage galt.

Wir rechneten damit, dass wir nie wieder aus den Tunneln auftauchen würden, wenn wir seinen Anweisungen folgten. Schließlich hatte er einiges zu verbergen, nicht zuletzt mehr als 2000 Insassen, die in zwei Massengräber geworfen worden waren. Es gingen auch Gerüchte um, der unterirdische Komplex sei mit Sprengstoff präpariert. Und tatsächlich, es war eine Falle: Der Sprengstoff befand sich in einer Lokomotive, die in den Höhleneingang gefahren wurde, wo sie später detonierte.

Es war nicht die richtige Zeit für den Gehorsam, mit dem

man in der Lagerhaft sonst meistens sein Leben retten konnte. Überall wurde gebrüllt und gerufen. Dann formierte sich aus dem allgemeinen Chaos ein Ruf des gesamten Lagers, wie aus einem Munde: »Nein, Nein, Nein!« Ganz, den unser Widerstand offenbar erschütterte, knickte ein und verschwand über Nacht.

Unmittelbar nach Kriegsende wurde er von einem österreichischen Bauern versteckt, lebte dann aber offen als Bauarbeiter in Deutschland, sogar unter seinem echten Namen. So ging es fast 20 Jahre lang, von 1949 bis zu seinem Ruhestand und der nachfolgenden Verhaftung im November 1967. Er verbrachte sieben Monate in Untersuchungshaft, wurde aber nach Zahlung einer Kaution von 20 000 Mark auf freien Fuß gesetzt. Obwohl er wegen vier Morden, die als Beispiel für seine Taten ausgewählt worden waren, zu einer lebenslangen Haft verurteilt wurde, begnadigte man ihn nach einiger Zeit. 1973 starb er an Krebs.

In seinem Fall wie bei so vielen anderen flüchtigen SS-Leuten, darunter auch Riemer, über dessen Schicksal man nichts weiß, passte die Strafe nicht zu den Verbrechen.

Am nächsten Morgen, dem 5. Mai, brach der absolute Irrsinn aus. Die SS-Aufseher waren so schnell geflohen, dass sie nicht einmal ihre Spuren verwischten, indem sie die Waffen zerstörten, die in den Höhlen gelagert waren. Es gab kein Gesetz und keine Ordnung mehr. Mehr als 50 der grausamsten Kapos wurden praktisch sofort gelyncht, darunter auch Hartmann, ein deutscher *Zigeuner*[1], der weder lesen noch schreiben konnte, aber als Verantwortlicher für eine der 25 Baracken wahllos andere Häftlinge tötete.

Häftlinge, die kurz vor dem Verhungern waren, gerieten in heftigen Streit, nachdem sie die Lebensmittellager gestürmt und

---

1 Im englischen Original »gypsy« (Anm. d. Übers.).

geplündert hatten. Wer konnte, schleppte so viel wie möglich weg. Einige unterschrieben damit unwissentlich ihr eigenes Todesurteil, denn sie starben an dem, was heutige Ärzte als »Refeeding-Syndrom« bezeichnen. Mit anderen Worten: Wenn Menschen, die kurz vor dem Verhungern stehen, zu viel Nahrung herunterschlingen und zu schnell zu viel Flüssigkeit zu sich nehmen, kommt ihr Verdauungssystem damit nicht zurecht, oft mit tödlichen Folgen. Das Phänomen ist nicht neu, bereits der römische Historiker Flavius Josephus hat im 1. Jahrhundert von derartigen Symptomen bei Überlebenden der Belagerung von Jerusalem berichtet. Aber darin liegt natürlich eine besonders grausame Ironie.

Menschen liefen wie betäubt herum, irgendwo zwischen Leben und Tod gefangen. Viele wagten nicht zu glauben, dass der Albtraum wirklich zu Ende war. Andere weinten vor Freude, aber ich gehörte zu jenen, die mehr Gewissheit brauchten. Sie kam, als Lolo und ich über den Appellplatz zum Zaun liefen. Da sahen wir nämlich einen älteren Deutschen, Mitglied des Volkssturms, zu dem man am Ende des Krieges ehemalige Wehrmachtsangehörige eingezogen hatte, zwischen den beiden Zaunreihen gehen. Er trug ein altmodisches Gewehr über der Schulter, wirkte aber ganz und gar nicht so, als wollte er es benutzen. Lolo ging zu ihm und fragte, wo die SS-Männer seien. Der Soldat schüttelte langsam den Kopf: Er wusste es nicht. Dann erklärte er uns, er folge den letzten Befehlen, die die SS-Leute gegeben hätten, bevor sie verschwanden. »Sie haben uns gesagt, wir sollen hier Wache gehen«, sagte er. »Genauer haben sie das nicht erklärt.«

Da der innere Zaun elektrisch aufgeladen gewesen war, baten wir den Soldaten um einen einfachen Test. »Fassen Sie doch mal an«, sagte Lolo. Der Mann tat das ohne Zögern und ohne, dass es ihm etwas schadete. Lolo folgte seinem Beispiel und nahm dann zur Sicherheit zwei Steine, mit denen er den Draht durchtrennte, wieder ohne den tödlichen Funkenregen, den wir von früher kannten. Ich sah staunend zu. In diesem Moment begriff ich, dass es vorbei war.

Ich hatte überlebt.

Ich reagierte nicht so, wie Sie es sich für einen Menschen nach einem so langen, schmerzhaften Martyrium vielleicht vorstellen. So oft hatte ich mir die Freiheit vorgestellt, doch jetzt konnte ich nicht jubeln oder in Freudenrufe ausbrechen. So weit war ich erst am nächsten Tag, am 6. Mai, als die US-Soldaten wirklich eintrafen. Meine Sinne waren verwirrt, meine Gefühle sehr gemischt. Konnte das wirklich wahr sein? War das Unmögliche geschehen? Waren meine Gebete erhört worden? In diesem Moment der Befreiung begriff ich, dass ich vorübergehend vergessen hatte, wie man selbst denkt.

Urtümliche Instinkte übernahmen die Regie. Wir durchbrachen den Zaun und strömten auf die umliegenden Wiesen und Nebenstraßen Richtung Stadt und zum Traunsee, beides nördlich von uns gelegen. Überall lagen Rucksäcke, Kleidung, Uniformen, Waffen und Wertsachen, die die SS-Leute in ihrer hastigen Flucht von sich geworfen hatten.

Ich bückte mich, nahm eine Pistole in die Hand und drückte ungeschickt ab. Zu meinem großen Erstaunen war das Ding geladen. Ich hatte keine Ahnung, wie man damit umgeht, dachte aber, angesichts der unsicheren Situation würde es mir ein wenig Schutz bieten. Das Chaos im Lager, wo die Sterbenden ignoriert wurden, die sich in Todesqualen auf dem Boden krümmten, hatte mich sehr erschüttert.

Ich spürte einen starken Drang, die gestreifte Häftlingsuniform loszuwerden, die nur noch ein fleckiges, stinkendes Lumpenbündel war. Also riss ich sie mir vom Leib, spuckte und trampelte darauf und zog mir dann irgendwelche Zivilkleidung an. Heute bereue ich diese Entscheidung: Ich hätte die Uniform für künftige Generationen als *zecher l'churban* aufbewahren sollen, was in einfachen Worten so etwas bedeutet wie: eine symbolische Erinnerung an die Tragödien des Lebens.

Einer der bewegendsten Aspekte beim Aufschreiben meiner Lebenserinnerungen ist die Art, wie sich Erinnerung und Geschichte ineinander verweben. Krieg ist ein schreckliches, unvergessliches Phänomen, das uns alle in unserer gemeinsamen Menschlichkeit und gelegentlichen Unmenschlichkeit vereint. Kürzlich bin ich auf das Zeugnis eines unserer ersten Befreier, Feldwebel Robert B. Persinger, gestoßen – es hat mich sehr bewegt.

Persinger war Kommandant eines M24-Panzers. Er stammte aus Illinois und war erst 21 Jahre alt, als er am frühen Nachmittag des 6. Mai vor den Toren von Ebensee eintraf. Zwei ältere deutsche Wachen übergaben ihm und seinen Leuten erleichtert ihre Gewehre, die er theatralisch am Turm seines Panzers zerschlug. Dann öffneten sich die Tore zu dem Hexenkessel, und sein Panzer rollte mit einem weiteren Fahrzeug auf den Appellplatz.

Persinger sah »tote, zerrissene Körper« und »verhungerte, halbtote Menschen«. Vorsichtshalber und um die Aufmerksamkeit auf sich zu lenken, feuerte er über die Köpfe der Tausenden hinweg, die auf ihn zugerannt kamen. Das Lager war in Aufruhr. Angehörige verschiedener Nationen sangen ihre Nationalhymnen, jüdische Häftlinge sangen die Hatikvah, unsere Hymne aus dem Jahr 1886, 62 Jahre, bevor Israel wirklich ein Staat wurde.

Mir gelang es, auf den zweiten Panzer zu klettern, wo einer der amerikanischen Soldaten sich als Jude entpuppte. Er schenkte mir ein Stück Schokolade, das mich in meine Kindheit zurückkatapultierte, und ein paar Streifen Kaugummi, die ich ahnungslos herunterschluckte. Ich war immer noch entsetzlich hungrig, aber Hilfe war bereits unterwegs: Genau um 16.52 Uhr beschlagnahmte die US-Armee sämtliche Vorräte aus den Bäckereien, Läden und Privathaushalten vor Ort.

Persinger war tief betroffen von seinem ersten Rundgang durch das Lager. »Ich wusste, was ich an diesem Nachmittag sah, würde ich Zeit meines Lebens nicht vergessen«, sagte er im April 1994 zu zwei amerikanischen Interviewerinnen, Mary Cook und Nita Howton. »Der Tod war mir nicht fremd, ich war ja mit meiner Kampfeinheit in ganz Europa gewesen, aber das hier war eine andere Art von Tod. Die Häftlinge waren nur noch Haut und Knochen. Sie starrten uns aus tief liegenden Augen an, die sich einem ins Gedächtnis einbrannten. Sie waren überglücklich, dass der Krieg zu Ende war, aber ich weiß nicht, wie sie sich gefühlt haben müssen, als sie gefangen genommen wurden. Ich frage mich, wie um alles in der Welt irgendjemand anderen Menschen so etwas antun kann.«

Max Garcia, ein Jude aus Amsterdam, der bald sein Dolmetscher wurde, zeigte den Amerikanern zunächst die Leichenstapel in der Nähe des Krematoriums. Persinger war eigentlich Nichtraucher, aber als er dort stehen blieb, um die Szene zu betrachten, zündete er sich wie unter Zwang eine Lucky Strike an. Als er zum Hauptquartier der US-Armee, das im Hotel Post in der Stadt untergebracht war, zurückkehrte, warf er seine Kampfstiefel weg, weil sie nach Tod stanken.

Am nächsten Tag, dem 7. Mai, kam er mit zwei leitenden Offizieren wieder. Oberstleutnant Marshal Wallach und Leutnant James H. Polk bestellten sofort 15 LKW-Ladungen voller Lebensmittel und organisierten die medizinische Versorgung. Polk, Persingers Kommandant, schickte die folgende Nachricht an das Hauptquartier der Alliierten: »Verhältnisse sind unbeschreiblich. Es gibt keine, ich wiederhole, keine Lebensmittel in dieser Gegend. Medizinische Hilfe und Verwaltung lebenswichtig.«

Bis zum 9. Mai war ein komplettes Feldlazarett aufgebaut, doch das Martyrium der Häftlinge war längst noch nicht vorüber, denn die amerikanischen Ärzte, die zu Beginn wirklich rund um die Uhr gearbeitet hatten, mussten entscheiden, wen sie zuerst behandelten. Sterbende wurden übergangen, um denjenigen mit einer besseren Überlebenschance bevorzugt zu helfen.

Eine hässliche Anspannung lag in der Luft. Viele Insassen, die in die Stadt liefen, hatten Rachegedanken im Kopf. Unter diesen Umständen hatte Julius Ludolf, der Lagerkommandant von Melk, an dessen Verhaftung durch ehemalige Häftlinge in der Nähe des Lagers Ebensee I ich wie schon beschrieben teilnahm, großes Glück, dass er nicht gelyncht wurde.

Persinger spürte die Angst der Ortsbevölkerung, verachtete sie aber gleichzeitig zutiefst. Und so sorgte er dafür, dass auch sie das Lager besuchten, um sie mit den Schrecken zu konfrontieren. »Sie schwiegen, als wir sie dort herumführten, aber sie taten mir nicht leid«, gab er im Interview zu. »Sie hätten versuchen können, das zu verhindern, aber das haben sie nicht getan.«

Wir waren Fremde und doch Brüder. Er war ein guter Mensch. Später kehrte er nach Marengo in Illinois zurück, wo er seine spätere Frau Arlene kennenlernte, mit der er 66 Jahre verheiratet war. Genau wie ich zögerte er lange, seine Kriegserlebnisse mit der Familie zu teilen. Da fiel es ihm schon leichter, mit ehemaligen Kameraden zu sprechen. Erst viel später fühlte er sich in der Lage, seine Geschichte auch einer breiteren Öffentlichkeit zugänglich zu machen, und sprach vor Schulklassen und Organisationen der Zivilgesellschaft.

»Wir taten, was wir tun mussten«, erklärte er. »Der Rest ist Geschichte.« Er hatte drei Kinder und sechs Enkelkinder und starb am Montag, dem 19. November 2018 im Alter von 95 Jahren. Seine Familie wünschte sich, dass anstelle von Blumen zu seiner Beerdigung das Illinois Holocaust Museum and Education Centre mit einer Spende bedacht würde. Möge ihm ein gesegnetes Gedenken bewahrt sein.

Seine Kameraden teilten den Abscheu den Bürgern von Ebensee gegenüber. Im offiziellen Bericht seiner Einheit heißt es: »Kein Mitglied der Dritten Kavallerie wird dieses Konzentrationslager jemals vergessen. Und sie werden auch nicht so bald die anmutigen ›Frauleins‹ und selbstzufriedenen Bürger vergessen, darunter auch durchaus progressive, gebildete, ›nette‹ Deutsche, die in unmittelbarer Nähe des Lagers lebten und doch so taten, als hätten sie von seiner Existenz nichts gewusst.«

Hat man etwas daraus gelernt? Mit geradezu unanständiger Eile wurde bereits 1946 eine Wohnsiedlung auf dem Lagergelände errichtet. Ich muss Persinger zustimmen, der dazu sagte: »Ich verstehe nicht, wie man dort wohnen kann.« Ein Friedhof mit den sterblichen Überresten von 4000 Opfern wurde 1952 verlegt, doch das Lager blieb ein schmutziges Geheimnis.

Die Bürger von Ebensee wählten in den Sechzigerjahren sogar ein Stadtoberhaupt mit SS-Vergangenheit, ohne dass das irgendwie kommentiert wurde. Erst Mitte der Neunziger änderte sich die Haltung. Die Tunnel wurden für Besucher geöffnet, und man nahm die Leiden, die mit ihnen verbunden waren, angemessen zur Kenntnis. Im Jahr 2001 wurde in einem ehemaligen Schulhaus ein Museum eröffnet, und es gibt jetzt jedes Jahr einen Gedenkgottesdienst.

Was bleibt uns unter solchen Umständen, als an unseren Prinzipien festzuhalten? Ich habe gelernt, dass es kein normales Leben gibt ohne ein Mindestmaß an Vertrauen in die Natur des Menschen. Aber die Lektionen, die ich gelernt habe, waren schwer und oft verstörend. Der eigensinnige junge Mann, der vor so vielen Jahren befreit wurde, brauchte Zeit, um sich an die Realitäten der Freiheit zu gewöhnen.

Ich fühlte mich hilflos, wusste nicht, was ich tun und wohin ich mich wenden sollte. Ich hatte mich daran gewöhnt, in die tiefsten, finstersten Winkel meiner Seele zu blicken, um zu überleben, und jetzt musste ich wieder leben und herausfinden, was mir wirklich wichtig war. Letztlich lief alles auf meine Familie hinaus.

Die überlebenden Spielman-Brüder, Chaim und Jacob, der auch Yutshe genannt wurde, hatten mich die meiste Zeit begleitet. Sie waren meine Ersatzfamilie und hatten ebenso wie ich viele Fragen, die nach einer Antwort verlangten. Als wir überlegten, wie es weitergehen könnte, traf der freundliche Kapo Lolo, der eine Art Talisman für uns geworden war, eine weitreichende Entscheidung für uns.

»Kommt mit«, sagte er mit einer Entschlossenheit, die zeigte, wie sehr ihm eine Führungsrolle lag. »Wir fahren zu mir nach Hause, nach Wien.«

KAPITEL 11

VERRAT

Rasch kehrte Lolo zu seinem Beruf als Dieb zurück. Befreit von den Gefahren dieses Jobs, der ihn als »Gewohnheitsverbrecher« ins Lager gebracht hatte, brach er einfach in Häuser ein und nahm mit, was ihm gefiel. Er befand sich auf einer Mission und dachte sich auch nichts dabei, Leute mit der Pistole zu bedrohen, die er am Straßenrand aufgesammelt hatte.

Mir war das unheimlich, ich fühlte mich hin- und hergerissen zwischen Moral und Notwendigkeit. Ich wusste, unter normalen Umständen wäre das, was wir taten, falsch gewesen, aber die Situation war ja vollkommen unnormal. Wir mussten uns in einer Welt zurechtfinden, die auf den Kopf gestellt worden war, und dazu gehörte auch, dass wir Gewalt anwandten, um zu bekommen, was wir wollten. Der neue Frieden ging einher mit Anarchie, Verwirrung und Opportunismus.

Auch in der Art, wie die Hausbesitzer uns mit einer Mischung aus Angst, Schuldgefühl und Verachtung ansahen, spiegelten sich die außergewöhnlichen Zeiten. Die meisten schienen das Gefühl zu haben, für ihre frühere Gleichgültigkeit gegenüber unseren Leiden bezahlen zu müssen, und verhielten sich unterwürfig. Wer sich widersetzte, wurde geschlagen oder gestoßen. Ich beteiligte mich nicht direkt an der Gewalt, doch ich machte mit, wenn es darum ging, Leute einzuschüchtern.

Lolo erklärte uns, am einfachsten kämen wir mit einem Boot

nach Wien. Also stahl er eins, das am Traunsee festgemacht war, indem er die Vorhängeschlösser knackte. Wir »borgten« uns Treibstoff und nahmen so viele Lebensmittel mit, wie wir tragen konnten. Käselaibe und große Stücke Rauchfleisch, die wir auf Dachböden fanden, wurden ebenso mitgenommen wie die restlichen Wintervorräte. Wenn das nicht reichte, so dachten wir, konnten wir immer noch angeln.

Die Donau berührt zehn Länder vom Schwarzwald in Deutschland bis zum Schwarzen Meer. Wien ist eine der größten Städte auf dieser langen Strecke. Unser Plan sah so aus, dass wir die Traun hinunterfahren wollten, die in der Nähe von Linz in die Donau mündet. Das war ein guter Plan, jedenfalls auf dem Papier, aber er scheiterte bald an der Gesetzlosigkeit und Politik der unmittelbaren Nachkriegszeit, in der Europa in winzige Stücke zerteilt wurde.

Die Schwierigkeiten begannen, als wir ahnungslos die amerikanische Besatzungszone verließen. Das Wetter war gut, es war angenehm warm und windstill, doch unser Gefühl der Ruhe wurde durch plötzliche Rufe auf Russisch durchbrochen. Wir waren vom Ufer aus von Soldaten entdeckt worden, die überzeugt waren, wir seien Nazis, die vom Schauplatz ihrer Verbrechen flohen.

Wir versuchten, das Gebrüll zu ignorieren, mit dem sie uns anhalten wollten, und fuhren so schnell wir konnten flussabwärts, doch als wir beschossen wurden, mussten wir tatsächlich anlegen. Es wurde zwar niemand verletzt, aber das Boot hatte ein Leck abbekommen. Also an Land. Als die Russen drohend auf uns zugelaufen kamen, rief ich schnell auf Jiddisch: »Ich bin Jude!« Vielleicht würde das ja etwas nützen.

Das tat es auch, jedenfalls ein bisschen. Ein russischer Offizier antwortete mit einem schrecklichen Akzent, aber ebenfalls auf Jiddisch: »Yich a Yid!« Mit dieser Gemeinsamkeit konnte ich arbeiten. Wieder auf Jiddisch erzählte ich ihm unsere Geschichte. Ich beschrieb die Schrecken der Lager und die Verzweiflung, die uns zwang, nach unseren Familien zu suchen. Dann berichtete ich ihm vom Mitgefühl und der Fürsorge der amerikanischen Soldaten, die uns befreit hatten, und ließ auch unseren Respekt für die Bedeutung der Roten Armee für unsere Befreiung nicht unerwähnt.

Der Offizier hörte sich das alles aufmerksam an und schien durchaus mitfühlend zu sein. Nicht so mitfühlend allerdings, dass er uns unbehelligt hätte weiterziehen lassen. Wir waren in eine neue Welt geraten, in der es ums Fressen und Gefressen werden ging und in der jeder nur auf sich selbst schaute. Die Russen stahlen unsere Lebensmittelvorräte und verschwanden. Uns blieben nur ein paar Laibe Brot.

Plan B musste in Kraft gesetzt werden. Er sah vor, dass wir das Boot liegen ließen und per Anhalter grob in Richtung Wien fuhren. Das dauerte mehr als eine Woche, aber zum Glück waren einige Soldaten in den russischen Konvois fürsorglicher als ihre diebischen Kameraden. So landeten wir irgendwann am Rande der österreichischen Hauptstadt, auf der Ladefläche eines Lastwagens, ohne Papiere und ohne Schutz, wenn man von der Kraft unserer Geschichte einmal absah.

Wien war von allen vier alliierten Besatzungsmächten okkupiert, und sie nahmen die Sicherheit in ihrer jeweiligen Zone sehr ernst. Das bedeutete, dass wir ständig angehalten wurden und unsere Anwesenheit wie auch unsere Absichten erklären mussten. Überall waren Flüchtlinge, es war also ein vertrautes Ritual, aber unsere Geschichte wirkte wohl überzeugend, denn wir konnten immer unbehelligt weiterziehen.

Der Krieg hatte der Stadt das Rückgrat gebrochen. Etwa ein Viertel der Häuser und viele Brücken waren zerstört, überall waren Bombenkrater und offene Kanäle zu sehen. Die Wasser-

und Gasleitungen waren stark beschädigt. Lolo jedoch stand zu seinem Wort. Er nahm mich und die Spielman-Brüder im Haus seiner Familie auf, das sich in einem relativ unbeschädigten Bezirk befand.

Auch hier waren Lebensmittel knapp, aber Lolo versorgte uns gut. Unruhiger Geist, der er immer schon gewesen war, brachte er eines Abends seine Nichte mit und stellte uns einander vor. Als sie wieder weg war, schlug er mir vor, sie zu heiraten. So taktvoll wie möglich erklärte ich ihm, sie sei zwar sehr hübsch, aber es sei noch ein bisschen früh für solche Gedanken, und ich hätte andere Prioritäten. Ich musste schließlich auf meinen *yichus*, meine Abstammungslinie, achten.

Lolo hatte viele Freunde und wusste, wie man Leute beeinflusst. So besorgte er auch etwas Geld für uns, obwohl ich zugeben muss, dass das unser Leben kaum beeinflusste. Wir hatten uns ans Plündern gewöhnt, und wenn wir kein Geld hatten, weigerten wir uns einfach, zu bezahlen. Niemand stellte uns zur Rede, wenn wir ohne Fahrschein im Bus oder Zug mitfuhren.

Es dauerte nicht lange, dann waren wir in die jüdische Ortsgemeinde integriert. Wir trafen dort viele ehemalige Häftlinge, die von den Russen schon fast ein halbes Jahr vor uns befreit worden waren. So kamen wir auch zu einer Einladung durch die Familie Schreiber, bekannte Nachkommen von Rabbi Moshe Schreiber, dem Leiter der orthodoxen Gemeinden im Habsburgerreich während der ersten Hälfte des 19. Jahrhunderts.

Er hatte in Pressburg, heute Bratislava, gelebt und trug den Beinamen Chatam Sofer, »Zeichen des Schreibers«. Er war ein genialer Thora-Gelehrter, der zu fast jedem Bereich der jüdischen Gesetze Erklärungen und Urteile abgab, und er beeinflusste Generationen von Rabbis und Gemeindeleitern in ganz Mitteleuropa.

Die Schreibers, die sehr wohlhabend waren, nahmen ihre Abstammungslinie außerordentlich ernst. Eines Abends luden sie uns in ihre schön möblierte Wohnung ein, wo es eine Versammlung gab, in der besprochen werden sollte, wie man Holocaust-Überlebenden in ihren eigenen Gemeinden helfen könnte. Heute würde man es wohl ein Netzwerktreffen nennen.

Es schien, als wären alle damit beschäftigt, ihr früheres Leben wieder zusammenzusetzen und sich einen Weg in die Zukunft zu bahnen. Wir trafen an diesem Abend viele verschiedene Menschen, darunter Juden, die sogar aus England oder Palästina gekommen waren. Daraus ergaben sich weitere Einladungen zu Treffen mit den Führern religiöser zionistischer Organisationen, die uns eine Bleibe organisierten und Kontakte für künftige Diskussionen knüpften.

Das Ganze erinnerte mich an das, was ich in meiner Kindheit auf den Straßen und in den Läden gelernt hatte. Es war eine Erweiterung der Art, wie öffentlich Geschäfte gemacht wurden, immer auf der Basis von Vertrauen und gemeinsamen Interessen. Persönliche Beziehungen waren das absolut Entscheidende, und auch wenn ich gelegentlich enttäuscht wurde, habe ich nie meinen Glauben an die Menschen verloren.

Jede und jeder Überlebende hatte seine oder ihre eigene Reise zu vollenden. Als Gruppe waren wir geradezu besessen von dem Wunsch, unser eigen Fleisch und Blut wiederzufinden. Jedem Hinweis, jeder möglichen Verknüpfung wurde nachgegangen. So reiste ich mit den Spielman-Brüdern in den Norden Ungarns, nachdem sie erfahren hatten, dass ein alter Geschäftspartner, ein Importeur von Tierhäuten namens Fuchs, ebenfalls die Lager überlebt hatte.

Mit Zügen, Bussen und Lastwagen fuhren wir in seine Heimatstadt Miskolc, Mishkoltz auf Jiddisch, und wurden von der Familie Fuchs mit offenen Armen empfangen. Wir hatten so viel gemeinsam, unsere Kriegserlebnisse waren so ähnlich, wenn nicht im zeitlichen Ablauf, so doch zumindest in ihrem Charakter. Mehr als 14 000 jüdische Erwachsene und Kinder waren im Juni 1944 in Viehwaggons nach Auschwitz deportiert worden. Die meisten wurden gleich nach ihrer Ankunft vergast.

Geschichte hat einen so vielfältigen Widerhall. Im November jenes Jahres waren etwa 100 000 Juden in die entgegengesetzte Richtung zu der Route getrieben worden, die wir nach unserer Befreiung genommen hatten, von Ungarn nach Österreich. Etwa ein Viertel kam auf dem Weg ums Leben. Ähnlich wie wir kamen die Überlebenden des Holocaust zurück nach Miskolc, einem Zentrum der Schwerindustrie, um nach Familienangehörigen zu suchen, Grund- und anderen Besitz zurückzufordern und ihr Leben neu aufzubauen.

Damals konnten wir das nicht wissen, aber einige Zeit später wurden mehr als 100 Juden aus dem Ort bei ihrer Rückkehr von Nachbarn zusammengetrieben, die immer noch die Nazi-Partei der Pfeilkreuzler unterstützten. An den Mord an diesen Juden wird auf dem jüdischen Friedhof auf einem Hügel oberhalb der Stadt erinnert. Das Mahnmal zeigt in Stein gemeißelt die Zehn Gebote. Alle Gebote sind in hebräischer Sprache geschrieben, bis auf eins: »Du sollst nicht töten«, steht dort in ungarischer Sprache.

Vielleicht war es ganz gut, dass ich auf den Verrat, der mir selbst bevorstand, nicht vorbereitet war. Der Sog, nach Polen zurückzukehren, erwies sich als so unwiderstehlich, dass sich meine Wege und die der Spielman-Brüder zumindest vorübergehend trennten. Es war ein sehr emotionaler Abschied, denn wir hatten so viel miteinander durchgemacht. Aber jetzt mussten wir unsere eigenen Wege gehen.

Chaim und Jacob wollten in ihre Heimatstadt Skawina südwestlich von Krakau zurückkehren, während ich ein bisschen weiter Richtung Nordosten zog, nach Działoszyce. Es war ein Abenteuer, dorthin zu gelangen, da ich weder Papiere noch einen Pass besaß, doch man ließ mich mit meinen Entlassungspapieren aus Mauthausen über die Grenze.

Was dann folgte, sollte eine der schmerzhaftesten Erfahrungen meines Lebens sein, ein Trauma, das bei meiner zweiten Rückkehr mehr als 70 Jahre später noch einmal auflebte. Das Haus, in dem wir gewohnt hatten, stand noch, auch wenn das Balkenwerk bröckelte und die rohen Ziegel herausschauten. Das Fenster nach vorne hinaus, in das Vater die Menora mit den brennenden Kerzen gestellt hatte, würde einen neuen Anstrich brauchen. Neue Straßen und Häuser hatten die alten Wege ersetzt, doch ich konnte die Mühle meines Vaters noch erkennen.

Traurigkeit überschwemmte mich, als ich die Nische neben der schweren Holztür berührte, in der einst die Mesusa gesteckt hatte, das Kästchen mit einem kleinen Auszug aus der Heiligen Schrift, das sich am Eingang jedes jüdischen Hauses befindet. Drei ältere Damen auf der Straße, die wohl spürten, wie unwohl mir war, boten mir leuchtend lilafarbene Blumen von einem Busch gleich neben ihnen an, doch ich brachte es nicht über mich, das Haus zu betreten.

Die Erinnerungen an meine Ankunft im Sommer 1945 waren noch zu lebendig. Ich hatte mir so sehr ein märchenhaftes Wiedersehen mit meinen Lieben gewünscht, doch die Erkenntnis, dass sich alles verändert hatte und niemand zurückgekehrt war, zerschmetterte mich förmlich.

Als ich endlich den Mut aufbrachte, an die alte Holztür zu klopfen, öffnete mir Pani Szymanska, die Hausmeisterin. Sie erkannte mich sofort, winkte mich herein und bot mir ein erfrischendes Glas Wasser an, schließlich war es ein glühend heißer Tag. Das war also der Moment, den ich mir auf so vielerlei Weise vorgestellt hatte. Ich konnte nicht mehr an mich halten und platzte mit all den Fragen heraus, die mich seit Jahren quälten: »Ist jemand zurückgekommen? Meine Mutter oder mein Vater? Einer meiner Brüder? Mein Onkel vielleicht? Meine Großeltern, Cousins und Cousinen? Irgendjemand?« Sie sah mich traurig an und schüttelte langsam den Kopf. »Nein«, sagte sie. »Niemand ist zurückgekommen. Du bist der Erste und Einzige.« Ihre Worte hatten die Wucht eines Schlages von einem SS-Mann. Ich wusste, wenn sie noch am Leben wären, hätten sie sich hier gemeldet.

In der Zeit vor dem Krieg hatte die Hausmeisterin im Untergeschoss gewohnt, aber es zeigte sich nun schnell, dass sie sich unsere Wohnung unter den Nagel gerissen hatte, nachdem wir deportiert worden waren. Während wir miteinander sprachen, bemerkte ich, dass die Schlafzimmertür offen stand. Mein Blick richtete sich auf die Stickerei an der Wand, das Meisterwerk meiner Mutter, ihre Darstellung von Adam und Eva im Paradies mit dem Baum der Erkenntnis, dem Baum des Lebens und der Schlange.

Sie hätte ebenso gut selbst in der Tür stehen und mich zu sich winken können.

Das Bild war in den Jahren, die wir in der Hölle verbracht hatten, keinen Zoll bewegt worden. Es war eine Zeitkapsel, eine schreckliche Erinnerung an ein verlorenes Leben. Bis heute suche ich nach etwas, was eine ähnliche Qualität besitzen könnte, doch ich habe nie etwas Derartiges gefunden, obwohl ich gelernt habe, die Kunst verschiedener Kulturen und auch antike europäische Möbel zu schätzen.

Ich konnte nicht anders, als auf die Stickerei zu zeigen, das Ergebnis so vieler hingebungsvoller Stunden. »Das erkenne ich«, sagte ich und spürte im gleichen Moment, wie es in diesem Zimmer kälter wurde. Pani Szymanska schien mich zu ignorieren. Wenn sie ein schlechtes Gewissen hatte wegen der Art, wie sie vom Unglück meiner Familie profitiert hatte, dann war sie wohl entschlossen, es nicht zu zeigen. Ich fühlte mich sehr unbehaglich, stand auf und ging mit leeren Händen.

Mir ging es nicht um materiellen Besitz. Selbst wenn ich in der Lage gewesen wäre, einige Kostbarkeiten mitzunehmen, hätte ich ja nicht gewusst, wohin mit ihnen. Mich interessierten die Menschen viel mehr als der kostbarste Besitz. Ich konnte nicht aufhören, an all jene zu denken, denen man jede Chance aufs Überleben verweigert hatte. Nie zuvor hatte ich mich so einsam gefühlt, nicht einmal in den schlimmsten Zeiten im Lager. Ich stürzte in tiefste Verzweiflung.

Meine Familie bedeutete mir alles. Sie war von unschätzbarem Wert. Um das auch nur annähernd zu verstehen, stellen Sie sich einmal die Frage, welche Person einen Dollar, ein Pfund, einen Euro oder einen Shekel als lebenswichtig ansehen würde. Die Antwort liegt auf der Hand: Es handelt sich um eine Person, die genau dieses Geld nicht besitzt, denn was kann sie tun, wenn sie hungrig ist und einen Laib Brot braucht, außer zu betteln oder zu stehlen? Auf einmal wird Geld zu einer außerordentlich wichtigen Sache.

Meine Familie war deshalb so außerordentlich wichtig, weil ich keine hatte.

Heute sagt man mir, dass ich sehr selbstständig wirke, aber ich hatte ja auch, ehrlich gesagt, keine andere Wahl. Es war mir zur zweiten Natur geworden, auf meinen gesunden Menschenverstand zu vertrauen. Und nachdem ich an diesem heißen Sommertag unsere alte Wohnung verlassen hatte, erfuhr ich, dass die jüdische Gemeinde eine Unterkunft für Menschen in meiner Lage eingerichtet hatte.

Das verschaffte mir eine Atempause und die Möglichkeit, neue Pläne zu entwickeln. Ich konnte ja nicht nur von frischer Luft und Nächstenliebe leben. Doch plötzlich schoss mir eine schwache Kindheitserinnerung durch den Kopf, und ich dachte daran, wie ich meinen Vater und meinen Onkel belauscht hatte, als sie sich zuflüsterten, sie würden Wertsachen im Keller verstecken. Irgendwas mit »zwei Ziegel von der Seite und vier von oben«.

Es war natürlich zu der Zeit gewesen, als Juden überhaupt keine Wertsachen mehr besitzen durften. Eltern achteten darauf, dass ihre Kinder nicht erfuhren, wo etwas versteckt war, weil sie fürchteten, wenn die Kinder mitbekämen, wie ihre Eltern von der Gestapo geschlagen wurden – oder Schlimmeres –, würden sie das Versteck verraten, um sie zu schützen.

Also beschloss ich, mich als eine Mischung aus Einbrecher und Detektiv zu betätigen. Ein paar Abende später wartete ich im Gebüsch in der Nähe unseres alten Hauses und wartete, bis einer der Hausbewohner in den Keller ging, wo man Lebensmittel relativ kühl aufbewahrte. Die Leute hatten zu dieser Zeit ja noch keine Kühlschränke. Irgendwann kam ein Mann, den ich nicht kannte, öffnete das Vorhängeschloss des eisernen Tores und ging hinein.

Ich schlich ihm nach, ohne dass er mich bemerkte, und drückte mich in die Schatten, wobei ich wieder einmal dem Himmel dankte, dass er mich so klein hatte bleiben lassen. Als der Mann mit seinen Vorräten den Keller verließ und das Tor abschloss, war ich allein. Es war unheimlich still in diesem Keller, und bald wurde es auch beunruhigend dunkel. Ich hatte nur eine Taschenlampe, einen kleinen Hammer und Meißel sowie eine Tafel Schokolade bei mir.

Diesmal ließ mich mein Glück im Stich – kein weiteres Wunder kam mir zu Hilfe. Langsam und leise lockerte ich Ziegelsteine in dem Bereich, den ich in Erinnerung hatte, doch ich fand nichts. Das war bei diesem verzweifelten Versuch nicht wirklich anders zu erwarten gewesen, und so konnte ich nur in der Kälte warten, bis mich am Morgen das leise Geräusch eines Schlüssels im Schloss aufmerken ließ.

Da der Überraschungseffekt meine einzige Waffe war, rannte ich auf den Hausbewohner zu, schubste ihn aus dem Weg und floh. Ich hoffte darauf, dass er mich so früh am Morgen und bei meinem plötzlichen Angriff nicht erkannt hatte. Auf jeden Fall war er so erschrocken, dass er mir nicht folgte. Anschließend wartete ich ein paar Tage, bevor ich gegen alle Hoffnung noch einmal zu der Hausmeisterin ging. Es konnte ja sein, dass sie inzwischen bessere Nachrichten für mich hatte.

Doch sie schüttelte wieder den Kopf, als ich sie fragte, ob jemand aus meiner Familie aufgetaucht sei. Sie bat mich herein, und da saßen im Wohnzimmer ihre beiden Söhne, große, kräftige junge Männer, die mich mit allerlei Fragen bombardierten. Man musste kein Hellseher sein, um zu begreifen, dass sie nicht besonders begeistert waren, mich zu sehen.

Für einen Moment wurde ich aus meinen düsteren Gedanken gerissen, als ich Musik hörte. Ich drehte mich um, und da stand unser altes Familienradio mit seinem Gehäuse aus geschnitztem Holz. Auch dieser Diebstahl fuhr mir durchs Herz. Als ich mich weiter umschaute, fielen mir noch mehr persönliche Gegenstände ins Auge. Eine Welle aus Traurigkeit, Zorn und Misstrauen schlug über mir zusammen.

Mein Verdacht war durchaus berechtigt. Nach Aussage von Sally Bass, die von Lehrern vor Ort hinter einer falschen Wand vor den Deutschen versteckt wurde und so den Krieg überlebte, während ihre gesamte Familie in Belzec ermordet wurde, waren kurz vor mir, im Juni 1945, 15 weitere jüdische Überlebende nach Działoszyce zurückgekehrt, um ihre Häuser und ihren Besitz zurückzuverlangen. Sie begingen den tödlichen Fehler zu glauben, dass es sicherer wäre, zusammen in einem Haus zu bleiben, bevor sie einzeln loszogen, um ihre Rechte einzufordern. Polnische Stadtbewohner griffen das Haus jedoch an und töteten vier von ihnen. Überall im Land kam es zu ähnlichen Szenen. Neid, Ablehnung und dauerhafte Gewalt waren das Erbe des Krieges.

Einige von uns, darunter die Spielman-Brüder, hatten mehr Glück, zumindest was den materiellen Besitz anging. Ihre Eltern waren das Risiko eingegangen, ihnen zu sagen, wo sie vor dem Krieg die Familienschätze versteckt hatten. Während ihres Aufenthalts in Skawina bekamen sie einen antiken Kandelaber, einen Silberbecher und weitere Wertgegenstände zurück.

Doch letztlich bedeutete das alles nicht viel. Persönlicher Gewinn schien so hohl angesichts dessen, was wir zusammen durchgemacht hatten. Als die beiden in die USA emigrierten und sich in New York niederließen, verschenkten sie alles an den Bobover Rebbe, damit die jüdische Gemeinde von ihrem Erbe profitieren konnte. Eine schöne Geste.

Meine Erfahrung war eine andere, und deshalb war ich, wie so viele Überlebende, misstrauisch Fremden gegenüber. Einmal sprach mich ein polnisches Paar hinter ihrem Haustor an, als ich auf der anderen Straßenseite vorbeiging. Ich starrte die beiden an und wollte weitergehen. Sie schienen sich unwohl zu fühlen und schauten sich ständig um, doch dann fielen sie auf die Knie und bekreuzigten sich, als wollten sie mir bedeuten, dass sie nichts Böses im Schilde führten.

Ich hatte Angst und kannte sie nicht, beschloss dann aber aus einem Impuls heraus, ihnen zu vertrauen. Als ich näherkam, sprachen sie mich mit meinem polnischen Namen an und redeten dann schnell und leise weiter. »Wir haben gehört, dass du der einzige Überlebende bist, dass sonst niemand aus deiner Familie zurückgekommen ist«, sagten sie. »Wir wollen dir sagen, dass dein Vater und deine Mutter immer sehr gut zu uns waren. Wenn wir Hilfe brauchten oder etwas kaufen mussten, haben sie uns immer geholfen. Sie waren so gute Menschen. Und wer weiß? Vielleicht kommen sie ja doch noch zurück. Doch eins solltest du wissen: Wir haben gehört, dass du einige persönliche Gegenstände wiedererkannt hast, als du in eurer Wohnung warst. Wir wollen dich warnen, denn wir haben die Söhne belauscht, und sie führen etwas gegen dich im Schilde. Bitte, bitte sei vorsichtig.«

Ich sah die Sorge in ihren Augen und hörte sie in ihren Stimmen. Damit war die Sache entschieden. Ich war ein Ausgestoßener und in großer Gefahr. Ich musste fort. Und so wandte ich mich nach rechts, statt wie geplant nach links, um noch einmal zu unserer alten Wohnung zu gehen, und verschwand. Die Hausmeisterin, ihre Söhne oder dieses Paar habe ich nie wiedergesehen.

Was konnte ich tun? Ich war befreit, aber nicht frei, um Abraham Klausner zu zitieren, einen jüdischen Militärgeistlichen in der US-Armee, der kurz nach der Befreiung des Konzentrationslagers Dachau am 29. April 1945 dorthin kam. Er war einer der großen Helden der Nachkriegszeit, ein Rabbi, den der verzweifelte Wunsch der Überlebenden, ihre Familien zu finden, so bewegte, dass er sich ihre Sache zur Lebensaufgabe machte. Um ihnen bei ihrer Suche zu helfen, stellte er Listen von mehr als 30 000 Überlebenden zusammen und veröffentlichte sie.

Etwa zwei Drittel von uns mussten feststellen, dass wir die einzigen Überlebenden aus unseren Familien waren. Ich spürte mit großer Wucht das Paradox, ein Jude zu sein, denn die Tatsache, dass die Tore eines Lagers geöffnet oder seine Stacheldrahtzäune niedergerissen werden, bringt keine Erlösung. Ich musste lernen, mit dem zu leben, was ich gesehen hatte, und den Verlust ertragen. So blieb die große Frage, was das Schicksal mit mir vorhatte.

Auf die eine oder andere Art war es nur natürlich, den Krieg hinter sich zu lassen, indem man die Familie wiederaufbaute, die man verloren hatte. Viele jüngere Überlebende heirateten bald und bekamen Kinder. Die Geburtenrate in den Lagern für Displaced Persons von 1946 bis 1948 war die weltweit höchste, bis zu 700 Babys wurden in diesen Lagern jeden Monat geboren. Und die jüdische Gemeinschaft gründete Kliniken und Beratungsdienste für junge Mütter.

Ich konnte all das gut verstehen, denn Glück war ein Gefühl, das vielen ganz fremd geworden war. Doch ich war noch zu jung, um mich niederzulassen. Es wäre einfacher gewesen, die Erinnerungen wegzuschließen und sich auf häusliches Glück zu verlassen, wie es so viele taten, doch meine tiefe Sehnsucht trieb mich weiter. Ich wollte die Erinnerung an meine Familie ehren.

Und mir schien, dass ich dies am besten tun könnte, indem ich Nazis der Gerechtigkeit überantwortete. Meine Beteiligung an der Verhaftung von Julius Ludolf war natürlich ein wenig Glücksache gewesen, doch sie hatte mich in Verbindung mit den amerikanischen Behörden gebracht. Und ich hatte ja nichts zu verlieren, wenn ich in die Umgebung von Ebensee zurückkehrte und den Versuch unternahm, sie von meiner Nützlichkeit zu überzeugen.

Eine der Lektionen aus meinem Geschäftsleben lautet: Biete dem Kunden praktische Lösungen für seine Probleme an. Und ich stellte schnell fest, dass es echte Probleme in dem frisch eingerichteten DP-Lager Steinkogel in der amerikanischen Besatzungszone gab. Das Lager bestand aus vier hölzernen Baracken, in denen etwa 500 Juden und wesentlich mehr Polen lebten.

Es gab große Spannungen zwischen den beiden Gruppen, und die Juden waren aus verständlichen Gründen unzufrieden mit ihrer Vertretung in der Lagerverwaltung. Sie hatten das Gefühl, schon wieder diskriminiert zu werden, und die United Nations Relief and Rehabilitation Administration (UNRRA), eine Einrichtung der Vereinten Nationen, die sich um das Wohlergehen der Flüchtlinge und Überlebenden kümmerte, befürchtete mögliche Gewaltausbrüche.

Die Situation war so ernst, dass Rabbi Judah Nadich darauf aufmerksam wurde, der erste Berater in jüdischen Angelegenheiten bei General Dwight D. Eisenhower, dem Oberbefehlshaber der amerikanischen Streitkräfte in Europa. Über die UNRRA bot ich den Amerikanern Hilfe auf zwei Gebieten an: Verwaltung und Strafverfolgung.

Ich konnte gut Deutsch, lernte Englisch und kam auch auf Russisch einigermaßen zurecht, sodass ich mich bei der Übersetzung von Dokumenten und im Umgang mit den Behörden nützlich machen konnte. Als Überlebender verstand ich auch den Zorn der jüdischen Lagerinsassen. Von den Amerikanern brauchte ich lediglich die entsprechenden Befugnisse, damit ich helfen konnte, die Lage unter Kontrolle zu bringen.

Da sie wenig zu verlieren hatten, stimmten sie zu, gaben mir eine Uniform und eine Art Grundausbildung und setzten mich dann als Lagerpolizisten ein. Die Dinge entwickelten sich schnell – schließlich war ich vor gerade einmal drei Monaten noch ein verwildertes Geschöpf gewesen, das man soeben aus der Gefangenschaft befreit hatte. Und sie entwickelten sich zu meinen Gunsten. Ich bilde mir gern ein, dass ich mich ganz gut bewährte, indem ich die Lage unter Kontrolle hielt, während Rabbi Nadich die Verlegung der jüdischen Bewohner in ein eigenes DP-Lager organisierte, das sich in Bad Gastein befand, in den Bergen südlich von Salzburg.

Damit trat die nächste Stufe meines Plans in Kraft. Ich würde mich in ähnlicher Weise als Polizist in einem DP-Lager in Bad Ischl betätigen, einem weiteren Kurort östlich von Salzburg, doch jetzt ging es auch um mein persönliches Anliegen. Und so präsentierte ich den Amerikanern eine kurze Liste mit den Namen von SS-Männern, die mir in den Lagern besonderes Leid zugefügt hatten. Und zu meiner großen Überraschung stellten sie mir ihre eigene Liste mit bekannten Nazis zur Verfügung.

Dabei zeigten sich einige Überschneidungen. In anderen Fällen konnte ich mühelos Informationen beisteuern. Wir hatten das gemeinsame Ziel, die schlimmsten und führenden SS-Leute zu finden, und wir wussten, dass uns die Zeit davonlief, denn sie waren bereits in alle Winde zerstreut. Ich hatte das bestialische Verhalten dieser Männer miterlebt. Ich kannte ihre Gesichter, ihre Stimmen, ihre Angewohnheiten, ihre Geschichte und ihre Verbrechen. Und ich wollte nur allzu gern dazu beitragen, sie vor Gericht zu stellen.

Ich muss überzeugend geklungen haben, denn die Amerikaner stellten mir ein Motorrad zur Verfügung, mit dem ich durch Österreich und Deutschland fahren konnte. Sie schlossen mich in ihre Operationen ein und sagten mir die Zusammenarbeit der lokalen Polizei zu. Und ich bekam eine neue Uniform, die eines Militärpolizisten. Ein kleiner Kerl mit einer großen weißen Mütze, das war ich.

Und ganz oben auf meiner Liste stand ein Mann.

Amon Göth.

KAPITEL 12

DER ANFANG VOM ENDE

Aussage des vereidigten Zeugen Josef Lewkowicz

Vor mir, CHARLES B. DEIBEL, 1st LT.MAC, autorisiert zur Abnahme von Eiden, erschien heute JOSEF LEWKOWICZ, der, nachdem er vor mir ordnungsgemäß seinen Eid in DEUTSCHER Sprache geleistet hatte, eigenhändig die folgende Aussage verfasste und unterschrieb.

Ich, der ehemalige Häftling Nr. 85314 Josef LEWKOWICZ, geboren am 15. März 1928 in Krakau, Polen, wurde 1940 verhaftet, da ich Jude bin. Ich wurde in das Zwangsarbeitslager Liszki nahe Krakau geschickt und blieb dort etwa ein Jahr lang. Dann wurden sämtliche Außenlager in der Umgebung von Krakau eines Tages aufgelöst. Ich wurde in das Lager Krakau-Płaszów gebracht. Es war nicht so gut wie das Außenlager Liszki. Zu dieser Zeit war SS-Oberscharführer Müller Lagerleiter, SS-Hauptscharführer Strojewski war sein Stellvertreter. Sie schlugen die Häftlinge und zwangen sie zur Arbeit.

1942 kam ein neuer Lagerkommandant. Als er ins Lager kam, stellte er sich als derjenige vor, der alle Juden in Lublin, Polen, getötet habe. Sein Name war Amon Göth, SS-Untersturmführer. Sofort fing er an, schreckliche Dinge im Lager anzuordnen. Er zwang die Häftlinge mit der Peitsche zur Arbeit, er ließ die Häftlinge bei der Arbeit im Lager von SS-Leuten bewachen, und alle mussten mit den Schubkarren, die mit Sand gefüllt waren, rennen oder Steine im Sturmschritt schleppen.

Die SS-Leute waren sehr große Mörder. Auf Befehl des Kommandanten mussten sie alle Häftlinge erschießen, die nicht fleißig arbeiteten, und das taten sie. Die Namen der SS-Leute im Lager, die als größte Schläger und Mörder bekannt waren, lauten: SS-Oberschütze GROSS, die SS-Rottenführer KUMKE und WILLY sowie die Oberscharführer STROJEWSKI und CHUJAR.

Kommandant Göth führte sofort eine Selektion von Kranken und Alten im Lager durch, die keine harte Arbeit mehr verrichten konnten, sowie sämtlicher Kinder bis 13 Jahre. Sie alle wurden von Göth und seinen Offizieren sowie Unteroffizieren erschossen und in großen Massengräbern beerdigt. Danach inspizierte Göth das Lager. Wenn er durch das Lager ging, kostete das manchmal 100 Männer das Leben, die von Göth persönlich mit der Pistole erschossen wurden.

Göth ließ Werkstätten im Lager errichten. Die Facharbeiter unter den Häftlingen arbeiteten in diesen Werkstätten. Die Werkstätten arbeiteten im Auftrag der DAW (Deutsche Ausrüstungswerke). Göth lief mit seinen beiden Hunden herum, 1) »Rolf«, 2) »Rex«. Sie waren genauso gefährlich wie er. Einmal erwischte er einen Häftling, der eine Zigarette rauchte, und sagte zu ihm: »Du Saujude, du sollst arbeiten und nicht rauchen. Ihr habt den Krieg angezettelt, ihr verfluchten Hunde!« Und dann holte er ihn aus der Werkstatt und erschoss ihn.

Während der Arbeitszeit war es nicht erlaubt, zur Toilette zu gehen. Wenn GÖTH einen Häftling dabei erwischte, erschoss er ihn in der Toilette.

In dem Jahr, in dem die Verlegung von Juden aus dem Krakauer Ghetto ins Konzentrationslager Krakau-Płaszów begann, führte Göth die Selektionen durch. Er gab den Befehl heraus, dass er keine Kinder und keine alten Leute im Lager sehen wollte, ebenso keine Kranken und keine Leute, die nicht arbeitsfähig waren. Auf Befehl von SS-Obergruppenführer KRIEGER und SS-Gruppenführer SCHERMER wurden alle, die nicht arbeitsfähig waren, ins Ghetto B gebracht, die Arbeitsfähigen ins Ghetto A. Sie wurden vom Ghetto A aus zu ihren Arbeitsstellen gebracht.

Viele Menschen wurden mit Lastwagen aus dem Ghetto B gefahren, und man weiß bis heute nicht, wohin sie gebracht wurden. Alle anderen wurden ins Lager gebracht, nicht als Arbeiter, sondern zur Vernichtung. Sie wurden mit Lastwagen ins Lager gefahren, wo bereits große Massengräber ausgehoben worden waren. Dann wurden sie in Zehnergruppen geholt und mit Maschinenpistolen von GÖTH, GLASER, JANIEK, STROJEWSKI und anderen erschossen.

Dann wurden die Kinder aus dem Ghetto B gebracht. Sie wurden lebendig in die Massengräber geworfen und dann mit Maschinenpistolen erschossen. GÖTH führte die Selektion durch. Die Erde bewegte sich noch, weil nicht alle Kinder tot waren. Auch der Lagerarzt SS-Hauptsturmführer BLANCKE nahm an den meisten Selektionen teil. Ich selbst musste die Massengräber mit Erde auffüllen. Nach vielen Tagen bewegte sich die Erde immer noch, weil nicht alle Kinder, die in der Grube lagen, erschossen worden waren. Die Kinder waren ein halbes oder ein Jahr alt, sie waren alle so klein.

Einer meiner Bekannten unternahm eines Tages einen Fluchtversuch. Nach ein paar Tagen wurde er gefasst und ins Lager gebracht. GÖTH gab den Befehl, ihn auf dem Appellplatz zu hängen, und alle Häftlinge mussten dabei zusehen.

Der nächste Fall, den ich selbst miterlebt habe, betraf zwei jüdische Mädchen, die ebenfalls bei einem Fluchtversuch gefasst worden waren. GÖTH gab Befehl, sie auf dem Appellplatz zu hängen. Die Lagerinsassen mussten zusehen. Zwei Mal riss das

Seil am Galgen. Sie wurden erneut aufgehängt und dann von GÖTH erschossen. Ich weiß auch von einem Fall, wo er einen Häftling hängen ließ, weil dieser ein russisches Lied gesungen hatte.

GÖTH raubte den Häftlingen die letzten Chancen auf Rettung, aber auch Gold, Brillanten, goldene und andere Uhren, Geld in verschiedenen Währungen, alles, was die Häftlinge besaßen, sodass sich niemand ein Stück Brot kaufen konnte, wenn er zur Arbeit in der Stadt war.

Bei einer weiteren Gelegenheit war ich Augenzeuge: Göth kam am Morgen auf den Appellplatz, ging auf einen jungen Mann zu und sagte: »Warum schaust du mich so böse an?« Dann nahm er seine Pistole, schlug ihn bewusstlos und erschoss ihn. Der Name des Mannes war Szlama SPIELMAN. Zwei seiner Brüder leben in Bad Ischl und können diese Aussage unter Eid bestätigen.

GÖTH nahm auch an Selektionen in Tarnow und Bochnia teil. Ich kenne einen Herrn Izak GRÜNBERG, dessen Frau und zwei Kinder er erschossen hat.

In einem weiteren Fall erschoss er die Schwester von Chaim LOHAJ mitsamt ihrem Kind mit einer Kugel. Er sagte dazu: »Für eine Jüdin ist jede Kugel eine zu viel.« Die Mutter musste ihr Kind an die Brust nehmen, und dann wurden sie beide mit einer Kugel erschossen.

Ein Häftling namens OLMER wurde von GÖTHs zwei Hunden zerfleischt. Danach erschoss ihn GÖTH, ließ den Toten auf der Straße liegen und ging weiter. Wenig später erschoss er einen Häftling, weil dieser vor ihm nicht die Mütze abgenommen hatte.

Nach dem Ende ihres Arbeitstages mussten die Häftlinge nachts im Steinbruch weiterarbeiten. Der Steinbruch lag auf dem Lagergelände und diente dem Straßenbau im Lager. Leiter des Steinbruchs war SS-Untersturmführer SCHEIDT. Wie er Häftlinge tötete und erschoss! Mich hat er mit seiner Pistole auf den

Kopf geschlagen und wollte mich erschießen, weil ich nicht die Kraft hatte, fleißig zu arbeiten. Aber dann ging er rasch zu einem anderen Häftling, der ebenfalls nicht schnell genug arbeitete, erschoss ihn und vergaß mich.

Alles, was ich hier aufgeschrieben habe, ist die volle Wahrheit, die ich mit meinem Eid bekräftigen kann. Die Personen, die das Ganze überlebt haben, sind:

GRÜNBERG, Izak, wohnhaft in Bad Ischl, Hotel Goldenes Kreuz

BREUER, Simcha, wohnhaft ebendort

LOHAJ, Chaim, wohnhaft in Linz, Jüdisches Lager Bindermichl

SPIELMAN, Jakob, wohnhaft in Bad Ischl, Hotel Goldenes Kreuz

Ich kann unter Eid bekräftigen, dass er meine gesamte Familie im Ghetto und in Krakau-Płaszów ermordet hat. GÖTH war einer der schlimmsten Sadisten im Lager. Alles, was ich hier aufgeschrieben habe, sah ich mit eigenen Augen.

Gezeichnet: LEWKOWICZ, Josef, geboren in Polen, jetzt wohnhaft in Bad Ischl, Hotel Goldenes Kreuz.

Diese Aussage wurde von mir auf vier Seiten handschriftlich verfasst, und zwar in Dachau, Deutschland, am 6. April 1946, 11 Uhr, freiwillig und ohne Zwang. Ich schwöre bei Gott dem Allmächtigen, dass ich nichts als die reine Wahrheit spreche, dass ich nichts verschwiegen und auch nichts hinzugefügt habe.

Unterschrieben und beeidet vor mir in Dachau, Deutschland, am sechsten Tag des April 1946.

CHARLES B DEIBEL, 1st Lt. M. A. C. Investigating Officer.

*

Es hat Augenblicke in meinem Leben gegeben, da schien die Zeit stillzustehen. Einen solchen Augenblick habe ich in meiner Wohnung in Jerusalem an einem heißen Nachmittag Anfang Juni 2022 erlebt, als ich mich über den Esstisch beugte, um auf dem Bildschirm eines kleinen Laptops eine Archivkopie dieses maschinengeschriebenen Dokuments zu sehen.

Als Michael, mein Co-Autor bei diesem Buch, mir meine eigene Aussage vorlas, musste ich starke Gefühle und schreckliche Bilder niederkämpfen. Ich erinnerte mich daran, wie ich diese Aussage gemacht hatte, kurz nachdem ich Göth gefunden hatte, der sich im Dreck eines Kriegsgefangenenlagers in Dachau herumdrückte. Es war das erste Mal seit 76 Jahren, dass ich das Dokument sah.

Die armen kleinen Kinder. Die Tragödie dieser Frau. Diese entsetzlichen Szenen. Und dieses Ungeheuer, das versuchte, als gesichtsloser, namenloser Wehrmachtssoldat durchzugehen, als ich ihn aufspürte. All das war in der Zeit eingefroren, eine verstörende Form von Unsterblichkeit. Nie zuvor hatte ich mich enger mit diesem jungen Mann verbunden und gleichzeitig von ihm entfernt gefühlt, diesem jungen Mann, der ich war und der viel zu viel gesehen hatte. Doch ich fühlte mich verpflichtet, seine Erfahrungen im Namen der Gerechtigkeit nach außen zu tragen.

Das Dokument stellt die erste formelle Zeugenaussage gegen Göth dar, es ist frankiert und gestempelt, doch für mich liegt der Nachweis seiner Echtheit in den Ungenauigkeiten, die es enthält. Deshalb habe ich es im vollen Wortlaut und ohne Korrekturen wiedergegeben. Es zeigt ganz deutlich, wie sehr ich von den Nachwirkungen des Krieges gezeichnet war und wie sehr Trauma die Erfahrungen verzerren kann, ohne die grundlegende Wahrheit zu verändern.

Einige Irrtümer, darunter mein Geburtsjahr, das mit 1928 statt 1926 wiedergegeben wird, sind Ergebnisse von Übersetzungsfehlern. Das genaue Datum, der 15. März, war ohnehin eine Erfindung von mir. Andere Ungenauigkeiten sind auf meine eigene Verwirrung zurückzuführen. Die Zeit verlor in der Gefangenschaft ihre feste Form, die Tage verschwammen ineinander, und der Kalender büßte seine Bedeutung ein. Ich vermute, die Verhaftung, von der ich spreche, »weil ich Jude bin«, bezog sich eher allgemein auf die Einschränkungen durch die Besatzung als auf einen spezifischen Fall von Partisanentätigkeit, so wie meine Mithilfe beim Sprengen der Brücke in Działoszyce.

Und ich habe ganz klar meine Zeit in Liszki überschätzt. Ich bin nicht vollkommen. Mein Gedächtnis ist zuweilen extrem genau, aber es ist nicht fotografisch. Ich brauche die Hilfe von Einzelpersonen und Institutionen, die auf ihrem eigenen Gebiet außerordentlich qualifiziert sind, um mein Leben und meine Erfahrungen in die richtige Perspektive zu rücken.

Sehr viele Puzzleteile in Bezug auf das Leben und den Tod von Amon Göth wurden von Jonathan Kalmus zusammengetragen, einem Journalisten und Filmemacher, der in London lebt und zusammen mit Rabbi Naftali Schiff für die Organisation JRoots arbeitet. Seine genauen, jahrelangen Recherchen waren bemerkenswert und helfen, zusammen mit meinen eigenen Erinnerungen, einige der Rätsel um den berüchtigten Mörder aufzuklären.

Göth wurde am 13. September 1944 zunächst von der SS verhaftet, vor allem wegen der Unterschlagung jüdischen Vermögens in Millionenhöhe. Sein Verbrechen bestand darin, dass er alles für sich behielt und nicht dem deutschen Staat übergab, dem es nach den Gesetzen der Nazis gehörte. Es hieß hier und da, er habe an einer Geisteskrankheit gelitten und sei in ein Sanatorium in Bad Tölz gebracht worden.

Die Ermittlungen gegen ihn wurden aber nie abgeschlossen, weil die Niederlage bevorstand. Erst 1946, im Zuge der Vorbereitungen für den Kriegsverbrecherprozess in Polen, wurden sie von der deutschen Polizei offiziell eingestellt. Göth behauptete, er sei im April 1945 freigelassen worden, um sich einem Flugabwehrbataillon im Münchner Vorort Freimann anzuschließen. Doch dann sei er am 4. Mai um 15 Uhr von der 7. US-Armee gefangen genommen worden, vermutlich aufgrund des Hinweises eines Informanten. Am Tag darauf sei er ins Internierungslager Nr. 71 in Ludwigsburg überstellt worden. US-Sonderermittler O. J. Paquette jr. bezeichnete ihn dort als Bauern.

Diese Aussagen muss man geraderücken. Es war eine ungeheure Aufgabe, Kriegsverbrecher zu finden, sie festzuhalten und ihre Identität wie auch ihre Taten zu bestätigen. Viele von ihnen entgingen der Verfolgung und wurden irrtümlich entlassen, einfach weil die Amerikaner so viele Nazis gefangen genommen hatten. Es gibt Berichte darüber, dass sie freigelassen wurden oder die riesigen Kriegsgefangenenlager der Amerikaner einfach verließen, bevor die Ermittler überhaupt begriffen hatten, wie wichtig diese Leute waren.

Wenn man Generationen später nach der Wahrheit sucht, muss man unterschiedliche, manchmal widersprüchliche oder voneinander abweichende Dokumente in Einklang bringen. Göth hatte eine SS-Kennkarte bei sich, und im Bericht über seine erste Verhaftung steht, er habe zugegeben, Hauptsturmführer der Waffen-SS und Direktor von »Plaschow-Krakow« gewesen zu sein. Der Dienstgrad war unter Lagerkommandanten üblich, doch abgesehen davon, dass man seinen Haftgrund mit »SS Dachau – Kriegsverbrechen« angab, hatten die Amerikaner anscheinend keine Ahnung, wen sie da vor sich hatten.

Die Haftpapiere im Zusammenhang mit diesen Kriegsverbrecherprozessen waren anders, handgeschrieben und wenig detailliert. Das lässt vermuten, dass Informationen über ihn entweder irrtümlich weggelassen wurden, verloren gingen oder missverstanden wurden. Ein Dokument vom 8. Mai, in dem von seiner

Verhaftung in Dachau die Rede war, eine Stunde entfernt von Bad Tölz, mag ein Ablenkungsmanöver sein.

Die Tatsache, dass der Geheimdienst der US-Armee (Counter Intelligence Corps, CIC) fast drei Wochen brauchte, um den Fall Göth weiterzuverfolgen (ein CIC-Stempel auf den Dokumenten gibt das Empfangsdatum mit 24.5.45 an), lässt auch nicht auf besondere Dringlichkeit schließen. In den Akten taucht er erst am 29. August wieder auf. An diesem Tag wurde er vom US-Militär fotografiert, vermutlich in Ludwigsburg nördlich von Stuttgart. Am 10. Oktober kam er in das dortige Internierungslager 78.

Diese Akten deuten auf eine massive, tief verborgene Ironie hin. Tatsächlich retteten Ärzte der US-Armee Göth im August das Leben, als sie ihn im Lazarett des Lagers Ludwigsburg wegen Typhus behandelten und gegen Fleckfieber impften.

In einem Brief an seine Geliebte, Ruth Kalder, vom 17. Dezember, den der angesehene österreichische Historiker und Autor Johannes Sachslehner entdeckt hat, schrieb er, er hoffe, sie in einigen Monaten wiederzusehen. Und er bat sie, ihm jeden Monat ein Paket zu schicken: Er brauche Unterwäsche, Socken, Taschentücher, einen Rasierpinsel, Bleistift und Hefte sowie Zigarettenpapier. Und wenn es seinem Vater möglich sei, möge er auch Lebensmittel und etwas Tabak beisteuern. Der Brief war mit seinem Kosenamen »Mony« unterschrieben.

Am 21. Januar 1946, als die US-Behörden den Antrag stellten, Göth in Ludwigsburg zu behalten, zeigte sich immer deutlicher, dass es ihm irgendwie gelungen war, unter ihrem Radar zu bleiben. In dem entsprechenden Antrag wird er als Mitglied des Stabes von General Friedrich-Wilhelm Krüger bezeichnet, einer der Schlüsselfiguren des Völkermordes in Polen, und als Verbindungsmann zum SS-Wirtschafts- und Verwaltungshauptamt, unter dessen Aufsicht Płaszów seit seiner Einstufung als Konzentrationslager stand. Er wurde lose mit Ereignissen in Krakau in

Verbindung gebracht, doch niemand führte all diese Informationen zusammen. Eine nicht datierte Anfrage von Oberst Marian Muszkat, dem Verbindungsmann der polnischen Regierung im Zusammenhang mit der Verfolgung von Kriegsverbrechern, bittet die Amerikaner, nach Göth Ausschau zu halten. Der Eindruck verstärkt sich, dass Göth nur zu leicht durch die Maschen des Nachkriegssystems hätte schlüpfen können.

Währenddessen tat ich Spuren auf, ging diesen nach und arbeitete mich methodisch durch die wahrscheinlichsten Zufluchtsorte für jemanden mit seinem militärischen Status. Ich lebte mittlerweile im DP-Lager Bad Ischl, von wo aus ich mit meinem Motorrad unterwegs war, wenn ich allein arbeitete, oder im Jeep, wenn ich mit zwei oder drei US-Ermittlern zusammenarbeitete.

Die Transportmöglichkeiten waren der Schlüssel zu allen, denn ich musste große Entfernungen überbrücken, und so griff ich zu einer faustdicken Notlüge, als mir die Amerikaner einen Jeep für mich allein anboten und ganz nebenbei fragten, ob ich denn wohl fahren könne: Ich bejahte, ohne zu zögern. Das stimmte nicht ganz. Ich wusste zwar aufgrund meiner Beobachtungen als Beifahrer, wie man schaltete und wo sich das Gaspedal befand, doch ich hatte noch nie hinter dem Steuer gesessen.

Langer Rede kurzer Sinn: Ich geriet in Panik, fand die Bremse nicht rechtzeitig und fuhr in ein Haus, das an einer Straßengabelung stand. Meine drei Passagiere kamen mit dem Schrecken davon. Ich meldete einen »Unfall« mit so wenigen Details wie möglich und konnte bald darauf weiterfahren, um das Bild der Persönlichkeit, Gewohnheiten und Verbindungen unserer Gesuchten weiter zu vervollständigen.

Es war ein mühsames Geschäft. Die Familien logen uns in der Regel an, und wir mussten hoffen, dass wenigstens die scheinbar harmlosen Fragen nach der Einheit, in der der Verdächtige gedient hatte, und nach seinen Vorgesetzten korrekt beantwortet wurden und Früchte trugen. Ansonsten waren wir auf einen der niedersten menschlichen Instinkte angewiesen: den Neid.

Die SS hatte sich jede Menge Feinde gemacht, weil ihr während des Krieges alles im Überfluss zur Verfügung stand, während die Zivilbevölkerung unter einem Mangel an Lebensmitteln und anderen wichtigen Gütern litt. Auf unseren Fahrten durch zerstörte Dörfer und Städte, bei unserer Suche nach potenziellen Feinden unserer Gesuchten außerhalb ihrer nächsten Familie, tauchte immer wieder dasselbe Muster an Klagen auf: Die hatten alles, wir hatten nichts.

Das wurde nicht laut oder offen gesagt, aber die Menschen waren verbittert, weil man ihnen so viele Härten auferlegt hatte. Ihr Leben war hart, und einige zeigten sich durchaus bereit, Tratsch über ihre Nachbarn weiterzugeben. Dabei kamen kaum irgendwelche Sensationen zum Vorschein, aber für uns war ja jedes Bröckchen an Wissen wichtig. Als wir die Details über einzelne Soldaten und Nazi-Einheiten zusammenfügten und mit den Berichten über Kampfhandlungen in Verbindung brachten, begriffen wir allmählich, dass es sich lohnen würde, in den großen Gefangenenlagern zu suchen.

Ein jiddisches Sprichwort nennt das *getapt in de finster*, »im Dunkeln tappen«, die Suche nach etwas Unbestimmten. Wir hatten durchaus das Gefühl, dass uns ein wichtiger Durchbruch bevorstand, aber wir hatten keine klare Vorstellung, wann und wo das sein würde. Die schieren Dimensionen unserer Suche schüchterten uns ein und bremsten jeden Fortschritt.

Inzwischen wurde Berichten zufolge Göth Anfang Februar 1946 nach Dachau verlegt. Dort gab er am 20. Februar um 16 Uhr eine eidesstattliche Erklärung ab, in der er seinen Nazi-Hintergrund seit 1930 bestätigte und auch zugab, im März 1943 als Kommandant nach Płaszów gekommen zu sein, das er als Versorgungslager für die Truppen im Osten bezeichnete.

Wieder gefror mir das Blut in den Adern, als Michael mir diese Erklärung vorlas. Göth bestand in seinem typischen kurz angebundenen, selbstgerechten Ton darauf, die Baracken im Lager seien mit Möbeln ausgestattet gewesen und die Versorgung sei gut gewesen, angemessen für die Art der Arbeit, etwas weniger gut zu Anfang. Durch eine großzügige Handhabung der Einstufung als Schwerarbeiter usw. seien aber bald Verbesserungen möglich gewesen. Pro Woche hätten für jeden Häftling sechs Kilogramm Kartoffeln, 25 Kilogramm Gemüse, 300 Gramm Fleisch, etwa 120 Gramm Fett, dazu Graupen, Getreideflocken, Marmelade und pro Tag ein Viertel Laib Brot zur Verfügung gestanden. Statt Fleisch konnten auch Eier oder Käse ausgegeben werden. Das Lager sei mit einer großen Küche ausgestattet gewesen, es habe fünf Krankenbaracken und ein großes Bad mit Entlausungsstation gegeben, sodass keine Epidemien auftraten.

Das alles war natürlich eine obszöne Fantasie.

Weiterhin gab er an, es habe einige wenige Hinrichtungen wegen Kontakten mit Partisanengruppen oder aufgrund von Sabotage oder Diebstahl von Armeeeigentum gegeben, ebenso einige Erschießungen wegen unerlaubten Besitzes von Waffen, Sprengstoff oder Munition. Dies sei durch das Kriegsrecht gedeckt gewesen. Im Übrigen habe es im Lager prinzipiell nur Erschießungskommandos gegeben, um Strafen gegen Soldaten zu vollstrecken. Die Gestapo habe öfter die Leichen von Hingerichteten gebracht, die bestattet werden sollten, oder Häftlinge, die hingerichtet werden sollten. Dies sei aber von der Gestapo selbst erledigt worden. Er habe nicht erfahren, um welche Personen es sich dabei handelte, aber es sei anzunehmen, dass es Partisanen waren.

In einigen jüngst freigegebenen US-Dokumenten findet sich eine kurze Notiz eines Ermittlers, in der es heißt: »Der Verdächtige log ständig während seiner Befragung und könnte einige

Tatsachen verschweigen.« Doch auch er entschied sich dafür, Göths informelle Behauptung zu betonen, er sei von der SS verhaftet worden, weil er sich weigerte, Juden zu erschießen, anstatt nachzubohren, um herauszufinden, was der Deutsche verschwieg.

Es liegt auf der Hand, dass die Amerikaner überzeugende Beweise gegen ihn hatten, sonst hätte er kaum freiwillig zugegeben, dass er Kommandant gewesen war. Doch am 5. März, als die 7. US-Armee die verbleibenden deutschen Häftlinge aus Dachau verlegte, heißt es in einem Geheimdienstbericht über Göths Verbrechen, sein Verbleib sei »unbekannt, vermutlich flüchtig«.

Die meisten Deutschen in den Kriegsgefangenenlagern trugen noch ihre Uniformen, wenn auch ohne Rangabzeichen. Einige besaßen auch Zivilkleidung. Ihr Hochmut war verschwunden, als sie ihre Freiheit verloren hatten. Mit dem mürrischen, niedergeschlagenen Blick von Häftlingen hockten sie auf dem Boden. Ich muss zugeben, es war sehr befriedigend, sie so verhärmt und verloren zu sehen. So viel zum Thema Herrenmenschen.

Das Lager Dachau, wo etwa 30 000 Deutsche untergebracht waren, schien für uns der Ort der Wahl, um unsere Suche fortzusetzen, doch die schiere Größe des Komplexes, die Verbindung mit den Schrecken des ehemaligen Konzentrationslagers und die riesige Zahl von Häftlingen schüchterten uns ein. Trotzdem mussten wir rational denken, statt unseren Gefühlen freien Lauf zu lassen, und weitermachen.

Mehr oder weniger nach dem Zufallsprinzip befragten wir Einzelne, wo sie gedient hatten, ob ihre gesamte Einheit in Gefangenschaft geraten war und ob sich Offiziere unter den einfachen Soldaten im Lager befanden. Wenn ja, forderte ich sie auf, mir die Offiziere zu zeigen. Weiterhin fragten wir, ob es irgendwelche Fremden gebe, die versucht hätten, sich ihrer Gruppe anzuschließen.

Unser Ziel bestand darin, SS-Männer zu finden, die als Aufseher und Verfolger in den Lagern tätig gewesen waren. Wir notierten den Namen und Dienstgrad jedes Befragten und überprüften sie anhand der Unterlagen unserer Kollegen beim CIC, der mit dem JAG War Crimes Corps zusammenarbeitete. Es war eine langsame, zielgerichtete Arbeit auf der Grundlage unseres sicheren Wissens, dass jeder, der mit der SS zu tun gehabt hatte, versuchen würde, uns die Hucke vollzulügen.

Es gab einen einfachen Test: Wir mussten sie nur auffordern, ihr Hemd auszuziehen. Die Tätowierung mit der Blutgruppe, die alle Mitglieder der Waffen-SS trugen, war in kleiner schwarzer Schrift unter dem linken Arm eingestochen. Ursprünglich als Mittel gedacht, jemandem das Leben zu retten, wenn er nach Kampfhandlungen medizinisch versorgt werden musste, erwies sich dieses kleine Merkmal als sicherster Hinweis auf den Hintergrund des Gefangenen.

Jeder SS-Freiwillige in Dachau wurde automatisch als Kriegsverbrecher betrachtet und unterlag nicht der Genfer Konvention für Kriegsgefangene, da die SS von den Alliierten bereits vor Beginn der Nachkriegsprozesse als kriminelle Vereinigung eingestuft wurde. Ähnliche Kriterien galten für alle Mitglieder der NSDAP und alle, die eine offizielle Stelle innerhalb der Partei gehabt hatten.

Dahinter stand die Vorstellung der Alliierten von der Teilnahme an einem »gemeinsamen Plan«, wie sie in Artikel II, Paragraf 2 des Gesetzes Nr. 10 niedergelegt ist. Die Deutschen mochten nicht selbst irgendwelche Gräuel begangen haben, doch sie galten automatisch als schuldig, weil sie Mitglieder der jeweiligen Organisation gewesen waren, und hatten deshalb nicht das Recht, als Kriegsgefangene im herkömmlichen Sinne behandelt zu werden.

Natürlich waren nicht alle rücksichtslose Mörder. Es lag in

unserer Verantwortung, die Last der Wahrheit zu tragen und jene zu identifizieren, die besonders schlimme Verbrechen begangen hatten. Doch so gern ich sie finden wollte – es war nicht einfach. Wir schufteten weiter und befragten unzählige einfache Wehrmachtssoldaten, um den Druck auf diejenigen zu erhöhen, die wir identifiziert hatten.

Einige trugen das SS-Abzeichen an anderen Stellen, so auf der Rückseite des Arms oder an der Brust, doch alle reagierten äußerst reserviert auf unsere Fragen, die darauf abzielten, ein Muster ihrer Bewegungen während des Krieges festzustellen. Sobald wir wussten, wo sie gewesen waren, konnten wir uns auch vorstellen, was sie getan hatten. Ich glaubte ihnen nicht, wenn sie abstritten, zu einer bestimmten Zeit an einem bestimmten Ort gewesen zu sein. Zu offensichtlich waren ihre Bemühungen, sich nicht selbst zu belasten.

Letztlich folgten wir den üblichen Verhörregeln: Frag immer wieder dasselbe und achte auf Unstimmigkeiten. Manche Personen befragte ich alle drei bis vier Tage, dann gab es jedes Mal das Ritual, ihre Funktionen festzustellen und nachzufragen, an welcher Front oder welchem Frontabschnitt sie gedient hatten. Ihre Erklärungen unterschieden sich minimal, sodass sie jedes Mal etwas mehr enthüllten, als sie wollten.

Aus der Nähe betrachtet, wurde mir klar, was für ein paradoxes Leben diese Männer geführt haben mussten. Sicher liebten sie ihre Frauen und Kinder, doch während ihrer »Arbeit« gaben sie jede Menschlichkeit auf. Ich fragte mich, wie sie selbst damit leben konnten, doch wer außer dem Allmächtigen kann in die dunkelsten Winkel einer menschlichen Seele blicken?

Wie jeder Polizist, der ein Verbrechen aufklären will, brauchte ich auch ein Quäntchen Glück, das meine Hartnäckigkeit belohnte. Nach etwa drei Wochen in Dachau nahm ich mir eine weitere Gruppe von Wehrmachtssoldaten vor. Einer von ihnen, den seine Männer als Offizier identifiziert hatten, zeigte sich bereit, mit mir zusammenzuarbeiten.

»Sind alle Ihre Soldaten hier?«, fragte ich ihn.

»Die meisten, aber nicht alle«, erwiderte er.

»Gibt es Fremde hier, die nicht zu Ihrer Gruppe, Ihrem Bataillon oder Ihrer Division gehören? Irgendjemand, den Sie nicht kennen?«

»Da ist einer, ein Fremder, der nichts mit uns zu tun hatte. Wir kennen ihn nicht.«

»Wo ist er?«

»Da drüben.«

Er zeigte auf eine gebeugte, recht erbärmliche Gestalt, die wie ein Bettler auf dem Boden kauerte, etwa 20 Schritte von uns entfernt. Als ich mich dem Mann näherte, stieß ich einen Schrei aus und rannte auf ihn zu. Er trug eine schäbige Wehrmachtsuniform, die ihm viel zu klein war, und versuchte, nicht zu reagieren. Doch ich hätte ihn überall erkannt.

Es war Amon Göth.

Er war hager und abgemagert, doch ich hätte sein grausames Gesicht immer wiedererkannt. Es war das Letzte, was viele Menschen in Płaszów sahen, bevor ihr Leben endete. Ich kochte vor Zorn, verlor die Kontrolle, trat und schlug ihn in einem Anfall von Wut. Ich schrie: »Steh auf, du Sauhund! Sauhund, verfluchter Scheiß!«

Das tat er dann auch, doch er schien nicht zu wissen, wer ich war. Das war verständlich, denn der Militärpolizist, der ihm da ins Gesicht spuckte, trug einen weißen Helm und war wohlgenährt. Das letzte Mal, dass wir eng miteinander zu tun gehabt hatten, war ich nur eines von vielen ausgezehrten Opfern seiner Brutalität gewesen, unwürdig des individuellen Erkennens. Er musste mich nicht kennen. Vermutlich widerte ich ihn an.

Doch die Lage hatte sich verändert. Er war nicht mehr Herr

über Leben und Tod. Ich brüllte ihn an: »Du wirst dafür bezahlen, unschuldiges Blut zu vergießen! Warum hast du das getan?« Ich war so wütend, dass ich mit allem herausplatzte, was mir durch den Sinn ging: »Du warst bereit, mich zu ermorden.«

Er versuchte, sich vor meinen Tritten und Schlägen zu schützen, sagte aber kein einziges Wort. Es war, als wäre er auf einen solchen Moment vorbereitet gewesen. Hätte er auf mich reagiert, dann hätte er damit anerkannt, dass ich seiner Aufmerksamkeit würdig war, fast als wäre ich ihm ebenbürtig. Das Ungeheuer war eingefangen und stand mit dem Rücken zur Wand, doch es lebte noch.

Ja, ich weiß, dass ich vor wenigen Seiten darüber gesprochen habe, rational bleiben zu müssen und den Gefühlen nicht freien Lauf zu lassen. Doch was hätten Sie in meiner Lage getan?

Die beiden CIC-Männer, die mich begleiteten, versuchten gar nicht erst, mich zurückzuhalten, doch man sah ihnen den Schock in ihren Gesichtern an. Ich versuchte zu erklären, wer Göth war und was er getan hatte, doch was ich sagte, ergab wahrscheinlich nicht viel Sinn. Ein letzter Rest von logischem Denken zeigte sich in meiner inneren Entschlossenheit, ihn nicht zu töten. Das hätte ich leicht und mit Vergnügen tun können, doch ich fand, wenn ich ihn jetzt verschonte und ihn mit seinem Schicksal konfrontierte, würde er umso länger leiden.

Nachdem ich meine Entdeckung an den US-Kommandanten in Dachau, einen Major, wenn ich mich recht erinnere, übermittelt hatte, wurde Göth in Einzelhaft genommen. Ich ging allein in seine Zelle und saß neben ihm auf einer niedrigen Bank. Auch diesmal verlor ich die Beherrschung. Ich wollte wissen, warum er so gewalttätig, bösartig und gefühllos war. Ich forderte ihn auf, mir zu erklären, was ihn zu dem Sadisten gemacht hatte, der er war.

Am Ende hielt ich eine kurze, leidenschaftliche Rede auf

Deutsch: »Wenn du ein netter Mensch gewesen wärst, wärst du weltberühmt. Du wärst ein Held. Die ganze Welt würde über dich reden und schreiben. Du wärst Multimillionär. Die Leute würden dir alles geben. Aber du warst ein Biest, und du wirst dafür mit deinem Leben bezahlen.«

Doch ich hätte ebenso gut mit der steinernen Mauer seiner Zelle reden können. Auch diesmal kam kein Wort von ihm zurück.

Der CIC war ungehalten darüber, dass ich einen Gefangenen tätlich angegriffen hatte, und ich bekam einen Tadel dafür. Impulsiv wie eh und je, widersprach ich meinem Vorgesetzten: »Wenn Sie dort gewesen wären und gesehen hätten, was er getan hat, hätten Sie ihn in Stücke geschnitten.« Ich wollte, dass Göth zur Rechenschaft gezogen wurde, doch an diesem Tag veränderte sich etwas in mir.

Offenbar erfuhr Oberst Muszkat recht schnell von meinem Fund. Bevor ich auch nur meine offizielle Zeugenaussage abgeben konnte, schrieb er bereits einen Brief an die Amerikaner, adressiert an Prisoner of War Enclosure 29, Dachau, in dem er Göth als »Leiter der Liquidation« von Juden in Südpolen bezeichnete und ihm Mord in Tausenden Fällen vorwarf.

Das hatte eine große Bedeutung, denn er besaß erhebliche politische Macht als direkter Repräsentant des neuen stalinistischen Justizministeriums in Polen. Als Spezialist für internationales öffentliches Recht leitete er die polnische Delegation bei den Nürnberger Prozessen und war stellvertretender Vorsitzender des höchsten polnischen Militärgerichtshofes. Später wanderte er nach Israel aus, wo er als Koordinator in Yad Vashem arbeitete und beim Prozess gegen Adolf Eichmann als Berater tätig war.

Für Göth war das der Anfang vom Ende.

KAPITEL 13

SCHULD UND SÜHNE

Oskar Schindler war ein Mann in Schwierigkeiten. Er war in Geldnöten, er war einsam und lebte in Furcht vor seiner Vergangenheit. Einige ehemalige Nazis wollten ihn töten. Andere Feinde betrachteten ihn als Kollaborateur. So unternahm er eigens die 300 Kilometer lange Reise von Regensburg, wo er nach dem Krieg lebte, ins DP-Lager nach Bad Ischl, um mich von seinen guten Absichten zu überzeugen.

Es war der 19. April 1945, nur 13 Tage nachdem durch mich die erste Zeugenaussage gegen Amon Göth von einem Płaszów-Überlebenden gemacht worden war. Das Datum weiß ich, weil es auf der Rückseite eines Fotos stand, das er mit großer Geste aus einem kleinen Beutel zog. Auf diesem Foto sah er aus wie ein Filmstar, Jahre bevor seine Geschichte zur Hollywood-Legende wurde.

Er beugte sich ein wenig vor und blickte mit einem ganz leichten Lächeln in die Kamera. Die Widmung auf der Rückseite, auf Deutsch und in kräftiger, fast künstlerischer Handschrift, ist mit den Jahren verblasst. Darin widmet er das Foto seinem »lieben Freund Yosef Lewkowicz zum ewigen Angedenken«. Ich habe das Original wegen seiner historischen Bedeutung dem Yad-Vashem-Museum in Jerusalem geschenkt.

Warum suchte er bei mir Bestätigung? Er war von Natur aus ein Opportunist. Er hatte von meiner Arbeit gehört, hatte erfahren, dass ich Göth aufgespürt und eine Woche zuvor im Prozess gegen Julius Ludolf ausgesagt hatte. Er wusste, dass ich in Płaszów gewesen war und ihn regelmäßig in Göths Entourage gesehen hatte. Und jetzt wollte er mich wissen lassen, dass sein Verhalten nur Mittel zum Zweck gewesen war.

»Ich bin ein guter Mensch«, sagte er zu mir. »Ich bin kein Kriegsverbrecher.« Ich legte ihm einen Arm um die Schulter. »Keine Sorge«, sagte ich. »Wenn man Sie vor Gericht stellt, werde ich für Sie bürgen. Ich werde den Leuten erklären, warum Sie kein Kriegsverbrecher sind. Sie haben niemanden erschossen. Sie haben niemanden aufgehängt. Sie haben Ihre Leute nicht geschlagen. Sie haben ihnen mehr zu essen gegeben als irgendjemand sonst in den Konzentrationslagern. Die meisten von ihnen haben überlebt. Sie sind vielleicht kein ganz so guter Mensch, denn Sie haben Dinge gestohlen. Aber die Nazis hätten sie sonst ja auch genommen.«

Er warf mir einen langen, fragenden Blick zu, als wollte er herausfinden, ob er mir trauen könne. Ich spürte, wie unwohl ihm war. Die Juden, an deren Rettung er mitgewirkt hatte, waren in alle Winde zerstreut und versuchten, an ihr altes Leben anzuknüpfen oder sich ein neues aufzubauen. Seine Frau litt unter seinen Frauengeschichten, auch wenn sie sich nie hatte scheiden lassen. Immerhin hatte sie ihn aus dem gemeinsamen Haus geworfen.

Er war stolz darauf, so viele Juden gerettet zu haben, aber von der Dankbarkeit konnte er nicht leben. Einige jüdische Organisationen unterstützten ihn, doch seine Geschäfte gingen schlecht. Er schenkte mir dieses Foto, weil er sich ein anderes Geschenk nicht leisten konnte. Im Gegenzug, so dachte er wohl, könnte ich innerhalb der jüdischen Gemeinschaft von ihm erzählen.

Also stellte ich ihn Rabbi Hirsch vor, den wir zum spirituellen Leiter der etwa 300 Überlebenden ernannt hatten, die im

Hotel Goldenes Kreuz untergebracht waren. Ich berichtete dem Rabbi von seinem Hintergrund und lud ihn zu einem koscheren Abendessen ein. Es war ein glücklicher Abend voller neuer Ideen, alter Geschichten und großartiger Pläne. Das schien ihn zu beruhigen und seine Sorgen zumindest für eine Weile zu besänftigen.

Er konnte seine Probleme nicht verbergen, und ich brachte es zwar nicht über mich, Geschäfte mit einem Deutschen zu machen, aber er war ein Verbündeter gewesen, ein Freund in der Not. Im Grunde seines Herzens war er ein Profiteur, der seine politischen Kontakte im Naziregime ausnutzte, doch er hätte Verbrechen gegen unser Volk begehen können und sich dazu entschieden, genau dies nicht zu tun.

Er hatte mich gebeten, ihm eine Flasche mit Alkohol zu besorgen, am liebsten klaren Schnaps, nach dem er sich offenbar sehnte. Das war schwierig, selbst der Schwarzmarkt hatte seine Grenzen, aber ich suchte hartnäckig weiter, weil er den Eindruck machte, er könnte ohne Alkohol nicht überleben. Da mir auch aufgefallen war, dass sein Hemd zerschlissen war, besorgte ich ihm ein paar neue von Bekannten vor Ort. Als sein Besuch zu Ende war, küsste er mich zum Abschied.

Ich fragte mich, wie es ihm ergehen würde, und tatsächlich hatte er kein leichtes Leben, trotz aller Unterstützung durch seine über die ganze Welt verstreuten »Kinder«. Einige von ihnen gingen mit ihm nach Buenos Aires, als er 1949 nach Argentinien emigrierte, nachdem die USA ihm wegen seiner Nazi-Vergangenheit die Einreise verweigert hatten. Er versuchte sich glücklos als Landwirt und ging bankrott, bevor er 1958 nach Deutschland zurückkehrte.

Der Staat Israel ehrte ihn als Gerechten unter den Völkern, eine Ehrung für Nichtjuden, die halfen, Juden vor dem Holocaust zu retten. Nachdem er 1974 an einem Leberversagen gestorben war, wurde ihm auch einer seiner letzten Wünsche gewährt: in Jerusalem beerdigt zu werden. In einer Zeit, in der es allzu leichtfällt, zu vergessen, ist es eine echte Ermutigung, dass sein Grab im römisch-katholischen Teil des Friedhofs auf dem Zionsberg bis heute bei Touristen beliebt ist.

Ich habe ihn nie danach gefragt, aber es war wohl kein Zufall, dass er in Bad Ischl auftauchte, nachdem die amerikanischen Ermittler unter der Leitung von Captain Hugo Romero, der Göths ursprüngliche Erklärung aufgenommen hatte, mithilfe von Zeitungsannoncen nach Zeugen suchte, die über Göths Gräueltaten aussagen konnten. Ich war entschlossen, alles zu tun, um ihnen in diesem Fall zu helfen.

So wie sich Schindler auf die engen Bindungen zwischen den Überlebenden verließ, so versuchte auch ich diese Bindungen zu meinem Vorteil zu nutzen, um den vielen Tausenden Opfern von Göth Gerechtigkeit widerfahren zu lassen. Ich wusste, dass eine Gruppe junger Juden, die aus Działoszyce stammten, in einem anderen DP-Lager lebte: im Zentrum Nr. 7 in Deggendorf. Am 7. April, dem Tag nach meiner Aussage, meldeten sie sich und boten an, Zeugnis abzulegen. Ihre Aussagen wurden von Oberstleutnant L. S. Storey vom CIC schnell aufgenommen.

Mehr als 20 Zeugen erklärten sich zur Aussage bereit. Die Gebrüder Szlamowitsch, Natek und Chaim, der seinen Namen später in Henry Slamovich änderte, gehörten zu denen, die einen Bus mieteten und nach Dachau fuhren, wo sie Göth identifizierten. Sie und andere Bekannte aus unserem alten *Schtetl*, darunter Monek Huppert, Bezek Jurysta, Ryba Szaja, Moniek Sarna, Aba Balicki und Moric Zelmanowitsch, sagten vor amerikanischen Ermittlern aus, die Deggendorf am 16./17. Mai besuchten.

Sie alle stützten meine Erinnerungen. Chaim beschrieb, wie Strauss-Walzer gespielt wurden, »als man Kinder auf Lastwagen lud und wegbrachte, um sie zu vernichten«. Natek erinnerte sich, dass er in der Autowerkstatt des Lagers gewesen war und gesehen hatte, wie Göth eine Frau erschoss, weil sie seine Autofenster nicht gründlich genug geputzt hatte. Als Göth bemerkte, dass sie noch lebte, befahl er einem Aufseher namens Janiz, er sollte »der Jüdin noch zwei Schüsse verpassen«.

Ryba Szaja berichtete, dass er gezwungen worden war, 50 Insassen zu beerdigen, die ermordet worden waren, nachdem man sie aus ihrer Arbeitsgruppe gezerrt hatte. Moniek Sarna, der junge Mann, der mich zur Unterstützung der Partisanen rekrutiert hatte, bevor Działoszyce liquidiert wurde, erinnerte sich an eine Tötungsorgie, die die ganze Nacht andauerte. Am Morgen hatte er ein Mitglied seiner eigenen Familie beerdigen müssen.

Chaim Spielman, der inzwischen das DP-Lager in Bad Ischl leitete, hatte am 24. April in Dachau seine Aussage gemacht. Er erinnerte sich, wie er am Leichnam seines Bruder Shlomo hatte vorbeigehen müssen, und an die Qual, zuzusehen, wie seine Mutter nach einer Selektion in Płaszów nach Auschwitz und in die Gaskammern geschickt wurde.

Eine weitere Gruppe von sieben Płaszów-Überlebenden, die im DP-Lager in Landsberg lebten, identifizierte Göth ebenfalls und machte ihre Aussagen am 10. Mai. Einer von ihnen, Josef Kempler, erklärte, Göth habe ein großes Vermögen angehäuft, indem er die Toten ausraubte. Er berichtete, dass in einem hoffnungslos überfüllten Viehwaggon während einer viertägigen Reise von Płaszów nach Mauthausen vier Männer Selbstmord begangen hatten, indem sie sich die Pulsadern aufschnitten.

Eine weitere Bewohnerin des DP-Lagers in Landsberg, Fryda Korczyn, sagte etwas, was ich nur bestätigen konnte: »Göths größtes Vergnügen war der Anblick von frischem Menschenblut, und auf dieses Vergnügen verzichtete er auch während meiner Zeit im Lager nicht.«

Die Hauptermittler, Oberleutnant Henry M.W. Winchester jr., Oberleutnant Harvey Szanger und Oberleutnant Alan D. Cameron, waren von der Schwere seiner Verbrechen bereits überzeugt. Ich vermute, die Amerikaner wollten Göth in Dachau den Prozess machen, doch die Verhältnisse verschoben sich, und die Politiker bestimmten immer mehr, was geschah. Die Polen, vertreten durch Marian Muszkat, drängten auf eine Auslieferung Göths, da seine Verbrechen auf ihrem Staatsgebiet begangen worden waren.

Es war eine Frage der nationalen Ehre. Am 10. November war eine Kommission zur Untersuchung deutscher Verbrechen in Polen eingerichtet worden. Regionalteams wurden eingesetzt, um die Dokumentationen zusammenzustellen, doch erst im Mai/Juni 1946 befragten sie die Mehrheit der 31 Zeuginnen und Zeugen, die zu Göths Prozess beitrugen. Seine Auslieferung wurde auf den 28. Juni terminiert.

Ich hatte den CIC schon kurz nach meiner Aussage verlassen, beleidigt wegen des Tadels, den ich bekommen hatte, nachdem ich Göth geschlagen hatte, und der mich in meiner breiten Ablehnung des Verhaltens der USA während des Krieges nur noch bestärkte. Sie kannten das Ausmaß der Gräuel gegen die Juden in Europa, aber der Wille fehlte, entschieden dagegen vorzugehen.

Warum unternahm US-Präsident Franklin D. Roosevelt, dieser große liberale Demokrat, nicht mehr, als Millionen von Juden, junge und alte gleichermaßen, ermordet wurden? Wo war seine Menschenliebe? Warum handelte er nicht, als so viele junge Menschen mit großen Hoffnungen und Träumen ausgelöscht wurden? Wo waren die Amerikaner, als wir abgeschlachtet wurden und Hilfe brauchten?

Wenn Sie die Konzentrationslager bombardiert hätten, wären Hunderttausende, vielleicht sogar Millionen Menschenleben gerettet worden. Wovor fürchteten sie sich? Vor Vergeltung? Vor dem Tod unschuldiger Zivilisten, unschuldiger Menschen, die ohnehin ermordet wurden? Als einer, der davon betroffen gewesen wäre, hätte ich mich mit Freuden auf dieses Risiko eingelassen.

Ich sprach darüber mit General Mark Clark, dem Befehlshaber der US-Besatzungstruppen in Österreich, als er das Kriegsverbrechertribunal in Dachau besuchte. Ich wusste, er war ein enger Vertrauter von Dwight D. Eisenhower, dem späteren US-Präsidenten, der ihn 1945 zum jüngsten Vier-Sterne-General dieses Krieges ernannt hatte. Er war eine Schlüsselfigur in den Nachkriegsverhandlungen mit den Kommunisten, doch ich fand, ich hätte nach allem, was ich durchgemacht hatte, das Recht, ihn herauszufordern.

Er schüttelte freundlich meine Hand, als ein Adjutant uns einander vorstellte, und hörte mir mit respektvollem Schweigen zu. Ich war ebenso respektvoll und versicherte ihm, ich würde alles in meiner Macht Stehende tun, um die Prozesse zu fördern, und hoffte, er würde verstehen, warum ich Antworten brauchte. Schließlich verringerten meine Ansichten ja nicht meine Dankbarkeit den amerikanischen Soldaten gegenüber, die mich in Ebensee befreit hatten.

So begann ich, indem ich ihm erzählte, wie wir in den letzten Tagen vor unserer Befreiung zu den Hunderten von alliierten Flugzeugen aufgeblickt hatten, die auf dem Weg nach Deutschland über uns hinwegflogen. »General«, sagte ich. »Wir haben uns so gefreut! Sie wussten, dass es Konzentrationslager gab, Sie wussten, dass es Gaskammern gab, also, warum haben Sie sie nicht bombardiert? Ich weiß, die Nazis hätten sie wiederaufgebaut, aber in der Zwischenzeit hätten Sie Zehntausenden von Menschen das Leben retten können.«

Er blieb ungerührt. »Wir hatten es auf militärische Ziele abgesehen«, sagte er. »Und Konzentrationslager waren keine militärischen Ziele.« Sein Ton machte deutlich, dass er nicht bereit war, darüber zu diskutieren. Ich habe in der Folgezeit noch mit vielen amerikanischen Juden darüber diskutiert, und sie gestanden ein, dass sie sich schämten, weil nicht mehr getan worden war, doch in diesem Moment wusste ich, dass ich nicht bleiben konnte.

Was Göth anging, hielt ich mein Wort und war stolz, dass meine Aussage gegen ihn von Tadeusz Cyprian, dem Ankläger des Obersten Gerichtshofs in Polen, unter 31 Zeugenaussagen ausgewählt wurde. In seiner Eröffnungsrede im Prozess sagte er:

Dieser Prozess ist der erste weltweit, bei dem der Angeklagte unmittelbar wegen Massenmordes beschuldigt wird, was offenbar das gewohnheitsmäßige Verhalten der Deutschen in dem Vernichtungsplan war, den sie verfolgten.

Im Rahmen der Aktivitäten, insbesondere des Angeklagten Göth, ist seine persönliche und direkte Verwicklung in den Massenmord, so klar sie auch ist, nur ein Element. Um das Handeln des Angeklagten Göth vollständig erkennen, verstehen und bewerten zu können, müssen wir als Vertreter der Anklage Ihnen, hohes Gericht, das ganze System des Mordens vor Augen führen, das von den Deutschen erdacht und in das Leben unseres Volkes gebracht wurde.

Die volle Wucht dieser grausamen deutschen Maßnahmen richtete sich gegen die jüdische Bevölkerung. Keine andere Nation hat so eindeutig und unmittelbar unter derartigen Verbrechen leiden müssen wie die jüdische Nation. Der Angeklagte Göth plante die Anlage des Lagers in Płaszów so, dass alles Tun im Lager von der Außenwelt abgeschirmt war. Alle Baracken waren so gebaut, dass sie den Blick versperrten.

In der Nachbarschaft des Lagers war allgemein bekannt, dass die Nazi-SS es sich zum Hauptziel gemacht hatte, die gesamte Bevölkerung Südpolens zu ermorden. Die Deutschen rechtfertigten dieses Handeln, das auf eine zunehmende Un-

terdrückung der Juden und den Mord an ihnen hinauslief, aus keinem anderen Grund als diesem: weil diese Menschen Juden waren und als solche kein Lebensrecht besaßen.

Selbstverständlich planten die Nazis auch die Ermordung anderer Menschen. Diese Pläne wurden jedoch nie auch nur annähernd in dem Ausmaß in die Tat umgesetzt wie gegen die jüdische Bevölkerung. Das Vernichtungsprogramm gegen die jüdische Bevölkerung wurde in ganz Europa gründlich und schnell durchgeführt, und es war Polens Schicksal, all die Leichen und all die Asche der Opfer aufzunehmen. Es ist die Aufgabe der Anklagevertretung, dem Gericht den vollständigen Mechanismus der mörderischen Maschinerie vor Augen zu führen.

Ich muss jedoch betonen, dass in diesem Fall, als anklagende Opfer, die polnische Nation Seite an Seite mit der jüdischen steht und dafür sorgen muss, dass Gerechtigkeit geschieht. Nicht nur, weil es in Płaszów auch zahllose polnische Opfer gab, sondern auch, weil mit Ausnahme der Transporte aus dem Ausland ein großer Teil der Opfer zwar praktizierende Juden, aber doch in jeder Weise gleichberechtigte Bürger des polnischen Staates und Mitglieder seiner Kultur und Traditionen waren.

Das waren starke Worte. Bis heute rühren sie eine Saite tief in meinem Inneren an.

Jemand hat einmal zu mir gesagt, als ich Göth gefunden hätte, da hätte ich die Welt in den Händen gehabt. Ich hätte ihn auf der Stelle erschießen können. Das wäre die einfachste Art und Weise gewesen, ihn loszuwerden. Doch in meinen Augen ist das verrückt. Ich könnte doch keinen Menschen einfach so erschießen wie einen Hund. Wie sollte ich einem anderen das Leben nehmen? Dann wäre ich ja keinen Deut besser als er.

Als ich mich im Gerichtssaal umsah und mein Blick auf die angeklagten Nazis fiel, taten sie mir leid. Ich konnte die Gräuel nicht vergessen, die sie begangen hatten, aber ich sah sie an und wusste, ihnen stand ein schrecklicher Tod bevor: Man würde sie hängen. Sie hatten Familie, Menschen, die sie liebten, aber sie hatten auf diesen Tod hingearbeitet. Sie hatten ihn verdient.

Ich will mich hier nicht mit den Details aus Göths Prozess aufhalten, der vom 27. August bis zum 5. September 1946 andauerte. Aber ich kann die passende Ironie seines Endes nicht ignorieren. Am 13. September wurde er im Montelupich-Gefängnis in Krakau gehängt, nicht weit vom Standort des Lagers Płaszów entfernt. Sein Leichnam wurde verbrannt und die Asche in die Weichsel gestreut.

All das bringt die vielen Tausend Menschen nicht zurück, die er ermordet hat. Es bringt auch die Geschichte nicht wieder ins Gleichgewicht. Doch seine Rolle bei der Liquidation der Ghettos hatte einen Einfluss auf die nächste große Richtungsänderung in meinem Leben. Ich wollte aus dieser zweiten Chance etwas machen. Ich fand, ich müsste etwas tun, das größer war als ich selbst. Eine Idee, die schon in den allerersten Tagen nach der Befreiung entstanden war, begann zu reifen.

Eine der wunderbaren Eigenschaften unserer Gemeinschaft ist ihre Fähigkeit, sich zu helfen. Es gibt eine gegenseitige Abhängigkeit im jüdischen Leben, die sich in Zeiten von Kummer und Bedrängnis ganz besonders zeigt. Davon profitierte ich, als ich in Wien von der Familie Schreiber und den Kontakten, die sie mir zur Verfügung stellten, Hilfe erfuhr. Damals begann ich zu begreifen, welch große Möglichkeiten wir hatten, wenn wir jüdische Waisenkinder retteten und ihnen eine neue Lebenschance gaben.

Oh, wie diese Kleinen litten! Es schneidet mir heute noch ins

Herz, wenn ich daran denke. Göth hatte kaltblütig unzählige Kinder ermordet, als er in den Ghettos wütete. In der Anfangszeit in Płaszów hörte ich oft, wie mein Vater von Babys sprach, die von ihren verzweifelten Eltern weggegeben wurden, wenn ihnen klar wurde, welches Schicksal sie in den Lagern erwartete.

Diese Kinder wurden in Klöstern und Kirchen versteckt. Sie wurden auf Bauernhöfen und in Ställen, auf Türschwellen und an Straßenecken ausgesetzt. Viele wurden von christlichen Familien aufgenommen, wobei sich einige dieser Familien durchaus dafür bezahlen ließen. Und diese Kinder überlebten, anders als so viele andere, die in einem Massengrab endeten. Wir mussten versuchen, sie zu finden, selbst wenn die Chancen noch so gering waren, sie mit ihrer Herkunftsfamilie zu vereinen und mit dem Glauben ihrer Vorfahren vertraut zu machen.

Es war ein riesiges Unterfangen, viel zu groß für einen Mann oder eine einzige Gruppe allein. Einflussreiche Verbündete waren dafür nötig, Menschen, die Schlupflöcher im System fanden oder die offizielle Politik beeinflussen konnten. Mein erster Gedanke fiel auf Rabbi Eliezer Silver, der uns in Bad Ischl besuchte. Er war eine der führenden Persönlichkeiten des orthodoxen Judentums in Nordamerika und hatte während des Krieges Tausende Menschen gerettet. Vertreter seiner Organisation Vaad Hatzalah verhandelten sogar direkt mit der SS und kauften Lagerhäftlinge frei, teils mit Bargeld, teils mit Maschinen.

Rabbi Eliezer Silver war ein kleiner Mann mit einem langen weißen Bart. Er kam in der Uniform eines amerikanischen Oberst zu uns, was darauf hindeutete, wie sehr er von den Besatzungsmächten respektiert wurde. Er fragte, wie er helfen könne, und erklärte sich gern bereit, uns koschere Lebensmittel zu besorgen, die dann auch ein paar Wochen später kistenweise ankamen. Doch bevor ich ihn auf die Not der Waisenkinder ansprechen konnte, wurde er von seinen Adjutanten weitergedrängt.

Meine Idee war alles andere als einzigartig, andere dachten in ähnliche Richtungen. Zu Beginn wusste ich nichts davon, aber es gab seit dem Januar 1946 die sogenannte *Zionist Coordinatsia* zur Rettung von Kindern in Polen. Unter ihrem Dach versammelten sich schließlich neun Organisationen, die alle dafür arbeiteten, verlorene Kinder zu finden und wieder ins Judentum zu integrieren.

Es war klar, dass wir, wenn wir anderen helfen wollten, lernen mussten, uns selbst zu helfen. Deshalb organisierten wir Treffen jüdischer Gemeindegruppen in Krakau, Łódz und Warschau, die jeweils von einem Vorsitzenden geleitet wurden: Finkelstein, Minsk und Jacobovitz – an die Vornamen erinnere ich mich leider nicht mehr. Daraus entstand ein Komitee, das sich der langwierigen Aufgabe widmete, Hinweise zu den Aufenthaltsorten der Kinder zu sammeln.

Auf Listen wurden Namen und Alter zusammengetragen, dazu die Identität der Familien, die sie möglicherweise adoptiert hatten, und die Dörfer bzw. Städte, in denen man sie finden könnte. Das Ganze war gut gemeint, das Ergebnis aber alles andere als perfekt. Einige Informationen waren nicht viel mehr als unbestätigtes Hörensagen. Es brauchte viel mehr, um die Kinder zu finden und ihre Rückführung durchzusetzen.

Dabei stellte sich ein zentrales Problem: Da Polen ein kommunistischer Satellitenstaat der Sowjetunion war, stieß das Konzept einer jüdischen Identität bei den Behörden auf Ablehnung. Wir konnten also nicht offen unser Ziel verfolgen, die Kinder mit dem Judentum zu vereinen und hoffentlich auch mit praktizierenden Familien. Deshalb operierten wir unter dem Schlagwort »Familien wieder vereinen, die die Nazis getrennt hatten«.

Intellektuell hatte ich mich in der Zeit der Gefangenschaft kaum weiterentwickelt, weil ich alles Wichtige verdrängen musste, um von einem Tag zum anderen zu kommen. Ich war damit beschäftigt zu überleben, und mir fehlte sicher auch die Lebenserfahrung, um große Themen oder komplizierte Probleme zu erfassen. Und jetzt musste ich auf einmal alles Mögliche bedenken, nachdem ich so lange Zeit aus Selbstschutz ganz bewusst über nichts nachgedacht hatte. Damit mir das gelingen konnte, musste sich der Nebel in meinem Kopf lichten.

Eine tief verborgene Erinnerung tauchte wieder auf, die Erinnerung an einen Mann, einen Juden namens Daniusz Golbart. Er war vor dem Krieg in Polen ein kommunistischer Agitator gewesen, hatte als Staatsfeind gegolten und war immer wieder im Gefängnis gewesen. Verheiratet war er mit Anka, einer entfernten Verwandten meiner Mutter. Sie hatten eine Tochter namens Stefanka.

Die Familie hatte finanziell und gesellschaftlich schwer zu kämpfen, als er im Gefängnis saß, und Anka vergaß nie, wie freundlich meine Mutter zu ihr gewesen war, als sie Hilfe brauchte. Vor dem Sabbat und zu wichtigen Festen schickte mich meine Mutter immer zu Ankas Haus in Krakau, das nur ein paar Straßen von unserem entfernt lag, und gab mir ein Essenspaket mit. Sie lud Anka und ihre Tochter auch ein, zu uns zu kommen, wenn sie sich einsam fühlten.

Bei Kriegsausbruch wurden die Gefängnisse geöffnet und Daniusz wurde von den Sowjets nach Moskau gebracht. Seine Familie folgte ihm, und er wurde zu einem einflussreichen Apparatschik. Als Polen unter sowjetische Herrschaft geriet, kehrte er bald als kommunistischer Führer zurück und wurde zu einem entscheidenden Mitglied des Politbüros. Mit anderen Worten, er besaß genau die Art von Macht, die wir brauchten, wenn wir Handlungsvollmacht haben wollten.

Ich erwähnte unsere familiären Verbindungen gegenüber Herrn Finkelstein, der seine Kontakte in der Krakauer Region aktivierte, um ihn zu suchen. »Das ist ein Geschenk des Himmels«, sagte er zu mir. »Wenn du wirklich mit ihm verwandt bist, musst du ihn ansprechen.« Doch das war leichter gesagt als getan, denn Daniusz hatte seinen Namen geändert. Er hieß jetzt Danusz Daniek, was weniger jüdisch, dafür eher polnisch klang.

Er wirkte hauptsächlich von einem Büro in Warschau aus, die Spur führte aber schnell zu einer großen Villa auf einem riesigen Grundstück außerhalb von Krakau. Das Haus war schwer befestigt und wurde von Soldaten geschützt, sodass ich ständig angehalten wurde, als ich mich näherte. Mehrere Male schickten mich zunehmend gereizte Polizisten in Zivil weg – ihr Geduldsfaden war bekanntermaßen dünn.

Ich musste meinen Kollegen berichten, dass Daniusz offenbar nur noch für sein politisches Umfeld erreichbar war. Sie rieten mir, noch einmal hinzufahren und mit dem Verwalter seines Hauses zu sprechen. Ihm sollte ich meinen Status als Holocaust-Überlebender erklären, von der Verwandtschaft unserer Familien sprechen und auch nicht unerwähnt lassen, dass die Ehefrau des Gesuchten vermutlich meine einzige überlebende Verwandte war.

Dieser Plan ging nicht sofort auf, doch irgendwann kam ein polnischer Polizist an das Tor, das zur Auffahrt der Villa führte. Ich ahmte Daniusz nach, indem ich die polnische Version meines Namens benutzte, Jozek Lewkowich. Der Beamte schrieb sorgfältig mit, als ich die familiären Verbindungen erklärte, und forderte mich dann in strengem Ton auf, zu bleiben, wo ich war. Dagegen konnte ich kaum etwas einwenden.

Wenige Minuten später kam er mit Anka zurück. Sie weinte, schien ganz außer sich und umarmte mich heftig, während sie ausrief, ihre Gebete seien erhört worden. Auch sie hatte ihre gesamte Familie während des Krieges verloren. Wir waren zwar nur entfernt miteinander verwandt, doch ich war das erste Familienmitglied, das überhaupt Kontakt aufnahm. »Du darfst nicht mehr weggehen«, sagte sie und führte mich an der Hand in ihr Haus.

Der Rest des Tages verging mit dem Austausch von Erinnerungen. Sie war sehr traurig, vom Schicksal meiner Eltern und Brüder zu hören. Ihre Freundlichkeit würde nicht vergessen sein, sagte sie. Ich wusste, dass ich vorsichtig sein musste, was ihre Flucht in die Sowjetunion und die politische Karriere ihres Mannes anging. Daniusz, so schien es, war weit weg und nur selten zu Hause.

Vielleicht war es die Einsamkeit, vielleicht auch die Erleichterung oder Dankbarkeit, doch als ich aufstand, um mich zu verabschieden, bestand sie darauf, dass ich blieb. Sie wies mir ein Zimmer zu und lud mich ein, Gast in ihrem Haus zu sein, so lange ich wollte. Sie würde frische Kleidung und alles andere organisieren, was ich brauchte. Angesichts meiner wichtigen Pläne konnte ich gar nicht anders, als diese Einladung annehmen.

Es war eine seltsame Situation. Daniusz kam nur selten nach Hause, und als wir einander vorgestellt wurden, wirkte er höflich, aber abgelenkt. Ich sah ihn nur ab und zu – erst einige Wochen nach meiner Ankunft setzte er sich zum Abendessen mit uns an den Tisch. Das war meine große Chance, und ich hatte schon genau geplant, was ich sagen würde.

»Daniusz«, setzte ich an und versuchte, ihn in eine entspannte Stimmung zu versetzen, indem ich den Namen verwendete, den ich aus meiner Kindheit kannte. »Ich habe ein großes Problem.«

»Oh«, erwiderte er, als erwartete er, dass ich ihn um einen Gefallen bitten würde. »Ein persönliches Problem?«

»Nein, es ist nichts Persönliches, sondern es handelt sich um ein Problem unserer Gemeinschaft, das gelöst werden muss. Die Nazis haben großes Unrecht begangen, als sie Polen besetzten. Sie haben viele Familien auseinandergerissen.«

»Das weiß ich, aber worum geht es genau? Was ist das große Problem, über das du mit mir sprechen willst?«

»Wir wollen diese Familien wieder vereinen.«

»Und wie willst du das tun?«

»Mit deiner Hilfe könnte es gelingen. Wir wissen, wie es gehen könnte, wir haben auch die notwendigen Nachforschungen angestellt, doch was wir brauchen, ist die Autorität, um es auch durchzusetzen. Um Erfolg zu haben, brauchen wir die Unterstützung der Behörden.«

»Du sagst ›wir‹. Wer ist ›wir‹?«

»Mein Team. Ich würde mir wünschen, dass dieses Team von den Behörden die Befugnis bekommt, die verlorenen Kinder zu finden und zu ihren Eltern zurückzubringen. Sie wurden ja aus Not in andere Familien gegeben. Wir müssen sie aufspüren und in ihre wirklichen Familien zurückbringen. Und wir müssen nach diesen Familien suchen. Du kannst uns die nötige Autorität geben. Du kannst uns helfen, damit unsere Mission ein Erfolg wird.«

Er lächelte verschlagen. Seine Maske verrutschte ein wenig und enthüllte den egoistischen, berechnenden Politiker, der als idealistischer Aktivist begonnen hatte – einst war er bereit gewesen, für seine Überzeugungen zu leiden. Er konnte seine Rücksichtslosigkeit hinter seinem Charme verbergen, wenn es nötig war, doch er war es auch gewohnt, Macht auszuüben, und wusste genau, wie er auf Menschen wirkte. Meine Bitte appellierte wahrscheinlich an sein Ego.

Er war nicht der einzige Kommunist jüdischer Abstammung, der seine Herkunft herunterspielte. Jakub Berman, der ebenfalls nach Moskau entkommen war und heimatlose polnische Aktivisten ausgebildet hatte, damit sie in der von den Sowjets geförderten Polnischen Arbeiterpartei Aufgaben übernehmen konnten, war für die Staatssicherheit zuständig. Er schmeichelte der öffentlichen Meinung, indem er den Mythos in die Welt setzte, im Krieg seien ebenso viele nicht jüdische Polen, nämlich drei Millionen, gestorben wie Polen jüdischer Abstammung.

Letztlich lief alles darauf hinaus, dass in einem kommunistischen Regime einige Menschen gleicher sind als andere. Oberflächlich betrachtet, klingt das alles gut: Engels, Marx, Gleichheit, Chancen und das Versprechen, dass die Unterdrückung ein Ende haben soll. Aber Ideologie hat ihre Auswirkungen. Sie verändert Menschen und zerstört ihren Geist. Daniusz und seine Leute dachten eigentlich nur an sich selbst.

»Du solltest mal mit Bielecki reden«, sagte er zu mir und wartete ab, welche Wirkung dieser Name auf mich haben würde.

Jan Ludwik Frey-Bielecki, der Leiter der Geheimpolizei UB in Krakau, war einer der am meisten gefürchteten Männer in der Stadt. Auch er war jüdischer Herkunft, hatte aber gerade aufflammende Proteste und Forderungen nach Unabhängigkeit des Landes brutal unterdrückt. Er war höchstpersönlich mit einem gepanzerten Wagen in die Menge hineingefahren und hatte seinen Männern den Schießbefehl gegeben.

Die UB war verantwortlich für die Inhaftierung, Folter und Ermordung Tausender politischer Gegner. Viele von ihnen verschwanden spurlos, nachdem man sie ins Mokotów-Gefängnis gebracht hatte, den Schauplatz eines berüchtigten Nazi-Massakers zu Beginn des Warschauer Aufstands. Nach der Demonstration waren unter Bieleckis Aufsicht mehr als 1000 Menschen verhaftet worden, darunter 800 Studierende. Und er wurde zum Oberstleutnant befördert.

Daniusz hatte seinen Standpunkt klargemacht. Er lachte, als ich ihn fragte, ob es denn möglich sei, mit Bielecki zu sprechen. »Überlass das mir«, antwortete er und stand vom Tisch auf. Die nächsten zwei Wochen bekam ich ihn nicht zu Gesicht. Je länger ich auf eine Nachricht wartete, desto unruhiger wurden die Führer der jüdischen Gemeinschaft. Das Komitee saß inzwischen in einem früheren Kurhaus in der Stadt Rabka-Zdrój, das in Erwartung der ersten Kinder renoviert wurde.

Ich versuchte, die Männer zu beruhigen, doch ihnen blieb nichts anderes übrig, als zu warten. Anka, eine wunderbare Frau, die es nicht verdient hatte, so vernachlässigt zu werden, erwies sich weiterhin als perfekte Gastgeberin. Irgendwann an einem Abend kurz vor Mitternacht klopfte es an meine Schlafzimmertür. Ich war im Schlafanzug und kurz davor, einzuschlafen. Als ich die Tür öffnete, stand Daniusz lächelnd vor mir.

»Zieh dir deine Hosen an und komm sofort ins Besprechungszimmer«, sagte er, wohl wissend, dass es ein Angebot war, das ich nicht ablehnen konnte.

KAPITEL 14

RETTET DIE KINDER

Der Besprechungsraum war dämmerig beleuchtet und vom Rauch vieler Zigarren und Zigaretten erfüllt. Er stank geradezu nach Macht, Verhandlungen und Anmaßung. Ein säuerlicher Geruch von schlechtem Atem, gewürzt mit Wodka und Whisky, lag in der Luft. Als meine Augen sich an das Dämmerlicht gewöhnt hatten, erkannte ich russische Marschälle und polnische Generäle – ihre Achselschnüre und Orden glitzerten im Dunkeln.

Ich hatte mich schnell angezogen und brachte eine Mischung aus Angst und Neugier mit. Daniusz Golbart – unter diesem Namen kannte ich ihn ja – hätte mich sicher nicht ohne Grund in den inneren Zirkel des Regimes eingeladen, dachte ich. Und er hatte auch kaum vor, mich zu töten oder mir etwas anzutun. Vielleicht war es einfach eine Reminiszenz an die alten, ganz anderen Zeiten. Welche Motivation auch immer ihn antrieb, ich musste mich an eine neue Wahrheit gewöhnen: Um Gutes zu tun, musste ich mich auf schlechte Leute verlassen.

Der Uniformierte, der die Tür geöffnet hatte, dirigierte mich mit unsichtbarer Hand am Rücken vorwärts. Daniusz, der am Kopf eines großen Tisches saß, winkte mich zu sich und stand auf, um mich zu begrüßen, als ich nur noch ein paar Schritte von ihm entfernt war. Er war offenbar ganz in seinem Element. »Bielecki«, sagte er, »das ist der Mann, von dem ich dir erzählt habe. Er braucht etwas Wichtiges von uns. Tu, was auch immer du kannst, um ihm zu helfen. Joe, sag ihm, was du willst.«

Ich erstarrte kurz, als ich den Mann erkannte, der an einem Tisch zur Seite saß, umgeben von hohen Offizieren und Beamten, die mich ansahen, als wäre ich etwas, was man sich von der Schuhsohle kratzen muss. Als lokaler Leiter der UB und Vorgesetzter jener schattenhaften Gestalten, die die Drecksarbeit für die Sowjets erledigten, war Jan Ludwik Frey-Bielecki ein Mann, den man eigentlich nicht kennenlernen wollte.

Er war überraschend jung, um die dreißig. Er hatte ein längliches Gesicht, einen sandfarbenen Schnurrbart und eine hohe Stirn, aber vor allem zogen mich seine Augen in den Bann. Sie lagen tief und leuchteten mit einer seltsamen Intensität. Er sah aus wie ein Fuchs in Menschengestalt. »Bitte«, sagte er und deutete auf einen leeren Stuhl, der plötzlich neben ihm stand. »Erzählen Sie mir alles.«

Das war mein Augenblick. Ich wusste, ich hatte nur wenig Zeit, um meine Botschaft zu vermitteln, denn das Summen der Gespräche im Hintergrund wies darauf hin, dass hier noch eine Vielzahl wichtiger Entscheidungen getroffen werden müsste – vermutlich würde es eine lange Nacht werden. Also musste ich mich kurz und präzise fassen. Zum Glück kannte ich meinen Text auswendig.

Ich wusste, ich durfte die Juden oder das Judentum nicht erwähnen. Ich musste mich auf den gemeinsamen Feind konzentrieren, die Nazis. Wir sahen es als unsere Pflicht an, die Familien wieder zu vereinen, die die Nazis auseinandergerissen hatten. Kinder, die er niemals zu sehen bekommen würde, Fremde, die er nie treffen würde, brauchten seine Hilfe. Wir hatten ein Haus, in dem wir sie unterbringen konnten, aber wir brauchten die Autorität, um das durchsetzen zu können, was richtig war.

Er kniff seine hypnotischen Augen leicht zusammen. »Wer

ist ›wir‹?«, fragte er. »Wer sind Sie? Wie viele sind Sie? Und wie werden Sie das tun, was Sie tun wollen?« Ich beschrieb meine Liste der Zielorte: Kirchen, Klöster, Waisenhäuser, Privathäuser, Organisationen, Gesellschaften, und ich erwähnte auch, dass Moniek Sarna, der Freund, der mich seinerzeit für die Partisanen rekrutiert hatte, meine rechte Hand sein würde.

Bielecki dachte einen Moment nach, der sich hinzog wie ein Monat. »Eine größere Operation also«, sagte er dann. »Sie werden sehr viele Kräfte brauchen, um das zu schaffen, mehr als zwei Leute. Kommen Sie morgen zum UB-Hauptquartier in Warschau. Am Eingang fragen Sie nach dem Verantwortlichen, und ich gebe Ihnen ein Codewort, mit dem Sie vorgelassen werden. Man wird sie zu Pulkownik (Oberst) Kowalski bringen. Er wird wissen, was zu tun ist, ich gebe ihm die entsprechenden Befehle. Sie bekommen 20 Leute in Zivil und weitere 20 in Uniform. Das sind alles extrem tapfere und heldenhafte Kämpfer, aber sie müssen gesagt bekommen, was sie tun sollen. Sie werden sie führen müssen.«

Überrascht stotterte ich meine Antwort. Bielecki fuhr grinsend fort, offenbar davon ausgehend, dass ich zugestimmt hatte. Er sprach von den Gefahren der Mission und den Angriffen der Armia Krajowa, der sogenannten Heimatarmee. Diese Gruppe, die den Widerstand gegen die Nazis organisiert hatte, war zwar im Januar 1945 offiziell aufgelöst worden, einige Teile standen aber nach wie vor loyal zur polnischen Exilregierung. Die Sowjets betrachteten sie als inneren Feind.

Die UB-Männer würden bewaffnet sein. Er versprach mir, einen Panzer, einige automatische Waffen, Gewehre, Mörser und Granaten zur Verfügung zu stellen. Ich würde Papiere bekommen, die mit seiner Genehmigung ausgestellt wurden und mich in die Lage versetzten, unsere Operation ohne Störung durch andere Sicherheitskräfte durchzuführen. Wir würden sogar die

Macht haben, lokale Polizeikräfte vorübergehend zu requirieren, wenn wir das für nötig hielten.

»Die AK leistet Widerstand gegen jede unserer Aktivitäten«, sagte er. »Sie werden Sie auch angreifen, aus den Wäldern heraus. Aber Sie werden die nötigen Mittel haben, um sich zu verteidigen. Stellen Sie das Maschinengewehr auf das Dach des Hauses, in das Sie die Kinder bringen. Sie werden bei Nacht angreifen. Doch keine Sorge, die Männer, die ich Ihnen gebe, wissen, wie man kämpft.«

Damit war meine Audienz beendet. Ehrlich gesagt, war ich völlig verängstigt, doch es gab kein Zurück mehr. Ich musste schnell handeln und schlief in dieser Nacht kaum noch. Am Morgen holte ich die Mitglieder des Jüdischen Komitees aus den Betten und erklärte ihnen, was passiert war. Sie waren erstaunt, aber auch begeistert und versprachen mir, meine Reise nach Warschau zu finanzieren und mich mit allem Nötigen auszurüsten.

Die Geheimpolizei UB, *Urząd Bezpieczeństwa*, hatte ihr Hauptquartier in der Stadtmitte von Warschau, in der ul. Koszykowa. Hier befand sich das Nervenzentrum ihres geheimen Kampfes gegen Dissidenten, in den Tausende von Informanten eingebunden waren. Die UB war verantwortlich für Spionageabwehr, Überwachung und Strafverfolgung und damit auch für die Deportation von Tausenden in die Lager des sibirischen Gulags.

Bieleckis Code war eine wilde Wortkombination, an die ich mich heute nicht mehr erinnere. Auf jeden Fall kam ich damit zu Oberst Kowalski, der, wie sich herausstellte, sein Stellvertreter war. Er vergewisserte sich noch einmal über unsere Ziele und Absichten, aber auch über unsere Bereitschaft, die Sache durchzuziehen. Und auch er betonte, dass wir auf Widerstand stoßen würden.

»Viele werden versuchen, Sie zu verletzen und Ihre Pläne zu

sabotieren«, warnte er mich. »Sie sind derjenige, der die Operation leiten muss. Die Männer, die wir Ihnen geben, wissen nicht, worum es geht. Das müssen Sie ihnen sagen. Sie sind Offiziere und gut an ihren Waffen ausgebildet, dazu außerordentlich fähige und vertrauenswürdige Männer. Zweifellos werden sie die Mission treu durchführen.«

Wieder schluckte ich schwer. Da stand ich nun, gerade 20 Jahre alt, und man übertrug mir das Kommando über eine Gruppe kampferprobter Männer. Abgesehen von der Pistole, die ich ungeschickt und mehr aus Versehen in den Dreck außerhalb des Konzentrationslagers Ebensee abgefeuert hatte, kurz nachdem wir befreit worden waren, hatte ich nie eine Waffe in der Hand gehabt. Als ich das eingestand, zuckte Kowalski nicht mit der Wimper, sondern rief einfach einen Offizier zu sich, dem er den Befehl gab, mich zu einem nahe gelegenen Schießplatz zu bringen. Dort bekam ich einen einstündigen Grundlehrgang im Umgang mit Waffen.

Kowalski besorgte mir eine Pistole und versprach mir ein Maschinengewehr. Dann unterschrieb und versiegelte er die UB-Papiere, die in polnischer und russischer Sprache abgefasst waren, und vertraute uns damit die Macht an, Häuser zu durchsuchen und Menschen mitzunehmen – wenn man darüber nachdenkt, war das ein bemerkenswertes Zeugnis für Daniusz' Einfluss. Wenn er in irgendeiner Weise noch in der Schuld meiner Familie gestanden hatte, war diese Schuld damit beglichen.

Vor dem Urteil der Geschichte werden diese Männer nicht bestehen. Daniusz verließ Frau und Kind und verschwand Anfang der Fünfzigerjahre in die Sowjetunion. Sein weiteres Schicksal ist ungewiss, doch höchstwahrscheinlich wurde er Opfer einer der vielen stalinistischen Säuberungsaktionen. Bielecki war schlauer. Er ließ sich im Oktober jenes Jahres in die Armee zurückversetzen, wo er den Rang eines Oberstleutnants innehatte. Er nutzte seine politischen Kontakte, um einen Platz an der sowjetischen Militärakademie der Luftstreitkräfte in Monino, vor den Toren Moskaus, zu ergattern, und wurde schließlich Oberbefehlshaber der polnischen Luftwaffe. Nach seinem Tod im Juni 1994, im Alter von 77 Jahren, wurde er mit allen militärischen Ehren bestattet.

Ich spielte natürlich die Rolle des eifrigen jungen Anführers, der die kommunistische Sache unterstützte. Tatsächlich verabscheute ich alles, wofür das Sowjetregime stand. Respekt brachte ich lediglich der Roten Armee entgegen, die ungeheure Opfer gebracht hatte, als sie gegen die Nazis kämpfte und sie schließlich besiegte. Ihr Vorrücken hatte die Evakuierung einiger besonders berüchtigter KZs in Gang gesetzt, darunter Płaszów und Mauthausen.

Wie auch immer: Die UB-Männer, die man mir zuteilte, erfüllten alle Erwartungen, die ihre Vorgesetzten geweckt hatten. Sie benahmen sich mir gegenüber großartig, verstanden meine Unerfahrenheit und hielten mir während unserer landesweiten Suchoperation buchstäblich den Rücken frei. Es dauerte nicht lange, bis sie die Verbindung zum Judentum erkannten, doch sie blieben loyal, weil sie sahen, wie wir uns um die Kinder kümmerten. Unsere Aufgabe, diese verlassenen Kinder zu finden, zu beschützen und in unsere Gemeinschaft zurückzuführen, weckte starke Emotionen. Ich gewöhnte mich daran, dass man mich hasste.

Bald wurde ein Muster erkennbar. Wenn wir in eine neue Stadt oder ein Dorf kamen, meldeten wir uns zunächst bei der örtlichen Polizeiwache. Wir informierten den Dienststellenleiter darüber, wer wir waren, indem wir ihm unsere UB-Ausweise zeigten, sagten ihm oder seinen Männern aber nicht, was wir vorhatten. Wir trauten diesen Leuten nicht und wollten nicht riskieren, dass sie die Familien informierten, in denen vermisste Kinder lebten.

Erst wenn wir die Fakten bestätigt hatten, indem wir mit Nachbarn oder mit leitenden Nonnen oder Priestern sprachen, die uns oft bereitwillig weitere Informationen gaben, forderten wir Unterstützung durch die örtlichen Polizeikräfte an. Sie gaben uns zusätzliche Sicherheit, wenn wir die Pflegefamilien mit unserem Verdacht und unseren Absichten konfrontierten. Ich bin nicht stolz darauf, dass wir oft grob mit ihnen verfuhren. Doch das musste sein, sonst hätte unsere Operation keinen Erfolg gehabt.

Ich entwickelte einen Instinkt für vielsagende Unterschiede. Es schien so zu sein, dass einige Pflegekinder als billige Arbeitskräfte ausgenutzt wurden. Etwa 90 Prozent von ihnen waren Mädchen. In einem Haus beobachtete ich, wie ein Mädchen von höchstens acht oder neun Jahren unter zwei großen, überaus schweren Wassereimern vom Brunnen hergewankt kam. Ihr Kleid war viel zu groß, zerschlissen und schmutzig. In einem anderen Haus entdeckte ich ein Mädchen gleichen Alters, das neben dem Küchenherd auf einem Strohsack schlafen musste.

Es gab auch offensichtliche körperliche Hinweise. Die Kinder sahen den Eltern überhaupt nicht ähnlich, die Haarfarbe war anders, selbst manche Angewohnheiten unterschieden sich. Doch in den meisten Fällen wollten sich die Kinder nicht von ihren polnischen Familien trennen, selbst wenn sie offenkundig schlecht behandelt wurden. Viele waren so klein gewesen, als man sie weggab, dass sie keine Erinnerungen an ihr früheres Leben hatten.

Sie waren aus den Ghettos geschmuggelt worden, in manchen Fällen nur wenige Minuten, bevor ihre leiblichen Eltern in die Todeslager deportiert wurden. Sie waren in Treppenhäusern, auf Dachböden und in Erdkellern versteckt worden. Viele von denen, die alt genug gewesen waren, um ihre Situation zu verstehen, hatten in Furcht vor der Entdeckung gelebt. Die meisten hatten eine christliche Identität angenommen, die ihrem jüdischen Erbe widersprach.

So war es oft höchst verstörend, sie aus ihren Pflegefamilien herauszureißen. Ich begann mit schönen Worten, lobte die Eltern für ihre Güte und dafür, dass sie ein Leben gerettet hatten. Einige verlangten Geld, das ich ihnen nicht geben konnte. Viele waren stur und weigerten sich, zu kooperieren. Dann blieb mir nichts anderes übrig, als die Zwangsmittel zu nutzen, die mir zur Verfügung standen.

Es brach mir das Herz, die Angst und Verwirrung der Kinder zu sehen. Sie weinten, wenn die Menschen, bei denen sie während des Krieges gelebt hatten, behaupteten, sie seien offiziell adoptiert worden – was die wenigsten beweisen konnten. Die Erwachsenen wiederum zweifelten unsere Berechtigung an und ließen sich von den offiziellen Papieren, die wir vorzeigten, nicht überzeugen. Gelegentlich wurden sie darin von der örtlichen Polizei unterstützt, die jedoch schnell schwiegen, wenn wir ihnen vorschlugen, sich doch bei Bielecki und der UB zu beschweren.

Wir konnten weder den Eltern noch den Kindern sagen, wohin wir fuhren. Wir konnten ihnen nur versprechen, dass wir uns gut um die Kinder kümmern würden. Ein Mann sprang auf unseren Jeep, als wir mit dem Kind auf dem Rücksitz abfahren wollten. Als wir am Dorfrand beschleunigten, rutschte er hinunter. Andere warfen Steine auf uns oder griffen uns mit allem an, was sie schnell zur Hand hatten. Es gab auch Schüsse, und da wir uns keine ernsthaften Schießereien leisten konnten, zogen wir uns in diesen Fällen so schnell wie möglich zurück.

Im Rückblick muss ich sagen, es war ein extremer Fall von Grausamkeit im Namen der Menschenliebe.

Die Unterkunft in Rabka-Zdrój, vor dem Krieg eine Kurklinik

für Tuberkulosekranke, die für die Heilwirkung ihres Mineralwassers bekannt war, erstreckte sich über drei oder vier einzelne Gebäude mit dem Haupthaus des Hotels in der Mitte. Wir hatten Krankenschwestern und Psychologen eingestellt, die sich um die Kinder kümmerten. Die Kleinen mussten sich erst mühsam an die neue Umgebung gewöhnen und brauchten Zeit, um Vertrauen zu entwickeln.

Freundliche Frauen kamen, um ihnen die Haare zu waschen und zu kämmen. Andere nähten ihnen Kleider und kochten für sie. Lehrerinnen und Lehrer, von zionistischen Untergrundorganisationen finanziert, begannen mit dem Unterricht. Ich war zwar mit der Verwaltung des Hauses nicht befasst und hatte nur selten Zeit, mich auf etwas anderes zu konzentrieren als auf die Nachverfolgung neuer Fälle oder den Schutz des Hauptquartiers, doch ich liebte die ruhigen Momente mit den Kindern.

Ich fing an, ihnen das hebräische Alphabet und grundlegende jüdische Gebete wie das *Modeh Ani* beizubringen, das man am Morgen spricht, bevor man aufsteht: »Ich danke Dir, ewig lebendiger König, dass Du mir in Liebe meine Seele wiedergegeben hast, groß ist Deine Treue.« Ich war traurig, weil sie gezwungen gewesen waren, in ihrem kurzen Leben so viel durchzumachen, doch ich glaubte, wir könnten ihnen eine bessere Zukunft geben.

Leider waren fast alle diese Kinder Waisen. Ich erinnere mich nur an ein einziges Kind, das wir mit der Mutter zusammenbringen konnten. Wenn ich mich recht erinnere, hieß die Kleine Malinki, ein russisch beeinflusster Name. Da sie ihre Mutter nicht erkannte und sich weigerte, mit ihr zu gehen, erlaubten wir der verstörten Frau, bei uns zu bleiben, damit sie die Beziehung zu ihrer Tochter wieder aufbauen konnte. Langsam wuchs das Vertrauen des Mädchens. Sie bat ihre Mutter, die fest im jüdischen Glauben verwurzelt war, mit ihr in die Kirche zu gehen, an die sie sich in ihrer Zeit bei der Pflegefamilie gewöhnt hatte.

Bald war sie der täglichen Ausreden müde. »Mammie«, rief sie irgendwann aus, »ich weiß, warum du nicht mit mir in die Kirche gehen willst.«

»Und warum?«

»Weil du sehr geizig bist. Wenn der Priester mit dem Teller herumgeht, um Geld einzusammeln, schaust du weg. Du willst keinen Groschen in die Kollekte geben.« Darauf konnten sie ihre Verbindung weiter aufbauen. Ich habe mich oft gefragt, wie es ihnen wohl ergangen ist. Das Mädchen müsste jetzt über 80 Jahre alt sein. Ich glaube nicht, dass sie in Polen geblieben sind, es gab ja viele Auswanderungsprogramme.

Leider hatte ich auch schwierigere Verantwortlichkeiten, denn die Welt war nach wie vor ein gefährlicher Ort. Eines Morgens Anfang Juli 1946 wurden wir nach Kielce gerufen, wo ein antijüdisches Pogrom im Gange war. Ich hinterließ eine mannstarke Wache in Rabka-Zdrój für den Fall, dass es auch hier zu Angriffen käme. Als wir mit dem Panzer der UB in Kielce ankamen, hatte sich auf der Hauptstraße ein Mob zusammengerottet, bewaffnet mit Äxten, Sicheln, Metallstangen und Schaufeln.

Wie so oft in solchen Fällen hatte auch hier der Hass jegliche Vernunft ausgeschaltet. Es gab Gerüchte, ein kleiner christlicher Junge namens Henryk Błaszyczyk sei von Juden entführt und getötet worden. Sie hätten sein Blut zum Backen von Matze, dem ungesäuerten Pessachbrot, benutzt. Man spricht in diesem Zusammenhang von der Ritualmordlegende.

Tatsächlich hatte sich der Junge im nahe gelegenen Wald verlaufen. Als man ihn zwei Tage später fand, gab er nicht etwa zu, was passiert war, sondern zeigte auf einen Mann aus dem örtlichen DP-Lager, das sich in einer Nebenstraße im Stadtzentrum befand, und beschuldigte ihn, ihn im Keller des Hauses eingesperrt zu haben. Was sein Vater sogleich überall verbreitete.

Dabei hatte das Haus, in dem 160 Juden lebten, gar keinen Keller. Das Pogrom, das durch diese Lüge ausgelöst wurde, kostete 42 Menschen, darunter Frauen und Kinder, das Leben. Sie wurden drei Tage später in einem Massengrab bestattet. Neun der Angreifer wurden von polnischen Gerichten in Schnellverhandlungen zum Tode verurteilt, doch unsere Aufgabe bestand darin, die unsichere Ruhe aufrechtzuerhalten, während die Anklagen und Gegenanklagen gegen Soldaten, Milizionäre und Zivilisten untersucht wurden.

Ein Vergeltungsschlag von unserer Seite hätte noch mehr Todesopfer gefordert. Doch das Pogrom von Kielce hatte einen so großen Einfluss auf die ohnehin traumatisierte jüdische Gemeinschaft, dass in den folgenden drei Monaten 100 000 Juden aus Osteuropa flohen.

Und wie vorhergesagt, wurden wir zur Zielscheibe von Angriffen. Unser Jeep wurde in Rabka-Zdrój von einem Heckenschützen, der auf einem Dach lag, mehr als einmal beschossen, und wir mussten auch nächtliche Angriffe zurückschlagen. Besonders hart traf all das Lena Küchler, eine wunderbare Lehrerin und Psychologin, die mit verlassenen Kindern zwischen drei und 15 Jahren arbeitete. Ihr Einsatzort war das jüdische Gemeindezentrum in Krakau, wo Überlebende Essen, Wasser, Kleidung und vorübergehende Unterkunft bekommen konnten.

Sie war ganz zweifellos eine mutige Frau. Unter falschem Namen hatte sie sich während des Krieges als katholisches Kindermädchen ausgegeben, nachdem sie bei der Liquidation ihrer Heimatstadt Wieliczka dem Transport nach Belzec entkommen war – dasselbe Wieliczka, wo ich im Salzbergwerk als Zwangsarbeiter geschuftet hatte. Ihr berühmtester Akt des Mitgefühls und Widerstands war, als sie ein Baby fand, das auf dem Leichnam der Mutter lag und noch lebte. Sie versteckte das Baby unter ihrem Mantel, schmuggelte es aus dem Ghetto und fand Zuflucht in einem Kloster, obwohl sich die Mönche erst weigern wollten, ein beschnittenes Kind aufzunehmen.

Nach dem Krieg brachte sie ihre Kinder bald in ein Haus 40 Kilometer weiter südlich, in Zakopane. Als es auch dort im März 1946 zu Angriffen durch antisemitische Dorfbewohner kam, brachte sie die Gruppe, inzwischen etwa 100 Kinder, in die Tschechoslowakei, dann nach Deutschland und schließlich nach Frankreich. 1949 kamen sie schließlich in einen Kibbuz in Israel. Sie lebte in Tel Aviv und hielt Kontakt zu den Kindern, ihrer Ersatzfamilie, bis sie 1987 im Alter von 77 Jahren starb.

Enger vertraut war ich mit der Arbeit von Yeshayahu Drucker, einem polnischen Militärgeistlichen, der ein ähnliches Rettungsprogramm wie unseres im südpolnischen Zabrze nahe Katowice leitete und Rabka-Zdrój mehrere Male besuchte. Wir hatten ähnliche Glaubensvorstellungen und gehörten beide zur Misrachi, einer religiös-zionistischen Organisation. Er verstand die Macht des Militärs und trug im Dienst immer eine Majorsuniform.

Er war ein nachdenklicher Mann Anfang dreißig, der sich mit ruhiger Leidenschaft in den Jahren von 1945 bis 1948 um etwa 700 Kinder kümmerte. Ich bewunderte ihn außerordentlich. Ich war zu jung, um beide Seiten meines Jobs, der die Aufgaben eines Sicherheitswächters und eines Sozialarbeiters umfasste, souverän auszuführen, und schätzte seinen praktischen Rat sehr, wenn es um bildungsmäßige und organisatorische Herausforderungen ging, mit denen wir konfrontiert waren.

Er stand auch in Verbindung mit der Koordinationsstelle, die die Bemühungen von neun zionistischen Organisationen abglich und sich um etwa 1000 Kinder in vier Heimen – zwei in Łódz und zwei in Schlesien – kümmerte. So ging es bis 1949, als es in Polen zu politischen Aufständen kam. Die Organisation half auch jüdischen Kindern und Jugendlichen, die während des Krieges in die Sowjetunion gebracht worden waren.

Über unsere Verbindungen zur Misrachi kannten wir beide, Yeshayahu und ich, den leitenden Rabbi in der polnischen Armee, David Kahane. Seine Eltern waren in Belzec ermordet worden, und er hatte den Krieg nur deshalb überlebt, weil er versteckt worden war, zunächst auf dem Dachboden eines Klosters und mithilfe des ukrainischen Erzbischofs der orthodoxen Kirche. Er war eine imposante Gestalt, vor allem, wenn er seine Uniform trug, und hatte bei der Beerdigung der Opfer von Kielce eine machtvolle Ansprache gehalten.

Als häufiger Gast im DP-Lager in Bad Ischl half er bei der Finanzierung von Druckers Projekt durch amerikanische Wohltäter. Außerdem war er so eng mit Chaim Spielman befreundet, dass er an dessen Hochzeit teilnahm, bevor er 1949 nach Israel ging, um dort oberster Militärrabbiner bei der Luftwaffe zu werden. Später hatte er eine ähnliche Funktion in Argentinien inne.

Ich reiste weiterhin viel, doch so wie sich die Dinge entwickelten, konzentrierten sich unsere Bemühungen auf die Region Galizien, also jene Region, die vom südöstlichen Polen bis in die heutige westliche Ukraine reicht. In die formalen Vorgänge der Dokumentation war ich nicht involviert, doch innerhalb eines Jahres hatten wir etwa 600 Kinder in unsere Obhut genommen.

Die Mitglieder der Misrachi vertreten die Ansicht, der jüdische Nationalismus habe eine religiöse Dimension. Ich interessierte mich zunehmend für die Rolle, die Palästina in Bezug auf die Zukunft unserer Waisenkinder spielen könnte. Da die Briten als Mandatsmacht im Heiligen Land eine jüdische Einwanderung im großen Maßstab ablehnten, mussten wir die Möglichkeiten einer Zusammenarbeit mit der *Bricha* ausloten, jener Untergrundbewegung, deren hebräischer Name »Flucht« bedeutet.

Diese Gruppe organisierte die illegale Einwanderung nach Israel, auch bekannt als Aliyah Bet oder heute eher unter der hebräischen Bezeichnung *Ha'apala*, was so viel bedeutet wie

»Aufstieg«. Sie stand auch in Verbindung mit anderen zionistischen Organisationen, darunter die paramilitärische *Haganah*, die später, nach der Staatsgründung 1948, in den israelischen Streitkräften aufging. Ich wollte unsere Initiative allerdings so unpolitisch und neutral wie möglich halten.

Das war schwierig, weil das Thema so aufgeladen war. Heimlich nahm ich über eher orthodoxe Kanäle mit der Jewish Agency Kontakt auf, wo Jitzchak Rafa'el – später israelischer Religionsminister und stellvertretender Gesundheitsminister – und Eliezer Unger, Führer der Bewegung *HaShomer HaDati*, einen Plan entwickelten, um unsere Kinder nach Palästina zu bringen.

Diese Männer waren an der Gestaltung des modernen Israel beteiligt, sowohl in praktischer als auch philosophischer Hinsicht. Rafa'el trotzte allen Kritikern, indem er den offiziell genehmigten Zustrom von 685 000 jüdischen Flüchtlingen von 1948 bis 1951 organisierte. Sein Vater Yehuda Leib Maimon war an der Formulierung der Unabhängigkeitserklärung des jungen Staates beteiligt und wurde zum ersten Minister für Kriegsopfer. Unger gilt heute allgemein als der Erste, der die Zahl von sechs Millionen jüdischer Holocaust-Opfer errechnete.

Diese Männer jedenfalls stellten mich Rav Jitzchak Herzog vor, dem obersten Rabbi in Palästina. Dieser große Mann, dessen Sohn Chaim und Enkel Jitzchak beide Staatspräsidenten von Israel wurden, hatte es sich nach dem Krieg zur Aufgabe gemacht, verlassenen jüdischen Kindern in Europa zu helfen. Er bat den Vatikan um Hilfe und wurde trotz der offiziellen Ablehnung aus Rom heimlich durch den polnischen Priester Karol Wojtyła unterstützt, den späteren Papst Johannes Paul II.

Die Kommunikation war schwierig und verlief hauptsächlich über Telegramme, doch er verstand unsere Absichten und unseren Bedarf an finanzieller und organisatorischer Hilfe. Und er machte sein Versprechen mehr als wahr, Geld, Menschen und praktische Unterstützung zu organisieren. So nahm unser Plan Form an, auch wenn wir so tun mussten, als liefe alles ganz normal weiter.

Es war eine bittersüße Zeit. Die Kinder in unserer Obhut waren mir sehr ans Herz gewachsen, und natürlich machte ich mir Sorgen um ihr Wohlergehen, doch ich wusste auch, wir hatten alles für sie getan, was uns möglich war. Jetzt musste ich sie anderen Menschen anvertrauen, die mehr Erfahrung in verdeckten Operationen hatten und wussten, wen man bestechen und welche Routen man nehmen musste.

Meine Aufgabe bei der Flucht unserer Kinder endete, als sie in Gruppen zu jeweils 40 auf Lastwagen geladen und über die Tschechoslowakei und Österreich nach Italien gebracht wurden. Mir brach fast das Herz, als ich sie abfahren sah, und ich verfolgte ihre Fahrt bis in die Hafenstadt Triest, so gut ich konnte. Dort wurden sie auf ein Schiff gebracht, so erfuhr ich, das nach Haifa fuhr, aber vor der Küste vor Anker gehen musste und von den Briten aufgehalten wurde. Die Behörden schickten alle Menschen auf diesem Schiff in ein Internierungslager auf der Insel Zypern.

Die meisten dieser Schiffe, die inspirierte Namen wie Lo Tafchidunu (Ihr könnt uns keine Angst machen) trugen, wurden von den *Palyam* begleitet, der Marineeinheit der *Palmach*, einer Elitetruppe innerhalb der *Haganah*. Die Reise begann von verschiedensten Ländern aus, etwa Frankreich, Algerien, Rumänien oder Schweden. Mehr als die Hälfte der Schiffe wurden jedoch von der britischen Marine aufgehalten, die mit acht Schiffen vor der Küste Palästinas patrouillierte.

Unsere Gruppe kam dann kurz nach der Unabhängigkeit, im Mai 1948, nach Israel, doch dort verliert sich ihre Spur. Da die ganze Operation strikter Geheimhaltung unterlag, ist es wenig überraschend, dass ich keine Unterlagen darüber gefunden habe und nichts über den weiteren Lebensweg der Kinder erfahren konnte. Durch Zufall traf ich jedoch bei einem Besuch in Auschwitz-Birkenau auf zwei Damen, die mir erzählten, sie seien als Kinder in Rabka-Zdrój gewesen. Ich war so verblüfft, dass ich vergaß, sie nach ihren Namen und Kontaktdaten zu fragen.

Meine Kinder und Enkelkinder haben oft vorgeschlagen, ich solle in Israel Zeitungsannoncen aufgeben, um mehr über das Schicksal unserer Waisenkinder zu erfahren. Wenn sie mit Gottes Hilfe noch leben, dürften sie jetzt ebenso wie ich fortgeschrittenen Alters sein. Sie würden mich nicht erkennen, und ich würde sie nicht erkennen. Vielleicht erinnern sich einige, wenn sie dieses Buch lesen, doch mein wirklicher Lohn ist meine eigene Erinnerung an eine großartige Mission. Dass ich daran teilhaben durfte, gehört zu den größten Privilegien meines Lebens.

Damals, im durchaus gefährlichen Nachkriegspolen, musste ich schnell weiterziehen. Es war nicht sicher für mich, auf den Markt oder durch die Straßen zu gehen. Regelmäßig erhielt ich Todesdrohungen, und ich wurde auch mehrere Male beschossen. Die UB-Männer warfen mich auf den Boden, um mich zu schützen, wenn sie Schüsse hörten. Einmal, als wir mit dem Jeep unterwegs waren, warf jemand von einem Balkon aus eine Axt nach mir. Zum Glück streifte sie nur meinen Fuß und mein Hosenbein.

Die Verantwortung für den Rest unseres Projekts übergab ich an Moniek, meinen Stellvertreter. Um die Verfolger von meiner Fährte abzulenken, schickte ich mir selbst ein gefälschtes Telegramm, in dem es hieß, mein Vater in Wien sei schwer erkrankt, sodass meine Anwesenheit dort dringend erforderlich sei. Tatsächlich reiste ich nach Bad Ischl, wo Chaim Spielman mich bereitwillig als seinen Stellvertreter in Diensten der UNRRA einstellte.

Ich war für die Sicherheit des DP-Lagers zuständig, eines Hotels, das heute ein Haus mit Wohnungen ist, und arbeitete von einem kleinen Büro beim Eingang aus, wo ich mitbekam, wer ein und aus ging. Die Spannungen waren hoch, weil die örtliche Bevölkerung wütend über die angebliche Vorzugsbehandlung der Juden war. Unsere Milchzuteilungen, so erinnere ich mich, waren ein besonderer Stein des Anstoßes, es gab sogar Handgemenge, die ich der örtlichen Polizei melden musste.

Die kleine Stadt, in der der Habsburger Kaiser Franz Joseph I. seine Sommerferien verbracht hatte, war wie der Rest Europas in einer Übergangssituation. Alte Mythen kollidierten mit neuen Realitäten. Unsere Bewohner, etwa 300 Überlebende von Mauthausen und seinen Außenlagern, waren staatenlos und lebten zu fünft in einem Zimmer. Es gab keine Privatsphäre, sie hatten keine Familien, und die Sorge, sie hätten auch keine Zukunft, war groß.

Genau an diesem Ort traf ich eine Entscheidung, die den Rest meines Lebens bestimmen sollte.

KAPITEL 15

NEUE HORIZONTE

Ich gestehe, dass ich unmittelbar nach meiner Befreiung einen derartigen Widerwillen gegen die ganze Menschheit empfand, dass ich am liebsten weggelaufen wäre und mich irgendwo versteckt hätte. Ich hatte miterlebt, zu welchen Gräueln Menschen fähig waren, und konnte meine Furcht vor den Mitmenschen kaum bezähmen. Nur zu gern hätte ich mich auf einem einsam gelegenen Bauernhof niedergelassen und ganz einfach gelebt, nur von Hühnern, Kühen, Hunden und Pferden umgeben.

Tiere konnten mir nicht wehtun. Sie würden mich nicht wegen meines Glaubens und einer Herkunft verfolgen. Ich weiß, das klingt albern, aber es war eine wunderbare, wenn auch flüchtige Fantasie, der ich mich hingab, bevor mir klar wurde, dass ich die Pflicht hatte, das Beste aus meinem Überleben zu machen. Die Nazi-Massenmörder mussten zur Rechenschaft gezogen werden. Und die Kinder, die diese Mörder zu Waisen gemacht hatten, sollten eine zweite Chance bekommen.

Als all das erledigt war, kam die Welt auf mich zu. Eine ganze Reihe von Einwanderungsbeamten aus verschiedenen Ländern besuchte Bad Ischl mit dem Versprechen, uns einen Neustart zu ermöglichen. Ich wollte nicht nach Australien, ans andere Ende der Welt. Der Ironie des Schicksals ist zu verdanken, dass ich später viele Jahre in Montreal verbrachte, obwohl ich zu dieser

Zeit auch die Chance, nach Kanada zu gehen, ablehnte, weil ich dachte, dort lebten Eskimos[2] in Iglus.

England reizte mich nicht. Amerika, traditionell das Land der unbegrenzten Möglichkeiten, besaß schon eher eine Sogwirkung, doch von meiner Philosophie her fühlte ich mich eher von der Vorstellung angezogen, ich könnte mithelfen, den neuen Nationalstaat Israel aufzubauen. Ich hatte an Demonstrationen teilgenommen, in denen ein Heimatland für die Juden gefordert wurde, und die alte Flagge – blau-weiß und ohne den Davidsstern – durch die Straßen von Wien und München getragen.

Ich gehörte zu einem unabhängigen Club namens Chovevei Zion, Liebhaber Zions (der alte biblische Name für Jerusalem). Ein globales Netzwerk solcher Clubs, die Ende des 19. Jahrhunderts von verfolgten Juden in Rumänien und dem zaristischen Russland gegründet worden waren, entwickelte einen Nationalstolz und widmete sich dem Gedanken an eine Rückkehr in das alte Stammland Eretz Yisrael – so der hebräische Name für das Land Israel.

Es handelte sich eher um eine kulturelle als eine politische Bewegung, die ihre Ideale in Form eines jiddischen Kinderliedes ausdrückte, das ich aus meiner Kindheit kannte. Frei übersetzt lautet der Text etwa so: »Das Land Israel ist mein liebes Land. Es ist auf der ganzen Welt bekannt. Zwischen Flüssen und Seen und Tälern gibt es keines, das ihm gleicht. Kein Land ist so wie mein liebes Land.«

Mir ist klar, dass viele andere Nationen ähnliche Lieder haben, doch für mich besiegt die Schlichtheit dieses Kinderliedes jede Polemik. Ich kann mir vorstellen, dass es schon vor Hunderten von Jahren gesungen wurde, als der Traum von einer Rück-

---

2 Im englischen Original *Eskimos*, »Inuit« ist heute die Selbstbezeichnung der Eskimos bes. in Kanada (Anm. d. Übers.).

kehr in das Land, das Gott Abraham, Isaak und Jakob gab, genauso stark war wie heute, da »Zionismus« für manche Leute ein Schimpfwort ist.

Die politische Dimension war die Sache der Misrachi, der ich wie schon berichtet angehörte. Aus ihr entstand die erste offizielle religiöse Partei, die danach strebte, die koscheren Speisegebote und die Beachtung des Sabbats im Arbeitsleben durchzusetzen. Wir betrachteten die Thora als zentrales Element des Zionismus.

Die Misrachi legte auch die Grundlagen der Staatlichkeit, indem sie ein System religiöser Schulen errichtete, das bis heute funktioniert. Doch Aktivismus ist ebenso sehr eine Sache von Menschen wie von Ideen und Überzeugungen. Ich hatte das Netzwerk der Misrachi-Mitglieder in meiner Nachkriegsarbeit genutzt. Dort herrschte ein Gefühl von Hoffnung und Glück. Ich wage es fast nicht zu sagen: Meine Generation bereitete sich darauf vor, Macht auszuüben.

Familie Schreiber, die ich durch den freundlichen Kapo Lolo kennengelernt hatte, stand im Mittelpunkt der sozialen und politischen Aktivitäten in Österreich. Sie stellte Verbindungen zwischen Einzelpersonen und Organisationen her und förderte eine Atmosphäre, in der natürliche Führungspersönlichkeiten sich entfalten konnten. Doch der Optimismus, der sich daraus ergab, gefiel dem herrschenden Establishment nicht.

Eines Abends, als wir von einem besonders erfolgreichen Treffen in der Wiener Wohnung der Schreibers zurückkamen, standen unsere Koffer und persönlichen Gegenstände auf dem Bürgersteig vor unserem Hotel aufgestapelt. Die Direktion behauptete, wir würden andere Gäste mit unserem Singen stören, und hatte unsere Reservierung storniert. Moshe Shapira, einer aus unserer Gruppe, wollte unsere Rechnung bezahlen, doch man sagte ihm einfach, er solle gehen.

Moshe hatte jedoch größere Kämpfe zu bestehen. Wenig später gehörte er zu den Unterzeichnern der israelischen Unabhängigkeitserklärung. In der provisorischen Regierung unter David Ben-Gurion wurde er Gesundheits- und Einwanderungsminister. Pinhas Scheinman, ein weiterer Freund, wurde Generalsekretär des Siedlungsprogramms *Hapoel HaMizrachi* und stieg später zum stellvertretenden Sprecher der Knesset – des israelischen Parlaments – auf.

Und die Reihe der besten und klügsten Köpfe war damit noch nicht beendet. Moshe Krohne wurde Sekretär von Torah V'Avodah, einer religiösen zionistischen Bewegung, die sich für Toleranz und Gleichheit einsetzt und die Debatte über die jüdischen Gesetze fördert. Chaim Chamiel wurde ein gefeierter Schriftsteller. Zerach Warhaftig, ein Rabbi, Anwalt und Politiker, der aktiv in der Jewish Agency arbeitete, war ein weiterer Bekannter von mir, der die israelische Unabhängigkeitserklärung mit unterzeichnete.

Die Führungsriege der Misrachi traute mir einiges zu, und da ich nie die Chance auf eine formelle Ausbildung gehabt hatte, bot sie mir an, mir ein Studium in Oxford zu ermöglichen. Rabbi Shmuel Belkin, Dekan der Yeshiva University in New York, schickte ebenfalls einige Briefe, in denen er mir einen Studienplatz anbot. Er war ein angesehener Thora-Gelehrter, der gerade dabei war, dieses kleine College und Rabbiner-Seminar in eine der wichtigsten Bildungseinrichtungen Nordamerikas zu verwandeln.

In nachdenklichen Momenten bedauere ich manchmal heute noch, dass ich diese Gelegenheiten ungenutzt verstreichen ließ. Doch ich war ganz offensichtlich für ein politisches Amt in unserem neuen Staat vorgesehen, mit dem ich mich identifizierte und der für mich eine heilige Sache war. So blieb ich aktiv im jüdischen Leben im Exil, vor allem durch die Bruderschaft B'nai B'rith und gründete 1956 die Misrachi-Bewegung in Kolumbien.

Ich bewunderte, wie die besten Politiker starke Ideale mit

einer Mischung aus Pragmatismus, Kühnheit und gelegentlicher Rücksichtslosigkeit ausbalancierten. Mit Menachem Begin, der später Ministerpräsident von Israel wurde, verband mich eine enge Freundschaft, nachdem ich ihn als Teil einer Delegation am Flughafen kennengelernt hatte, als er 1950 Argentinien besuchte. Ich nutzte meinen Sicherheitsstatus, um sein Flugzeug zu betreten und die Einreiseformalitäten für ihn zu erledigen.

Er sollte später große Dinge erreichen und gemeinsam mit dem ägyptischen Präsidenten Anwar el-Sadat den Friedensnobelpreis erhalten, nachdem die beiden 1979 einen Friedensvertrag unterzeichnet hatten. Damals jedoch, als Führer der relativ jungen Herut-Partei (Herut ist das hebräische Wort für Freiheit), waren die rauen Kanten seines Charakters noch deutlicher zu spüren. Schließlich war er Kommandeur der militanten Irgun-Untergrundbewegung gegen die britische Herrschaft in Palästina gewesen.

Die Briten hatten ihn während dieser Zeit steckbrieflich gesucht und eine Prämie von 10 000 Pfund auf seinen Kopf ausgesetzt. Doch wie so oft in der Geschichte war die Grenze zwischen einem Terroristen und einem Freiheitskämpfer nicht leicht zu ziehen, je nachdem, wo man stand. Ich jedenfalls bewunderte ihn sehr für seine Demut und Leidenschaft. Vom ersten Moment an fiel mir auf, wie schlicht er sich kleidete. Sein Anzug war alt, sein Hemd abgetragen. Seine Schuhe hätten mal wieder geputzt werden können. Erst später, bei seinen öffentlichen Auftritten, kleidete er sich seinem Status angemessen in einen blauen Mantel mit weißem Schal und Hut.

Argentinien hatte eine große jüdische Bevölkerung von etwa einer halben Million Menschen. Begins Hauptziel bestand darin, möglichst viele zum Kauf von israelischen Staatsanleihen zu bewegen und die Wirtschaftsbeziehungen zwischen den beiden Ländern zu verbessern. Er war ein großer Redner und hielt eine eloquente Ansprache vor 180 000 Menschen im Luna Park von Buenos Aires, doch in kleinen Gruppen wirkte er ebenso beeindruckend, so in lokalen Synagogen und Sälen.

Ich hatte das Privileg, einige Zeit in seiner Gesellschaft zu verbringen. Wir sprachen auf Jiddisch über unsere jeweilige Herkunft. Beide hatten wir eine traditionelle *cheder*-Ausbildung erhalten und diskutierten darüber, wie die Kriegserlebnisse uns jeweils geprägt hatten. Ihn hatten seine Verhaftung und die Folter durch die Sowjets gestählt – er hatte acht Jahre in einem Gulag verbracht.

Er bereute auch den Bombenanschlag auf das britische Hauptquartier im King David Hotel nicht, bei dem 91 Menschen gestorben waren und der den bewaffneten jüdischen Widerstand gespalten hatte. Immerhin, so argumentierte er, hatte der Anschlag den Rückzug der Briten beschleunigt. Kummer bereitete ihm einzig die Tatsache, dass Dov Gruner, ein relativ unerfahrener Irgun-Mann, von den Briten nach einem bewaffneten Angriff auf eine Polizeiwache in Tel Aviv hingerichtet worden war.

Er wollte unbedingt von meinen Erfahrungen in den Lagern hören, und wie es so oft geschieht, verbanden uns unsere privaten, persönlichen Tragödien. Ich versuchte ihm zu erklären, was es hieß, der einzige Überlebende aus einer großen weitverzweigten Familie zu sein – Begin erzählte von seinen Eltern und seinem älteren Bruder Herzl, die ebenfalls von den Nazis ermordet worden waren.

Diese Erinnerungen führten zu unserem erstaunlichsten Wortwechsel. Die Deutschen boten zu dieser Zeit eine Einmalzahlung von 5000 bis 8000 US-Dollar – damals eine riesige Summe – als Entschädigung für junge Juden an, denen die Nazis eine Ausbildung verweigert hatten. Als ich gestand, dass ich daran dachte, dieses Geld anzunehmen, erstarrte der Politiker. Seine Augen hinter der bekannten Hornbrille funkelten auf einmal.

»Jossele«, sagte er zu mir und zeigte mit dem Finger auf mich. »Du darfst das Blut deines Vaters, das Blut deiner Mutter, das Blut deiner Geschwister, das Blut deiner ganzen Familie, nicht für ein paar stinkende Dollar verkaufen. Tu das nicht.« Er hielt ein paar Sekunden inne und starrte wie versteinert vor sich hin, bevor er wiederholte: »Tu das nicht.« Und ich versprach es ihm, obwohl ich das später bereut habe.

Im Rückblick erklärt dieser Moment, warum ich überhaupt in Argentinien war. In Bad Ischl fühlte ich mich allein, trotz all der Freundschaften, die ich geschlossen hatte, und all der Träume, die wir gemeinsam hatten. Ich sehnte mich nach der Zuflucht in einer Familie, von der ich annahm, dass ich sie nie finden würde – bis ich eine Mitteilung des Internationalen Roten Kreuzes las.

Dort hieß es, in Argentinien würde jemand nach Mitgliedern meiner Familie suchen. Ich hätte Argentinien nicht auf einer Weltkarte lokalisieren können, doch bei dem Namen stiegen Kindheitserinnerungen an bunte Briefmarken in mir auf. Briefmarken auf Umschlägen, die von fernen Orten bei uns zu Hause gelandet waren. Ich hatte diese Briefmarken mit Freunden getauscht.

Der Mann, der diese Briefe geschickt hatte, war mein Großonkel Israel. Und er suchte jetzt nach überlebenden Verwandten. Ich konnte mein Glück gar nicht fassen. Es ist schwer zu verstehen, wie leer man sich fühlt, wenn man keine Familie um sich hat. Mit dem eigenen Fleisch und Blut kann man ehrlich, angstfrei und auch gefühlvoll sprechen. Selbst mit guten Freunden würde man seine Geheimnisse nie in gleicher Weise teilen.

Ich entschied mich von einem Moment zum anderen und beschloss, nach Argentinien zu gehen und mir in Südamerika ein neues Leben aufzubauen. Mein Großonkel war überglücklich, mich gefunden zu haben, und gleichzeitig niedergeschmettert, vom schrecklichen Schicksal so vieler Menschen zu hören, die ihm lieb und teuer waren. Schnell machte er sein Versprechen wahr, mir ein Ticket für die Formosa zu schicken, ein Schiff, das früher zum Transport von Rindern gedient hatte, nun aber nach einem Umbau etwa 1000 Passagiere aufnehmen konnte.

Mein vordringlichstes Problem war jedoch die Identifikation. Ich besaß lediglich einen Ausweis der amerikanischen Behörden in Österreich. Er identifizierte mich als den Ex-Häftling 85314, der aus dem Konzentrationslager Mauthausen-Ebensee befreit worden war, und bezeichnete mich als »staatenlos«. Mein Geburtsort und Geburtsdatum waren angegeben, doch sie spielten ja keine Rolle, da ich sie erfunden hatte.

Was ich brauchte, war ein Pass. Also nahm ich Kontakt zu einem *sofer* auf, einem jüdischen Schreiber, der in Diensten der Familie Schreiber stand. Er besorgte mir eine Zugfahrkarte nach Frankreich und gab mir den Rat, seinem Freund, dem polnischen Konsul in Toulouse, zu sagen, dass er mich schickte. Außerdem gab er mir die Adresse einer Familie mit, bei der ich übernachten könnte.

Meine Gastgeber waren ungemein hilfsbereit. Sie halfen mir bei der Besorgung von Passfotos, und als das Konsulat bei meinem ersten Besuch geschlossen war, erlaubten sie mir, so lange zu bleiben wie nötig. Dann brachten sie mich zum Haus des Konsuls, wo ich von meinen Erfahrungen berichtete, während er die nötigen Papiere vorbereitete.

Einiges blieb freilich ungesagt. Der Konsul war offensichtlich jüdischer Herkunft, konnte sich aber nicht dazu bekennen, weil er für die polnische Regierung arbeitete. Er schien aber ungewöhnlich vertraut mit Menschen wie mir, die einen Antrag auf Ausstellung eines Passes stellten, ohne die formalen Voraussetzungen zu besitzen. Mit Sicherheit waren die meisten von ihnen Holocaust-Überlebende wie ich.

Nachdem ich mit meinem neuen polnischen Pass nach Bad

Ischl zurückgekehrt war, bestand der nächste Schritt darin, mir im argentinischen Konsulat in Wien ein Visum zu besorgen. Ich legte dem zuständigen Beamten mein Ticket vor und füllte das erforderliche Formular aus. Als der Konsul aus seinem Büro kam, begrüßte er mich sehr freundlich und sagte, er würde mir das Visum sofort ausstellen, wenn ich mich als Christ bezeichnen würde und nicht als Juden.

Ich ging hoch. Wie konnte er es wagen, mir mein Geburtsrecht streitig zu machen? Was gab ihm das Recht, mich zum Verleugnen meines Glaubens aufzufordern? Ich hatte entsetzlich gelitten, weil ich Jude war, und würde darüber nicht die Unwahrheit sagen, um die Bedürfnisse eines Beamten zu erfüllen. »Nun, mein Freund«, erwiderte der Konsul seelenruhig, »in diesem Fall kann ich Ihnen nicht helfen.« Dasselbe passierte ein paar Tage später, als ich im argentinischen Konsulat in München den Versuch unternahm, ein Visum zu bekommen.

Die Formosa sollte von Le Havre abfahren, also versuchte ich es noch einmal in Paris, mit dem gleichen Ergebnis. Ich war der Verzweiflung nahe. Ich hatte alle Möglichkeiten ausgeschöpft und war gescheitert. Man bedenke, dass all dies zu einer Zeit passierte, als viele Nazis und ihre Kollaborateure in ganz Südamerika still und heimlich willkommen geheißen wurden. Die Gerechtigkeit schien außer Kraft gesetzt zu sein.

Ich bin stolz darauf, nie zurückzuweichen, und war auch in diesem Fall entschlossen, nicht aufzugeben. Wie in vielen anderen Fällen vertraute ich auf eine Mischung aus Charme und Gerissenheit, um zu bekommen, was ich wollte. Da ich wusste, dass mein Schiff zunächst in Rio de Janeiro anlegen würde, ging ich zum brasilianischen Konsulat, wo ich den Beamten mit meinem schönsten Lächeln bezirzte. Ich erzählte ihm, ich hätte so viele wunderbare Dinge über sein Land gehört, dass ich es kennenlernen wolle, bevor ich meine Reise fortsetzte.

Und siehe da, mein Plan ging auf. Ich musste keine falschen Angaben über meine Religion machen und bekam ein Transitvisum. Die nächsten etwa fünf Wochen verbrachte ich auf der Formosa, wo Hunderte von Männern, Frauen und Kindern in provisorischen Betten auf und unter Deck schliefen. Es war eine Zeit des Nachdenkens; ich widmete viele Stunden dem Studium der Thora, gemeinsam mit einem neuen Freund, einem jungen ungarischen Flüchtling namens Chanania Grunblatt.

Mit nur sieben Dollar in der Tasche kam ich in Rio an. Mein gesamter weltlicher Besitz passte in einen kleinen Koffer. Das wurde zum drängenden Problem, weil man mir auch im dortigen Konsulat das Visum für die Einreise nach Argentinien verweigerte, nachdem ich mich immer noch weigerte, mich als Christen auszugeben. Ich beherrschte die Landessprache nicht, und es war sehr heiß. Ein paar Nächte verbrachte ich auf einer Bank in einem schönen Park und versuchte, das letzte bisschen Essen zu strecken, das ich aus der Schiffsküche mitgenommen hatte.

Mein Glaube verkomplizierte zwar meine Reisepläne, erwies sich aber letztlich als Rettung, denn ich fand Aufnahme in der Synagoge vor Ort, wo man mir ein paar Cruzeiros gab, damit ich mir Brot und Milch kaufen konnte, und wo man auch eine Übernachtungsmöglichkeit für mich arrangierte. Es war eine Erleichterung, unter meinesgleichen zu sein, jiddisch zu sprechen und zu Gott zu beten. Alle wollten wissen, wer ich war, warum ich gekommen war und woher. Sie wussten nur wenig darüber, was die Juden in Polen während des Holocaust durchgemacht hatten.

Die Gemeinde besorgte mir eine Stelle in einer Matratzenfabrik, sodass ich genug Geld verdiente, um mir ein Zimmer zu nehmen und die Stadt zu erkunden. Rio war eine Offenbarung – ein Ort des Lichts und der Farben mit Früchten und Lebensmitteln, die ich nie zuvor gekostet hatte. Ich verlängerte mein Transitvisum und suchte mir einen Job mit besserer Bezahlung in einer Fabrik, wo Strickpullover hergestellt wurden.

Währenddessen lernte ich auf den Märkten und Straßen ein bisschen Portugiesisch. Ohne zu wissen, dass darin ein Vorgeschmack auf die Zukunft lag, freundete ich mich mit einer Gruppe von Diamantenhändlern an, die aus Belgien geflohen waren. Die ganze Zeit blieb ich aber in Kontakt mit meinem Onkel in Buenos Aires – wir schrieben uns Briefe und Telegramme.

Der Durchbruch kam, als er vorschlug, ich solle einen seiner Geschäftspartner in Paraguay aufsuchen, einen gewissen Herrn Schneiderman. Er schickte mir das Geld für den Flug nach Asunción, und die Geschäftsverbindung reichte, um ein Visum zu bekommen. Zu meiner großen Überraschung war bei meiner Ankunft der Bürgerkrieg, der vier Monate zuvor, im März 1947, begonnen hatte, in seine entscheidende Phase getreten.

Es handelte sich um die sogenannte Barfußrevolution, ein durchaus passender Begriff, denn ich wurde von einem Soldaten ohne Schuhe und in einem zerrissenen Hemd kontrolliert. Ich sprach nur wenig Spanisch, verstand aber die Sprache seines Gewehrs, das auf meine Brust gerichtet war. So vorsichtig ich konnte, reichte ich ihm meinen polnischen Pass. Das Visum für Paraguay war von der diplomatischen Vertretung des Landes in Rio ausgestellt worden, was den ahnungslosen Soldaten zu der Ansicht verleitete, ich sei ein Diplomat.

Damit wandelte sich die Stimmung augenblicklich. Lächelnd eskortierte er mich vom Flughafen zu der Adresse der Familie Schneiderman. Sie bürgten für mich und erklärten mir im Gespräch die Details dieses Krieges zwischen dem herrschenden Diktator Higinio Morínigo und den Aufständischen, die von der Mehrheit der Streitkräfte, von Bankiers und Geschäftsleuten unterstützt wurden.

Mein Gastgeber war gut vernetzt und vermutete zu Recht, der Aufstand würde scheitern, weil Morínigo von dem argentinischen Diktator Juan Perón unterstützt wurde. Er bestach die Frau des örtlichen Polizeichefs, damit sie mir falsche Papiere und einen offiziellen Personalausweis besorgte, aus dem hervorging, dass ich in der Colonia Nuevo Germania geboren war, weit abgelegen im Regenwald von Paraguay.

Ich beschloss, den Makel zu ignorieren, der darin bestand, dass ich in Verbindung mit einer Siedlung gebracht wurde, die von antisemitischen deutschen Nationalisten gegründet worden war – von Leuten, die an die Überlegenheit der »arischen Rasse« glaubten. Stattdessen konzentrierte ich mich auf die Vorteile, die sich daraus ergaben. Paraguay war ein gefährliches, instabiles Land. Fast ein Drittel der Bevölkerung war bereits geflohen. Und meine falschen Papiere sahen echt genug aus, um damit den argentinischen Grenzbeamten zu täuschen, der an Bord des Wasserflugzeugs kam, mit dem ich von Asunción nach Buenos Aires flog.

Mein Großonkel nahm mich gemeinsam mit seiner Ehefrau Malka und seiner Tochter Esther in Empfang. Sie brachten mich in ihr Haus in Canning, einem Stadtteil südwestlich des Zentrums, und stellten mir ein Schlafzimmer zur Verfügung. Onkel Israel hatte vom Tod meines Urgroßvaters gehört, doch ansonsten hatten wir viel nachzuholen. Der Verlust seiner vier Brüder traf ihn tief.

Er sah meinem Großvater sehr ähnlich, war aber nicht mehr der Freigeist wie ehedem. Er gab mir einen Job in seiner Fabrik, in der kunstvolle Kopfenden für Betten, Bilderrahmen und Spiegel hergestellt wurden, die wir mit Blattgold verzierten. Es war eine schmutzige, staubige Arbeit; obwohl wir Atemschutzmasken trugen, mussten wir unsere Kehlen ständig schmieren, indem wir Milch tranken.

Eigentlich schien alles in Ordnung, bis meine Großtante eines Abends, als wir auf der Veranda saßen, ein Thema ansprach, das ihr offenbar wichtig war: Die jungen Männer in der Gegend gingen nicht mehr mit ihrer Tochter aus, weil sie annahmen, dass ich gekommen war, um Esther zu heiraten.

Die unbeabsichtigte Anspielung darauf, dass ich unnötige Probleme bereitete, machte mich wütend. Ich bereue meine Reaktion bis heute. Ich war zornig und in meinem Stolz verletzt und verließ die Familie, ohne mich noch einmal umzublicken. Das war unglaublich dumm von mir. Ich war gerade 21 Jahre alt und hatte niemanden, der mich an die Hand nahm und mir sagte, wie ich mich benehmen sollte. Ich ignorierte alles, was mir eigentlich lieb und teuer war, ließ unersetzliche Dinge zurück und wusste nicht, wohin.

Es sollte fünf Jahre dauern, bis ich zurückkehrte. Der Anlass dafür war, dass mein Onkel krank wurde. Seine Tochter Esther war inzwischen verheiratet und hatte zwei Kinder. Und mein Leben hatte sich wieder einmal verändert. Inzwischen war ich ein relativ erfolgreicher Diamantenhändler. Der wandernde Jude, der von seinem Grips lebte und so viele Sprachen in so vielen Ländern erlernt hatte, war endlich erwachsen geworden.

Mein Überlebensinstinkt hatte mir geholfen, die selbst verursachte Krise zu überstehen. Ich schlief auf Zeitungsstapeln auf dem Dachboden eines *jekke*, eines deutschen Juden, und besorgte mir einen Job in einer Strickfabrik, indem ich den Besitzern vormachte, ich wüsste, wie man mit den Maschinen umgeht. Dabei hatte ich bis dahin eigentlich nur die Böden in einer solchen Fabrik gefegt. Nach ein paar Tagen warfen sie mich hinaus, weil ich so viele Nadeln abgebrochen hatte – die Dinger waren so wertvoll wie Goldstaub.

Zwei polnische Brüder gaben mir einen Job in einer ähnlichen Fabrik auf der anderen Seite von Canning. Entschlossen, nicht noch einmal dieselben Fehler zu begehen, beobachtete ich meine neuen Kollegen und lernte, mit den Maschinen umzugehen, ohne allzu viel Schaden anzurichten. Den Brüdern gefiel mein Arbeitseifer, und ich lebte für den Freitag, wenn ich den Umschlag mit meinem Lohn bekam.

Als Erstes kaufte ich mir eine Matratze für meinen Dachboden, dann ein Bett und einen kleinen Tisch. Ich vermutete, dass ich im Verkauf mehr verdienen könnte, und verdingte mich als Vertreter für eine Werkzeugfabrik. Das hieß, ich musste einen schweren Koffer voller Schrankgriffe und Scharniere durch die Gegend wuchten, und die Sache ging dann auch schief, denn ich zog zwar viele Aufträge an Land, aber der Firma gelang es nicht, die nötigen Materialien für die Produktion zu beschaffen.

Zum Glück hatte ich bereits eine der Schlüsselfiguren in meinem neuen Leben kennengelernt: Izzy Lerner. Er war ein halbes Jahr vor mir aus Antwerpen ausgewandert, wo seine Familie als Diamantenhändler und Fabrikanten tätig war. Nachdem er sich eingerichtet hatte, machte er seine ersten Schritte im Handel, indem er auf der Straße kaufte und verkaufte.

Es dauerte eine Weile, bis aus unserer Freundschaft eine Geschäftspartnerschaft wurde. Auf seinen Rat hin fuhr ich mit der U-Bahn zum *pletzl*, dem Stadtplatz. Dort traf sich die jüdische Gemeinschaft bei einem Restaurant namens Bar Leon. Die meisten Händler bauten draußen kleine Tische auf. Izzy zeigte mir die Grundlagen des Geschäfts, während ich mich daranmachte, ein paar Pesos zu verdienen, indem ich mein Verhandlungsgeschick nutzte, um beispielsweise eine Armbanduhr zu kaufen und mit Gewinn weiterzuverkaufen.

Während ich das tat, begriff ich allmählich den Wert von Gold und die Unterschiede zwischen zwölf, 14 und 24 Karat. Ich handelte mit Münzen, kleinen Ringen und Schmuckstücken und lernte nebenbei einiges über Diamanten. Schnell wurde mir klar, dass es sich um ein Geschäft mit sozialer Komponente handelte. Die Gespräche mussten so entspannt sein, dass man Freude daran hatte, doch auch präzise genug, um keine Missverständnisse aufkommen zu lassen. Die Leute mussten mir vertrauen.

Von diesen Lehren profitierte ich für den Rest meines Lebens. Mein Lebensunterhalt hing von meinem guten Ruf ab. Von Anfang an blieb ich bei dem Preis, den ich jemandem angeboten hatte, auch wenn das hieß, dass ich Geld verlor. Ein Mann hatte nur so viel Gewicht wie sein Wort. Ich wusste, ich musste hart arbeiten, um meine Ehrlichkeit unter Beweis zu stellen, doch es dauerte nicht lange, dann hatte ich meinen eigenen Tisch auf dem Platz und eine lange Liste von Kunden.

Ein paar Händler auf dem Platz lehnten mich ab, weil ich noch so jung war. Andere dachten, sie könnten mich übers Ohr hauen, weil ich noch so unerfahren war. Doch sie merkten schnell, dass ich wusste, nach welchen Diamanten ich Ausschau halten musste und was sie wert waren. Wenn ich von Privatleuten kaufte, prüfte ich die Qualität der Ware in Zusammenarbeit mit dem Gemological Institute of America. Nach und nach reduzierte ich mein Risiko, indem ich nur von Herstellern kaufte, die ich bereits kannte.

Es lief so gut, dass ich bald eine offizielle Lizenz erwerben und mein erstes Bankkonto eröffnen konnte. Ich reiste regelmäßig nach Rio, um Rohdiamanten zu kaufen, musste aber bei meiner Rückkehr immer vorsichtig sein, weil Beamte und Polizisten die hässliche Angewohnheit hatten, angebliche Schmuggelware zu »konfiszieren«.

Die Korruption war allgegenwärtig, und man musste schlau genug sein, sie zum eigenen Vorteil zu nutzen. Der Wehrpflicht entging ich, indem ich Offizieren und Militärärzten gut gepolsterte Umschläge mit größeren Geldbeträgen überreichte. Sie zeigten mir ihre Dankbarkeit, indem sie mich als untauglich einstuften. Eine Win-win-Situation.

Andere Dinge waren schon ärgerlicher. Die Leute vom Geheimdienst waren berüchtigt dafür, Diamantenhändlern nachzustellen, um sie zu bestehlen. Zwei Kollegen wurden kaltblütig ermordet, als sie sich wehrten. Meine Ängste erwiesen sich eines Tages als berechtigt, als zwei Männer, die sich als »Regierungsbeamte« bezeichneten, mich im Hausflur meiner kleinen Mietwohnung abfingen und mir erklärten, ich sei verhaftet. Ich fragte so höflich wie möglich, warum, und brachte sie irgendwie dazu, mich in ein nahe gelegenes Restaurant zu begleiten, weil ich, wie ich ihnen erklärte, noch nicht gefrühstückt hatte. Während wir dort saßen, bat ich um Erlaubnis, die Toilette aufzusuchen. Einer der beiden Geheimdienstleute ging mit und ließ sich zunächst nicht auf meinen Versuch ein, herauszufinden, wie viel sie brauchten, um einfach wieder zu gehen.

Er bestand darauf, dass sie mich aufs Kommissariat mitnehmen müssten, ihre Dienststelle. Ich spielte mit und fragte so unschuldig wie möglich, wie viel ihnen das einbringen würde. Damit waren die Verhandlungen eröffnet. Ich hatte auch genug Geld bei mir, da ich eigentlich zur Bank hatte gehen wollen. Also gab ich es ihm und versprach, am nächsten Tag wiederzukommen, um auch noch den Rest der ausgehandelten Summe zu bezahlen.

Bestechungsgelder waren Geschäftsausgaben, doch ich schwor mir, nie wieder so verwundbar zu sein. Wenn der Versuch, sie zu schlagen, tödlich enden konnte, musste ich mich ihnen anschließen. Ich fragte nicht, wie ihm das gelang, doch ein wohlhabender Freund namens Kempler, der in der Regierungspartei gut vernetzt war, arrangierte für mich die Mitgliedschaft im Consejo Superior Peronista, der peronistischen Partei unter der Führung von Admiral Alberto Teisaire, dem späteren Vizepräsidenten der

Republik. Damit hatte ich meine Sicherheitsüberprüfung bestanden und stand unter dem Schutz des Systems.

Als sich die Geschäfte gut entwickelten, wurde ich Izzy Lerners Partner. Damit festigte sich mein Status in der Gemeinschaft, wo ich auch *Bnei Akiva* leitete, eine religiöse Jugendbewegung, und mit der AMIA (Asociación Mutual Israelita Argentina) zu tun hatte. Außerdem war ich Mitglied der *Daia Amia*, einer Dachorganisation, und Vorsitzender für Kultur, Künste und Religion bei der Misrachi.

Ich wurde eingeladen, als Mitglied einer Delegation der jüdischen Gemeinschaft den Präsidenten Juan Perón kennenzulernen, und zwar in der Casa Rosada, dem rosafarbenen Haus am östlichen Ende der Plaza de Mayo in Buenos Aires, das ihm als Amtssitz diente. Er begrüßte uns herzlich und bot uns Espresso an, während wir ihn baten, den Staat Israel offiziell anzuerkennen.

Stur wie immer und ohne Rücksicht auf das politische Protokoll erklärte ich dem Präsidenten, er trage einen hebräischen Namen. Er erstarrte etwas, und während die anderen Mitglieder unserer Delegation mir tödliche Blicke zuwarfen, schaute er mir geradewegs in die Augen. »Wie kann das sein?«, fragte er mich. Alle im Raum hielten den Atem an. »Eure Exzellenz«, erwiderte ich. »Pe Ron ist Hebräisch. Pe bedeutet Mund und Ron kommt vom Wort ›Rina‹ und bedeutet singend.«

»Also?«

Auf Spanisch antwortete ich: »Boca cantante« (der singende Mund).

Er brüllte vor Lachen und forderte mich auf, das auf Hebräisch aufzuschreiben, zusammen mit der Übersetzung ins Spanische. Seine Leute hielten einen Bleistift und einen Block bereit. Ich reichte ihm das Blatt, das er theatralisch studierte und falsch herum hielt, als versuche er, die Bedeutung zu entziffern. Dann faltete er es einmal zusammen und steckte es in die Tasche.

»Das gefällt mir«, rief er aus und befahl einem uniformierten Adjutanten, noch eine Runde Espresso zu servieren. Ich will nicht behaupten, dass es mein Verdienst war, aber unser Besuch war nicht vergeblich: Argentinien nahm im Mai 1949 diplomatische Beziehungen zu Israel auf. Ein zweiter Besuch, bei dem wir ihn baten, seinen Einfluss auf die Sowjets zu nutzen, um etwas gegen Stalins Mordkampagne gegen jüdische Ärzte zu unternehmen, war weniger erfolgreich.

Immer regelmäßiger reiste ich zu den größten Diamantenmärkten in Belgien, Südafrika und den Vereinigten Staaten, wo sich die wichtigste Börse auf der 47th Street in Manhattan befand. Mein Zutrauen zu meinen geschäftlichen Fähigkeiten wuchs, doch ich war alles andere als unfehlbar, wie ich feststellen musste, als wie durch einen Zufall ein Kunde auf meinen Tisch vor dem Bar Leon zukam.

Er hieß Mario, sah unglaublich gut aus, kaufte eine kleine Menge Diamanten von mir und bat darum, ein paar weitere für eine Kontaktperson in Spanien in Kommission übernehmen zu können. Ich vertraute ihm und war bereit, ein paar Tausend Dollar in das Unternehmen zu investieren. Als er zurückkam, war er ganz begeistert von diesem hochprofitablen neuen Markt.

Es stellte sich heraus, dass seine Kontaktperson in Spanien eine Frau namens Olga war, die Frau eines Malers. Er zeigte mir sieben Bilder von dem Mann, die Olga für einen Stückpreis von 2000 Dollar verkaufen wollte, um die vorgeschlagene Partnerschaft zwischen uns zu finanzieren. Ich sah nur seltsame Formen und bunte Flecke und hätte nicht einmal sagen können, wie herum man die Bilder aufhängen musste.

Mario protestierte und sagte, die Bilder hätten einen großen Wert, aber ich erklärte ihm, die ganze Idee sei einfach dumm. Er lag mir auch nicht wirklich. Es war klar, dass er Zeit mit der Frau verbracht hatte; sie hatten getanzt, getrunken und so einiges mehr. Wie hätte ich denn ahnen sollen, dass es sich bei dem Ehemann, von dem sie getrennt lebte, um Pablo Picasso handelte und dass die sieben Gemälde heutzutage Millionenwerte darstellen würden?

Tatsächlich hatte ich tiefgreifende und unmittelbare Probleme, um die ich mich sorgen musste, darunter der Koreakrieg, der im Sommer 1950 begann. Meine Diamanten wurden traditionell in Platin gefasst, das plötzlich knapp wurde, weil die amerikanische Regierung die weltweiten Vorräte zur Unterstützung ihrer Kriegsanstrengungen aufgekauft hatte. Meine Juweliere wollten aber die Diamanten nicht in Gold fassen, und so musste ich damit rechnen, vom Markt zu verschwinden.

Der Kilopreis für Platin stieg praktisch über Nacht von 350 auf 7000 Dollar. Ich versuchte vergeblich, noch etwas in Afrika und Asien zu finden, doch dann hieß es, in Kolumbien könnte man noch Restbestände bekommen. Da es keine Flüge von Argentinien nach Kolumbien gab, flog ich mit mehreren Übernachtungen über Santiago in Chile, Lima in Peru und Guayaquil in Ecuador. Am vierten Tag kam ich dann in Bogotá an.

Es sollte eine der wichtigsten Reisen meines Lebens sein.

KAPITEL 16

EINE LIEBESGESCHICHTE

Holocaust-Überlebende bilden eine einzigartige Form von Selbsthilfegruppe. Wir mögen gegensätzliche Persönlichkeiten haben, widerstreitende Überzeugungen und unterschiedliche Lebensweisen, doch nur wir können ganz und gar die Schrecken verstehen, die wir erlebt haben. Wenn einer von uns um einen Gefallen bittet, wird er gewährt. Niemand, der in Schwierigkeiten gerät, wird allein gelassen. Mag sein, dass wir alt werden, doch solange wir dazu in der Lage sind, werden wir immer füreinander da sein.

In unseren Kreisen verbreiten sich auch Informationen und Gerüchte schnell, und so überraschte es mich nicht, dass ich mehrere Anfragen von Überlebenden bekam, die mich baten, in ihrem Namen Kontakt zu Verwandten in Kolumbien aufzunehmen. Sie hatten eben gehört, dass ich nach Bogotá reiste. Ich erledigte das auch bereitwillig, weil ich wusste, wie wichtig menschliche Kontakte für Menschen sein konnten, deren Familien so furchtbar zerrissen worden waren.

Als ich endlich ankam und in meinem Hotel eingecheckt hatte, beschloss ich, es mit dem ersten Mann auf meiner Liste zu versuchen: Naftali Lederman. Im örtlichen Telefonbuch gab es etwa 20 Menschen mit diesem Familiennamen. Nachdem ich sechs von ihnen ohne Erfolg angerufen hatte, kam der Durchbruch. Die Stimme am anderen Ende sagte: »Das ist mein Vater.«

Dann folgten Fragen in schneller Folge. »Wer sind Sie?« – »Warum sind Sie hier?« – »Was wollen Sie?« – »Wo wohnen Sie?« Als ich erklärte, dass ich gebeten worden war, die Verbindung zu einer Freundin in Buenos Aires herzustellen, die die Nichte des Mannes war, bekam ich die Auskunft, er sei nicht zu Hause, sondern kümmere sich um seine Geschäfte. Sein Sohn versprach mir aber, er würde ihn bitten, mich zurückzurufen, wenn er heimkäme.

Und das tat Naftali. Ich musste zwar die ganze Geschichte noch einmal erzählen, aber er schien begeistert von der Nachricht , dass seine Nichte überlebt hatte. Wir verabredeten, dass er und sein Sohn mich besuchen würden, wenn ihre vier Kurzwarenläden Feierabend machten. So trafen wir uns zu einem Drink an der Hotelbar, ich erzählte ihnen noch mehr über den Hintergrund meiner Geschichte, und dann nahm ich ihre Einladung an, am nächsten Tag zum Tee zu kommen.

Ich hatte mich an die Neugier von Fremden gewöhnt, doch die große Zahl von Leuten, die am nächsten Tag darauf warteten, mich zu begrüßen, verblüffte mich. Naftali hatte alle Welt eingeladen. Mehrere Generationen seiner eigenen Familie und viele Freunde wollten nur zu gern einen Bericht aus erster Hand über Leben und Tod in den Lagern hören. Welche Wirkung mein Vortrag hatte, wurde mir erst bewusst, als einer von Naftalis Gästen auf mich zukam: Avram Liff.

Er erklärte mir, dass er und zwei seiner Schwestern gerettet worden waren, indem sie in einem Kloster versteckt wurden, und dass sie sich nun auf die Übersiedlung nach Israel vorbereiteten. Als er mich viele Jahre später besuchte, war er ein General der israelischen Streitkräfte und ein enger Vertrauter von Yitzchak Rabin, dem Ministerpräsidenten, der im November 1995 von einem Extremisten in Tel Aviv ermordet wurde.

Er gab mir ein Geschenk für meine Freundin mit, ebenso wie

Naftali, der dies im Namen der ganzen Familie tat, als er mich in einem schönen Auto, einem schwarzen Buick Roadmaster, zurück ins Hotel fuhr. Er kannte niemanden, der mit dem Platinhandel zu tun hatte, und war auch nicht besonders religiös, doch er brachte mich in Kontakt mit jemandem in der Synagogengemeinde. Dort wurde ich freundlich aufgenommen und bekam weitere Kontakte in drei Städten vermittelt.

Die Leute in Cali und Barranquilla konnten mir nicht helfen, doch in Medellín wendete sich das Blatt. Ich erinnere mich nicht mehr an den Namen des Mannes, aber er war ausgegangen, als ich dort klingelte. Seine Frau lud mich ein, im Wohnzimmer zu warten, das mit religiösen Gemälden und Kunstgegenständen angefüllt war. Natürlich plauderte ich mit der Dame des Hauses darüber.

Sie überraschte mich, indem sie mir erzählte, dass sie jeden Freitag in den Keller ging, die Tür hinter sich abschloss und zwei Kerzen anzündete. Als ich sie nach dem Grund fragte, erklärte sie mir, sie folge damit einer Tradition, die ihre Mutter eingeführt habe, und sei auch entschlossen, das Ritual an ihre Tochter weiterzugeben. Ich wusste, dass das ein heikles Thema war, da die Familie einen sehr katholischen Eindruck machte, doch ich erklärte ihr trotzdem, was es mit dem Ritual auf sich hatte. Indem sie die Kerzen anzündete, segnete sie den Sabbat.

Die Geschichte wiederholte sich. Diese heimliche Praxis lässt sich bis auf die Regentschaft der spanischen Könige Ferdinand und Isabella im 15./16. Jahrhundert zurückführen, die die spanische Inquisition einführten, um die Juden zum Katholizismus zu »bekehren«. Viele riskierten den Tod, indem sie heimlich den Befehl missachteten, während sie nach außen hin den Eindruck erweckten, glühende Christen zu sein und ihre Wände mit Bildern von Jesus, Maria und den Heiligen schmückten.

Die Dame war klug und akzeptierte mit wissendem Blick, was

ich ihr sagte. Ihr Mann erwies sich als außerordentlich freundlicher Mensch, der sich größte Mühe gab, mir etwa ein Pfund Platin zu besorgen. Ich musste dabei auf seine Vertrauenswürdigkeit bauen, denn es handelte sich um Granulat, das ebenso gut Silber hätte sein können. Ich konnte es weder wiegen noch seine Reinheit überprüfen, musste mich also auf seine Aussagen über die Qualität verlassen.

Zum Glück wurde mein Vertrauen nicht enttäuscht. Ich hatte einen wichtigen Freund und Geschäftspartner gefunden. Der Gewinn, den ich erzielte, reichte bei Weitem aus, um meine Reisekosten zu decken, und der Vorrat beruhigte meine Kunden in Argentinien. In den jüdischen Gemeinden in Kolumbien herrschte ein großes Interesse an meinem Diamanthandel, also reiste ich nach einem halben Jahr noch einmal dorthin, um einiges zu verkaufen.

Das ging schnell, zumal die gesellschaftlichen Kreise im Umfeld der Synagogengemeinde mich förderten. Ich verdiente ziemlich viel Geld und knüpfte viele persönliche und berufliche Kontakte. Es war mir ja nie schwergefallen, mit Prominenten umzugehen, und so stellte ich auch in diesem Fall fest, dass Naftali Lederman ein außerordentlich hochgeschätztes Mitglied der Gemeinschaft war. Sein Einfluss reichte weit über seine Läden hinaus.

Er lud mich wieder zum Abendessen in sein Haus ein, wo ich eine weitere Gruppe von Freunden und Verwandten kennenlernte und erfreut feststellen konnte, dass die Geschäfte gut liefen. Wir blieben in Kontakt, auch nachdem ich nach Buenos Aires zurückgekehrt war, doch erst einige Jahre später, als ich zur Familie gehörte, erzählte er mir seine Geschichte mit aufschlussreichen Einzelheiten.

Als junger Mann hatte er Polen verlassen und war mit seinem Schwager nach Damaskus gereist. Dort hatten sie zwei arabische Eseltreiber eingestellt, weil sie planten, in Palästina ein neues

Leben für ihre Familien aufzubauen. Doch die Briten verweigerten ihnen die Einreise. Sein Schwager blieb in der Region und gründete eine Bank, ihn selbst jedoch hatte der Verlauf der Dinge entmutigt, und so schiffte er sich in Port Said in Richtung USA ein.

Als das Schiff in Cartagena anlegte, das an der Karibikküste Kolumbiens liegt, beobachtete er vom Deck aus, wie Kaffee geladen wurde. Einer der Hafenarbeiter, der ihn an seinem langen Mantel und Bart als Mitjuden erkannte, grüßte ihn und fragte, woher er käme. Zu seinem großen Erstaunen stellte sich heraus, dass sie als Kinder fast Nachbarn im *Schtetl* gewesen waren.

Als sein neuer Freund hörte, dass Naftali kein Visum besaß, warnte er ihn, man würde ihn bei seiner Ankunft in den USA sofort verhaften. Er schwärmte von Kolumbien als einem Land vieler Möglichkeiten und bot ihm an, ihm seinen Personalausweis zu leihen, damit er durch die Kontrollen käme. Er selbst sei im Hafen so bekannt, dass ihn nie jemand nach seinen Papieren frage.

Und so fasste Naftali einen Entschluss, der sein Leben verändern sollte. Er ging unter Deck, um seine wenigen Habseligkeiten zu holen und seinen Bart abzurasieren, dann warf er seinen Mantel ins Meer. Sein neuer Freund, Dovit Maya Rubenstein, nahm ihn bei sich auf und besorgte ihm einen Stand auf einem der lokalen Märkte, wo er kleine Spiegel, Kämme, Rasierklingen und Schnürsenkel verkaufte.

Beiden Männern ging es wirtschaftlich sehr gut. Dovit, der Arbeiter, der Kaffeesäcke schleppte, kaufte eine Maschine, mit der man Schals, Mützen und Pullover herstellen konnte. Dann kaufte er noch mehr von diesen Maschinen und wurde letztlich ein Textilfabrikant mit einem Millionenvermögen. Auch Naftalis Geschäft wuchs schnell, und er gehörte zu den ersten Juden, die sich in Bogotá niederließen. Dort kaufte er seinen ersten Laden, investierte in die Fabrikation und verdiente so viel, dass er im

Verlauf der Dreißigerjahre eine ganze Reihe von Verwandten aus Polen nach Südamerika holen konnte.

Er stieg zum Gemeindeleiter auf und stellte einen Lehrer namens Menashe ein, der die Kinder in Hebräisch unterrichtete und ihnen die Gebete beibrachte. Als der Lehrer starb, kaufte er ein Grundstück, das zum ersten jüdischen Friedhof in der Stadt wurde, sodass der Lehrer eine angemessene letzte Ruhestätte bekam. Naftalis Einfluss reichte bis in die höchsten Kreise der kolumbianischen Gesellschaft.

Er und Dovit kannten den Staatspräsidenten Mariano Ospina Pérez durch den Kaffeehandel. Sie waren Mitglieder in derselben Freimaurerloge und festigten ihre Freundschaft, während er Karriere in der konservativen Partei machte.

Als Pérez in der turbulenten Zeit unmittelbar nach dem Zweiten Weltkrieg Präsident wurde, bat er Naftali um einen Gefallen. Als junger Mann hatte der Präsident in Louisiana, London und Paris studiert. Er hielt Bildung für sehr wichtig und schickte seine Tochter an die Sorbonne in Paris. Sein Problem war nur, dass die Studiengebühren in harter Währung bezahlt werden mussten und dass es verboten war, so viel Geld einzutauschen. Naftali, der einen geheimen Vorrat an Schweizer Franken und US-Dollar angelegt hatte, erklärte sich bereit, die Bezahlung zu regeln. Dafür bekam er einen handgeschriebenen Schuldschein auf dem Briefpapier des Präsidenten.

Diesen Schuldschein hat mir Naftali später hinterlassen, doch ich habe ihn nicht eingelöst, sondern dem Neffen meiner Frau, David, geschenkt, der ein Familienarchiv einrichten wollte. Er war Absolvent der Cornell University und lebte in Boston, wo er auch Abiomed gründete, die Firma, die das erste künstliche Herz entwickelte. Tragischerweise starb er viel zu jung und hinterließ eine Frau und zwei kleine Kinder. Und leider verschwand der Schuldschein irgendwann spurlos.

Die Ledermans waren damals eine große, beliebte und recht mächtige Familie. Als ich 1953 zu meinem dritten Besuch nach Kolumbien kam, veranstalteten sie ein Abendessen zu meinen Ehren in ihrem Haus. Ich plauderte gerade bei einem Aperitif mit Naftali, als mir ein schönes Mädchen auffiel, das in einer Ecke stand. Natürlich fragte ich ihn, wer sie sei. »Ah«, sagte er, »das ist unsere Kleine.«

In der Hoffnung, dass er mir den Scherz verzeihen würde, antwortete ich: »Wow! Wo hast du die denn bisher versteckt?« Und er erklärte mir, sie sei in den USA gewesen, wo sie an der University of California in Berkeley Bakteriologie studiert hatte. Sie war seine einzige Tochter nach drei Söhnen und in Ostrowiec, etwa 180 Kilometer von Krakau entfernt, geboren worden.

Ihr Name war Perla. Ich sprach sie in ihrer Muttersprache Spanisch an, obwohl sie auch Englisch und Jiddisch beherrschte. Sie ließ sich für den folgenden Samstagabend in einen Club einladen, kurz vor meiner Rückreise nach Argentinien. Wir tanzten, tranken und redeten. Und es machte klick. Sie war klug, schön, intelligent. Und ich war hingerissen. Ich hatte etwas gefunden, das wertvoller war als Platin.

Sie hatte die blonden Haare in dichte Locken gedreht und trug einen dieser Pillboxhüte, die damals in Mode waren. Doch vor allem leuchtete sie von innen. Sie war lebensfroh, klug und praktisch veranlagt. Ich war schon mit vielen Mädchen ausgegangen, meistens in größeren Gruppen mit Freunden, wir waren in Clubs, Restaurants und Kinos gewesen, doch ich hatte bei keiner so empfunden wie bei ihr. Ich war verliebt. Ich konnte gar nicht mehr aufhören, an sie zu denken.

Sie war eine Frau mit klaren Prinzipien. Ursprünglich hatte sie an der McGill University in Montreal studieren wollen, doch als sie herausfand, dass es dort eine Quote gab, die den Anteil der jüdischen Studierenden auf zehn Prozent beschränkte, war sie empört. Der Konsul unterstützte sie in ihrem Plan, sich öffentlich darüber zu beschweren, doch sie akzeptierte dann doch den Rat ihrer Gemeindeältesten, die befürchteten, damit würde sie alles nur noch schlimmer machen.

Ihre Aktivitäten während ihres Studiums in Kalifornien waren mehr als beeindruckend. Nicht nur, dass sie mit ausgezeichneten Leistungen glänzte, sie nahm auch Kontakt mit großen Firmen auf und handelte exklusive Lieferverträge für Kolumbien und für ihre Familie aus. Sie war die geborene Geschäftsfrau, besaß ein messerscharfes Gedächtnis und eine geradezu unheimliche Fähigkeit, komplizierte Berechnungen im Kopf durchzuführen.

Sie importierte Ronson-Feuerzeuge, die dann von Kolumbien aus in andere südamerikanische Länder geliefert wurden. Sie wurde zur exklusiven Lieferantin für Arrow-Oberhemden, die gut geschnitten, modisch und teuer waren. Sie leitete den Verkauf von Krawattennadeln und Manschettenknöpfen der Firma Anson und Swank, die aus Gold gefertigt und mit Rubinen und blauen Mondsteinen besetzt waren. Als wir uns kennenlernten, war sie gerade dabei, zusammen mit einem Freund ein Labor in Bogotá zu gründen.

Wir hielten Kontakt und schrieben uns lange, zunehmend romantische Briefe und Telegramme. Ich schickte ihr Blumen und Geschenke. So schnell wie möglich kam ich wieder nach Kolumbien, diesmal mit einem speziellen Diamantring, den ich schon seit Jahren aufbewahrte. Ich wusste nicht, ob er die richtige Größe hatte – wenn nicht, hätte ein Juwelier das leicht beheben können. Doch als sie meinen Heiratsantrag annahm und ich den Ring an ihren Finger steckte, passte er wie angegossen.

Ich sah Tränen in ihren Augen, und wenig später weinten wir beide.

Die Familie richtete ein üppiges Verlobungsfest aus, und unsere Hochzeitspläne beschleunigten sich. Perla und ihr Vater besuchten mich in Argentinien, um mich zu prüfen. Ich war in der Gemeinschaft recht gut bekannt und musste einmal das Abendessen unterbrechen, um der *Yidishen Zeitung*, der ersten jüdischen Tageszeitung in Buenos Aires, ein Interview zu geben. Als der Artikel erschien, zeigte er ein Foto von mir mit meiner Verlobten. Die ganze Aktion half mit, Naftali zu überzeugen, dass ich ein Schwiegersohn von passendem Format sein würde.

Am 7. März 1954 heirateten wir, nachdem ich eingewilligt hatte, mein Geschäft in Argentinien aufzugeben und nach Kolumbien zu ziehen, wo die Verhältnisse politisch und wirtschaftlich stabiler zu sein schienen. Dort angekommen, baute ich meinen Ruf als fairer, ehrlicher Diamantenhändler wieder auf, während Perla, die ihren Anteil an dem Labor ihrem Freund verkauft hatte, mit großem Erfolg einen Laden führte, in dem die Elite des Landes verkehrte.

Am 28. Dezember 1954 brachte sie unser erstes Kind zur Welt, Symcha Meir, den wir nach meinem Vater nannten. Die spanische Version seines Namens, Segismundo, erklärt den Spitznamen Ziggy. Unsere Tochter Sheila, so genannt nach meiner Mutter Sheindl, wurde am 12. Oktober 1957 geboren. Das Leben meinte es gut mit uns, wir stellten ein Kindermädchen und eine Haushälterin ein.

Materiell ging es mir so gut wie niemals zuvor, doch ich fühlte mich spirituell unterernährt. Am wichtigsten war es mir, meinen Kindern die Erziehung zukommen zu lassen, die ich nie gehabt hatte. Wir beide wollten ihnen ein starkes moralisches und religiöses Fundament geben. Und obwohl wir uns dagegen entschieden, nach Israel zu ziehen, wo das Diamantengeschäft noch in den Kinderschuhen steckte, hatten wir das Gefühl, dass wir etwas tun müssten, um dem jungen Staat zu helfen.

Also organisierten wir ein Abendessen in unserem Haus und

luden Perlas prominente Kunden dazu ein. Der Außenminister sowie die Minister für Finanzen, Justiz und Wirtschaft nahmen unsere Einladung an, ebenso der Oberbefehlshaber der Streitkräfte. Es gab reichlich zu essen, und auch die Auswahl an Whiskeys schien ihnen zuzusagen. Als wir uns nach dem Essen mit einem Drink zurückzogen, ergriff ich die Gelegenheit beim Schopf und fragte die Politiker, warum Kolumbien keine diplomatischen Beziehungen mit Israel unterhalte.

Wie nicht anders zu erwarten, betrachteten sie Kolumbien als römisch-katholisches Land, das den Direktiven aus dem Vatikan folgte. Die Beziehungen zu dem neuen jüdischen Staat würden sich kompliziert gestalten, fürchteten sie. Mein Gegenargument, dass man damit eine wirtschaftliche Chance zum beiderseitigen Nutzen verpasse, muss jedoch auf fruchtbaren Boden gefallen sein, denn ein paar Tage später wurde ich gefragt, ob ich in einer dringlichen Angelegenheit nach Israel reisen könne – als Beauftragter der Regierung.

Ich bekam drei große Koffer mit offiziellem Diplomatensiegel, die an die israelischen Partner übergeben werden sollten. Darin befanden sich Muster lokaler Produkte wie Kaffee, Tabak und Textilien. Gleich nach meiner Ankunft auf dem Lod-Flughafen in Tel Aviv, wo ich symbolisch den Boden küsste, übergab ich die Koffer meinem alten Freund Moshe Shapira, der zu diesem Zeitpunkt israelischer Innenminister war.

Moshe brachte mich ins Büro des Ministerpräsidenten Moshe Scharet, der auch den Posten des Außenministers innehatte. Ihm erklärte ich den Hintergrund meiner Mission, und er übergab die Verantwortung dafür an den Minister für Handel und Industrie, Peretz Bernstein. Dieser wiederum legte sie in die Hände seiner Südamerika-Abteilung.

Und dann schlugen die Bürokraten zu. Leitende Beamte schickten mir eine scharfe Note auf Spanisch, in der sie meine angebliche Unverschämtheit verurteilten, eine solche Initiative ohne offiziellen Auftrag zu unternehmen. Sie vermuteten, ich wollte israelischer Botschafter in Kolumbien werden, doch es dauerte nicht lange, dann wurden sie zurückgepfiffen.

Ich verlangte und bekam nichts für meine Bemühungen, aber nach etwa einem Jahr nahmen die beiden Länder diplomatische Beziehungen auf. Inzwischen hatten Perla und ich beschlossen, mit unserer Familie weiterzuziehen. Ziggy würde bald ins Schulalter kommen, wir prüften unsere Optionen also mit einer gewissen Dringlichkeit.

Unser ursprünglicher Plan war vielversprechend. Wir verhandelten mit den US-amerikanischen Eigentümern von Arrow, die eine Hemdenfabrik in Rio de Janeiro eröffnen wollten. Die brasilianische Regierung stellte dafür kostenloses Bauland zur Verfügung, und für die nächsten zehn Jahre würden wir keine Steuern zahlen müssen. Doch die Zahlen stimmten nicht. Das Geschäft wäre nicht profitabel gewesen, weil lokale Fabriken den Markt mit billigen Hemden von schlechterer Qualität überschwemmten.

Mein Problem war, dass ich an die Sache zu hastig herangegangen war. In der Erwartung, dass wir demnächst nach Brasilien umziehen würden, hatte ich den Freihafen von Colón in Panama aufgesucht und den Auftrag gegeben, unseren gesamten Haushalt und sämtlichen persönlichen Besitz nach Rio zu transportieren. Die Sachen waren eingelagert, was uns nichts kostete, weil wir Einwanderer waren, für den Moment machte ich also keinen Verlust. Da wir aber unseren Plan, nach Brasilien überzusiedeln, aufgegeben hatten, stand ich nun vor einem Dilemma. Es brachte nichts, unsere Sachen zurück nach Kolumbien zu schicken. Andererseits wusste ich, dass man sie auf dem brasilianischen Markt gut verkaufen konnte. Also beschloss ich, es zu wagen. Über bereits existierende Geschäftskontakte streckte ich meine Fühler aus und konnte mit Hanoch Chaderitzky verhandeln, dem eine Diamantenmine gehörte.

Er war interessiert, alles zu kaufen, was ich eingelagert hatte. Ich meinerseits war interessiert an einem Kontingent Rohdiamanten, die er gerade schleifen ließ. Diese Sammlung von 28 farbigen Diamanten rangierte zwischen 1,6 und 7 Karat. Sie waren wunderschön: blutrot, blau, rosa, grün, cognacfarben und transparentschwarz. Da ich sicher war, sie würden sich auf dem internationalen Markt gut verkaufen, schlug ich sofort in den Handel ein.

Zu meiner Verteidigung muss ich anführen, dass ich meiner Zeit vielleicht ein bisschen voraus war. Händler in Europa und Nordamerika wussten wenig bis nichts über farbige Diamanten. Ich legte sie ein paar Jahre in den Safe und schickte sie dann meinem Agenten in New York, Moshe Elias. Er brauchte dann noch ein paar weitere Jahre, um in Paris einen potenziellen Käufer dafür zu finden. Schließlich, nach Verhandlungen, die sich etwa ein Jahr hinzogen, verkaufte ich die Sammlung für, wie ich fand, einen fairen Preis.

Bald darauf zeigte sich, dass ich den Markt falsch eingeschätzt hatte. Farbige Diamanten, vor allem rosafarbene und gelbe, kamen in Mode und stiegen erheblich im Wert. Um ein Beispiel aus neuerer Zeit zu geben: Bei Sotheby's in Genf wurde ein rosafarbener Diamant, der weniger als ein Karat wog, für eine Million US-Dollar verkauft. Ich schätze, heute wäre die Sammlung von 28 Steinen etwa 50 Millionen wert.

Nun, so viel sei gesagt: Ich erzielte bei Weitem nicht diesen Preis.

Doch es lohnt sich nicht, über solche verpassten Gelegenheiten lange nachzudenken. Es sollte nicht sein, Gott gab mir in Seiner Weisheit, was ich Seiner Ansicht nach bekommen sollte, und keinen Cent mehr. Der Herr gibt, der Herr nimmt, und ich akzeptiere das ohne Zögern. Diese Haltung half mir auch, mit einer anderen fragwürdigen Entscheidung zurechtzukommen, die getroffen wurde, als Perla und ich darüber nachdachten, uns in New York niederzulassen.

Ich konnte etwa 300 000 US-Dollar investieren und sprach mit einem Immobilienmakler über potenzielle Kaufgelegenheiten. Er nahm mich mit nach Manhattan und zu einem Gebäude in der 66th Street, das für 1,2 Millionen zum Verkauf stand. Da die Hypothekenzinsen bei einem Prozent oder ganz leicht darüber lagen, hätte ich es mir vielleicht leisten können, es zu kaufen, doch dann wäre ein Großteil meines laufenden Einkommens für die Rückzahlung des Kredits draufgegangen.

Als ich dem Makler sagte, ich sei nicht interessiert, weil ich den Umzug unserer Familie und unseren Lebensstandard finanzieren müsse, erwiderte er: »Sie denken da nicht richtig. Das hier ist keine kurzfristige Investition, sondern eine für die Zukunft.« Und ja, er hatte natürlich recht. Ich aber auf meine Weise auch. Meine Familie konnte ja nicht von künftigen Gewinnen leben. Wir brauchten Sicherheit und Stabilität, kein spekulatives Unternehmen.

Später, wenn ich in Sachen Diamanthandel in Manhattan unterwegs war, bin ich oft an diesem Gebäude vorbeigegangen. Und jedes Mal habe ich leise mit ihm gesprochen. »Du hättest so leicht mir gehören können«, sage ich dann. »Und ich habe dich gehen lassen.« Offensichtlich bin ich kein Experte für Immobilien, doch Leute, die etwas davon verstehen, sagen mir, dieses Gebäude wäre heute etwa 100 Millionen US-Dollar wert.

Etwas Ähnliches versuchte ich, als wir uns schließlich entschieden, nach Montreal und nicht nach New York zu ziehen. Ein Freund in Argentinien empfahl mir einen Makler, und diesmal wagte ich den Sprung ins kalte Wasser. Leider war das Gebäude, um das es diesmal ging, keine besonders gute Investition. Ständig musste etwas daran repariert werden, die Bewohner blieben immer wieder die Miete schuldig, und gerade als es anfing, etwas Gewinn abzuwerfen, brannte es wegen eines Schadens in den elektrischen Leitungen ab.

Letztlich kam ich gerade so ohne Verlust aus der Sache heraus. Doch der Verlust von Geld oder auch nur die Aussicht auf Gewinn bewegt einen nicht mehr so stark, wenn man so viele Menschen verloren hat. Ich bin auf zahllosen anderen Gebieten gesegnet. Und es war ein sehr, sehr großes Glück für mich, dass ich meine Familie hatte.

Tuvia, unser drittes Kind, wurde im Juli 1961 geboren. Wir wünschten uns noch mehr Kinder, doch Perla, die alle drei durch Kaiserschnitt auf die Welt gebracht hatte, erhielt von den Ärzten die Warnung – zu Unrecht, wie sich herausstellte –, eine weitere Schwangerschaft würde sie in Lebensgefahr bringen. Meine Frau war ein Schatz. Und meine Kinder, Enkelkinder und Urenkelkinder sind ein großer Quell der Freude.

Auch Freundschaften sind von unschätzbarem Wert. In Montreal fand ich eine entfernte Cousine wieder, Elaine. Ich war ihr einziger überlebender Verwandter und kannte sie noch unter ihrem Mädchennamen Potok. Wie ich hatte sie eine neue Familie gegründet. Mit ihrem Mann Ralph Abramovitch, auch er ein Holocaust-Überlebender, hatte sie drei Kinder und sechs Enkelkinder. Sie starb friedlich im Alter von 95 Jahren am 2. Januar 2021, etwas mehr als sieben Jahre nach ihrem Mann.

In Kanada fühlten wir uns zu Hause. Kein Iglu weit und breit. Zunächst lebten wir in einer Mietwohnung, später bauten wir uns ein Haus nach eigenen Plänen. Wir lebten im Erdgeschoss und vermieteten das Untergeschoss sowie zwei Zimmer im ersten Stock. Mein Diamanthandel entwickelte sich gut; das Durchschnittseinkommen in Montreal war höher als in Kolumbien, sodass meine Kunden größere Steine in besserer Qualität nachfragten.

Ich gründete die Blue and White Diamond Company, besorgte mir eine Importlizenz und streckte meine Fühler weiter aus: in den Fernen Osten, die Sowjetunion und nach Afrika. Ich gründete sogar eine Diamantschleiferei in Fidel Castros Kuba, wo die Arbeitskosten niedrig und der Bedarf an Devisen hoch waren. Das Unternehmen lief gut, bis das Regime plötzlich seine Pläne änderte und die gesamte Leitung entließ, um stattdessen kommunistische Hardliner einzustellen, die vom Geschäft nichts verstanden.

Ich zog mich zurück, doch es lief auch so gut. Wir lebten in einem großen Haus auf einem ausgedehnten Grundstück in dem exklusiven Viertel Richmond auf der Insel von Montreal. Etwa 75 Prozent der Bewohner dort waren jüdisch, der höchste Anteil in ganz Kanada und der dritthöchste weltweit außerhalb von Israel. Wir waren glücklich, ein aktives Leben in einem lebhaften religiösen Umfeld zu führen.

Unsere Kinder erhielten eine ausgezeichnete, gut ausgewogene Erziehung. In unserem Haus war immer etwas los, wenn sie mit Freunden spielten. Nach dem Abschluss der Highschool gingen sie zum Studieren nach Israel und in die USA. Perla arbeitete ehrenamtlich in einer sephardischen Mädchenschule für spanischsprachige Juden und als Schatzmeisterin für Emunah, eine Organisation, die sich um gefährdete Kinder kümmerte.

Als Gründungsmitglied von B'nai B'rith in Montreal und Vizepräsident und Schatzmeister der kanadischen Misrachi war ich ebenfalls stark in der Gemeinschaft beschäftigt. Wir bauten ein *Schtiebel*, um die traditionelle Form des jüdischen Gebets zu fördern, und hatten Reb Shlomo Halberstam zu Gast, der die chassidische Dynastie in den USA wiederbegründet hatte.

Nach seinem Besuch, der viele Spenden für seine *Jeschiwa*

erbrachte (eine Schule, die sich auf das Studium rabbinischer Werke konzentriert), kam eine Gruppe von Rabbis aus Europa und Nordamerika auf uns zu und bat uns, einen Empfang für Chiune Sugihara auszurichten, den einzigen Japaner, der wegen seiner heldenhaften Taten während des Krieges als Gerechter unter den Völkern anerkannt worden war.

Er hatte als Vizekonsul in Litauen seiner Regierung getrotzt und mehr als 5000 Jüdinnen und Juden das Leben gerettet, indem er ihnen Transitvisa ausstellte, mit denen sie über japanisches Territorium fliehen konnten. Damit hatte er nicht nur seinen Job riskiert, sondern auch seine Familie in Gefahr gebracht. Doch er erklärte mir, er habe keine andere Wahl gehabt. Es sei besser, den Befehlen seiner politischen Vorgesetzten den Gehorsam zu verweigern, als die Gesetze Gottes und der Menschlichkeit zu missachten.

Die letzten Visa stellte er auf einem Bahnsteig in Hrodna aus, dem früheren Grodno, kurz hinter der Grenze nach Belarus und nur Minuten, bevor sein Zug abfuhr, der ihn auf einen neuen Posten in Berlin brachte. Ich war ungemein beeindruckt von seiner Gelassenheit und ruhigen Stärke. Sein Beispiel ist auch deshalb so inspirierend, weil es uns lehrt, dass alles, was wir heute tun, das Morgen beeinflusst.

Viele Menschen, denen er geholfen hatte, wurden später Gemeindeleiter. Es heißt, dass Sugiharas Überlebende 100 000 Nachkommen haben, die alle nicht existieren würden, wäre er nicht gewesen. Ich glaube wirklich an Gottes Plan. Manche Menschen werden auf diese Erde gestellt, um eine einzige Tat zu vollbringen, mit der man sie identifiziert.

Doch natürlich kann man im Leben nichts vorhersagen. Perlas Mutter Esther starb im Jahr 1961, und ihr Vater Naftali zog zu uns nach Kanada. Seine Geschäfte hatten einen drastischen Niedergang erlebt, und das wenige, was übrig blieb, gab er seinen Söhnen in Bogotá. Er wirkte wie eine verlorene Seele und heiratete noch zweimal in schneller Folge, bevor auch er verstarb. Es schmerzte mich, meine Frau trauern zu sehen.

Vermutlich ist es nur natürlich, dass wir auf prägende Erfahrungen zurückblicken, wenn wir älter werden. Perla war zwei Jahre jünger als ich und hatte den Holocaust nur von Ferne mitbekommen. Die verstörendsten Details waren ihr erspart geblieben, doch nun wollte sie mehr darüber wissen, vielleicht auch, um mich besser zu verstehen. So reisten wir zweimal, in den Jahren 1990 und 1993, nach Polen.

Perla hatte zwar keine Erinnerungen an ihre Geburtsstadt Ostrowiec, doch es war schmerzlich, genau in dem Moment dorthin zurückzukehren, als das Haus, in dem ihre Eltern gelebt hatten, abgerissen wurde. Meine Kindheitsgeschichten von Unterdrückung und Mord wurden auf einmal realer, als ich mit ihr nach Krakau und Działoszyce fuhr. Wir besuchten die Gräber der *tsaddikim*, der geistlichen Anführer, und andere jüdische Stätten von kulturellem Interesse, doch sie wollte vor allem die Lager sehen.

Wohin wir auch kamen, fühlte es sich an, als gingen wir über Gräber. Wie so viele erstmalige Besucher spürte Perla das große Grauen beim Anblick der abgelegten Schuhe, Brillen und Koffer von Opfern in Auschwitz. In Płaszów war der unmittelbare emotionale Schock weniger groß, weil von dem Lager so wenig geblieben war, doch die Hügel mit den Massengräbern weckten entsetzliche Fantasien in ihr.

Ich erlebte die schlimmsten Zeiten noch einmal und musste mit Dämonen kämpfen, die bis dahin geschlafen hatten. Das war bis zu einem gewissen Maß erwartbar, doch ich war sehr verstört, als ich sah und hörte, wie die Geschichte ganz subtil umgeschrieben wurde. Und ich hatte das Gefühl, ich müsse beim

Verwaltungsleiter in der Gedenkstätte Auschwitz protestieren, als mir ein Schild an der Wand eines Raumes auffiel, in der ein bewegender Film aus dem Lager gezeigt wurde. Auf dem Schild stand: »1,5 Millionen Polen verloren hier ihr Leben.«

Ich erklärte dem Mann in der Verwaltung meinen Hintergrund, und er hörte mir höflich zu. »Sagen Sie mir bitte«, begann ich, »wurden in Auschwitz keine Juden vernichtet?«

»Doch, selbstverständlich«, erwiderte er.

»Und warum schreiben Sie dann auf dem Schild nur von Polen?«

»Alle diese Menschen waren polnische Staatsbürger. Wir unterscheiden die Menschen in unserem Land nicht nach ihrer Religion. Alle polnischen Bürger haben dieselben Rechte.«

Eine politisch korrekte Antwort, die aber die Wahrheit verschleierte oder jedenfalls die Grenzen verwischte.

Einige polnische Christen haben ihre jüdischen Nachbarn beschützt, zum Teil unter großen Risiken. Doch wesentlich mehr haben gegen ihre jüdischen Mitbürger kollaboriert. Ich spüre bis heute den tief verwurzelten Antisemitismus in diesem Land und sehe das durch die Zahlen bestätigt: Drei Millionen polnische Juden, das entspricht 90 Prozent der jüdischen Vorkriegsbevölkerung, wurden von den Deutschen und ihren Kollaborateuren unterschiedlicher Nationalität ermordet.

Die Überlebenden wurden in der Nachkriegszeit von den Kommunisten gezwungen, sich zwischen ihrem Glauben und ihrem Land zu entscheiden. Diejenigen, die in Polen blieben, mussten ihre Identität verschleiern und ihr Erbe verleugnen. Die erneuten »Säuberungen« im Jahr 1968 führten dazu, dass die Hälfte der verbleibenden jüdischen Bevölkerung das Land verließ. Historiker gehen davon aus, dass heute nur noch ein Prozent der jüdischen Vorkriegsbevölkerung weiter im Land lebt.

Ich fühlte mich verpflichtet, alles mir Mögliche zu tun, um

meine Traditionen zu schützen. Bei meinem zweiten Besuch in Polen kaufte ich heimlich eine *Sefer Thora*, also eine Schriftrolle mit dem Text der Thora, von einem Nichtjuden, der sie versteckt hatte und beabsichtigte, sie in Stücke zu schneiden, zu rahmen und als jüdische Antiquitäten zu verkaufen. Sie war in einer feuchten Umgebung aufbewahrt worden und in schlechtem Zustand.

Ich spendete die Schriftrolle der Jagiellonen-Universität Krakau, da ich sie nicht außer Landes bringen konnte. Später wurde sie im Rahmen eines Kulturaustauschs der Universität in Havanna übergeben. Ich reiste nach Kuba, kaufte sie sozusagen ein zweites Mal und schickte sie über Kontakte des verstorbenen David Feuerwerker an die University of Montreal, damit sie dort aufbewahrt wurde. Feuerwerker hatte das Department of Jewish Studies an der University of Montreal mitbegründet.

Ich arbeitete, bis ich fast 80 Jahre alt war, doch ein schrecklicher Morgen im März 2006 veränderte mein Leben unwiderruflich. Ich saß mit Perla bei einer Tasse Kaffee zusammen, als sie plötzlich ausrief: »Oh, mein Kopf! Oh, wie schrecklich! Ruf den Notarzt!« Das waren ihre letzten Worte.

Ich rief den Notarzt an und massierte ihr den Nacken, immer noch in der Hoffnung, es handele sich nur um einen Schwächeanfall. Ihr Kopf war zur Seite gesackt, und sie war ungewöhnlich blass geworden. Ich war außer mir vor Entsetzen. Diese Frau war nie krank gewesen! Die Sanitäter kamen schnell, doch ich wusste bereits, dass sie sich nicht mehr erholen würde.

Die nächsten drei Jahre lag sie im Koma, zuerst in einem Krankenhaus, später in einem Zimmer im dritten Stock der Abteilung C im jüdischen Pflegeheim im Stadtteil Côte-des-Neiges in Montreal. Ich saß jeden Tag an ihrem Bett und betete für sie. Unsere Kinder und Freunde waren für uns da, aber ich fühlte mich so leer! Wie sehr hätte ich mir gewünscht, wir hätten Abschied nehmen können.

Sie öffnete die Augen nicht mehr und rührte sich nicht, bevor sie am Dienstag, dem 24. März 2009 starb, neun Tage nach ihrem achtzigsten Geburtstag. Das Loch in meinem Herzen ist nie mehr verheilt.

KAPITEL 17

ENTSCHEIDE DICH FÜR DAS LEBEN

Der Tod ist die letzte Erlösung für diejenigen, die vom Allmächtigen ins ewige Leben geholt werden. Doch was wird aus den trauernden Hinterbliebenen? In meinem Glauben gibt es sechs Phasen nach einem solchen Verlust. Sie wurden schon vor Jahrhunderten von den Rabbis beschrieben, die den Talmud erschufen. Die Rituale sind tröstlich und die Erinnerungen heilig, doch jede und jeder von uns reagiert anders auf Trauer.

Fünf Jahre lang nach Perlas Tod fühlte ich mich leer. Meine Familie blieb in meiner Nähe, ich verbrachte jeden Sabbat und alle jüdischen Feiertage mit meinem ältesten Sohn Ziggy und seiner Frau Rivi. Mein anderer Sohn, Tuvia, und meine Tochter Sheila riefen mich jeden Tag an. Meine Freunde waren freundlich und aufmerksam. Ich wurde mit Zärtlichkeit und Respekt behandelt, doch immer wieder überschwemmten mich Wellen der Traurigkeit.

Der Tag meiner Hochzeit war der glücklichste Tag in meinem Leben. Meine Frau war ein solcher Schatz! Haare aus Gold und ein Herz aus Gold. Sie zog unsere Kinder so wunderbar groß, und sie war die perfekte *Bubbi*, die traditionelle jüdische Großmutter. Für sie hatte sich mein Überleben gelohnt. Und dann, von einer Sekunde zur anderen, war sie fort, dahingerafft von einem Aneurysma im Gehirn. Wir konsultierten Spezialisten aus Israel und Kanada, doch man konnte nichts mehr für sie tun.

Bis heute sehe ich mich manchmal um und hoffe ein wenig, sie wäre da. Ihre *neshama*, ihre Seele, ihr Geist, ist immer noch stark.

Einmal versuchte ich, das einem amerikanischen Freund meines Enkels zu erklären, der offensichtlich mit gemischten Gefühlen zu kämpfen hatte, nachdem er eine Studienreise nach Polen unternommen hatte. Er sprach mich an und erklärte zunächst einmal, er glaube nicht an Gott, was bei jungen Männern häufig vorkommt und wozu sie alles Recht der Welt haben. Er sagte, er betrachte mich als gottesfürchtigen Mann, und frage sich, warum ich glaube. »Könnten Sie mich davon überzeugen, dass es einen Gott gibt?«, fragte er.

»Diese schöne Welt«, erwiderte ich. »Glauben Sie, dass sie die Schöpfung des Menschen ist?«

Und wie ich es schon erwartet hatte, tat er das. »Es ist eben die Natur«, sagte er.

»Okay«, fuhr ich fort. »Sie hören mich, und ich höre Sie. Sie sehen mich, ich sehe Sie. Das ist Gottes Werk.«

Er war immer noch nicht überzeugt und erzählte mir etwas von seiner teuren Uhr und seinem schicken Auto. Wie sollte er glauben, dass sie Geschenke einer unsichtbaren Gottheit seien?

Ich bemerkte, dass solche Besitztümer ihn aber nicht besonders glücklich zu machen schienen, und schockierte ihn noch weiter, indem ich ihn fragte: »Haben Sie schon mal ein Familienmitglied gesehen, das gestorben ist?«

Er sah mich fragend an und sagte dann: »Ja, klar, meine Urgroßmutter, als ich ein kleiner Junge war.«

Ich fragte ihn, woran er sich erinnerte. »Hatte sie noch ihre ureigenen Gesichtszüge? Ihre Nase? Ohren, Hände? War sie schön angezogen? Sah sie hübsch aus?«

Er breitete die Arme aus, als wollte er fragen: »Was sind das denn für Fragen?« Doch er gab zu, dass sie im Tod fast schöner, auf jeden Fall friedlicher ausgesehen habe als im Leben.

»Sagen Sie mir, haben Sie mit ihr gesprochen?«, fragte ich weiter.

Wieder warf er mir diesen Blick zu. »Nein. Sie war ja tot, warum sollte ich mit ihr sprechen?«

Da er die Pointe meiner Frage offenbar nicht verstanden hatte, formulierte ich sie noch einmal um. »Sie sagten, sie sah schön aus. Äußerlich hatte sich also nicht viel verändert. Was also fehlte?«

Wieder dieser verwirrte Blick. Ich sagte zu ihm: »Ich kann Ihnen sagen, was fehlte. Etwas, was wir *neshama* nennen, der Geist. Dieser göttliche Funke in uns ist das Leben selbst. Es wird uns gegeben, geborgt sozusagen, und zwar von Gott. Wir müssen Ihm Dank sagen, dass er es uns gegeben hat. Es gehört ihm. Er hat es uns gegeben und kann es jederzeit wieder zurücknehmen. Deshalb beten wir, dass Er es uns so lange wie möglich lässt, bis wir alt sind. Wenn es uns weggenommen wird, sind wir nichts mehr, nur noch ein Stück Materie.«

Ich bin nicht sicher, ob ich ihn überzeugen konnte, doch ich brachte ihn gewiss zum Nachdenken. Denn auf dem Flug nach Hause sprach er meinen Enkelsohn an und berichtete ihm von seinen familiären Problemen. Seine Mutter war mit einer anderen Frau durchgebrannt, und sein Vater, der mehr als 60 Jahre alt war, lebte jetzt mit seiner 26-jährigen Sekretärin zusammen. Ihm fehlte jeder Anker im Leben.

Verständlich, dass er so verwirrt wirkte. Vielleicht war das ebenso sehr mein Fehler wie seiner. Gerade junge Männer haben große Schwierigkeiten, mit den Grundlagen des Glaubens zurechtzukommen. Ihr Weltbild ist noch nicht ausgeformt, und wenn sie das Beispiel derer betrachten, die ihnen nahestehen, fehlen darin nur allzu oft Weisheit und Gewissheit.

Ich kannte ihn nicht besonders gut, nahm mir aber die Freiheit, ihm eine Nachricht zu schicken. Er musste raus aus seiner familiären Umgebung und sich der jüdischen Gemeinschaft anvertrauen. Es war okay, nach den netten Dingen im Leben zu streben, doch jetzt war es an der Zeit, dass er ein echter Mensch wurde. Ethik, Moral und Verhaltensregeln, die im religiösen Glauben angelegt sind, würden ihm Trost und Sicherheit schenken.

Ich glaube fest daran, dass wir einen freien Willen besitzen, um unser Leben nach unseren Wünschen zu formen. Wir sollen Gutes tun, doch es liegt in unserer Macht, zu gehorchen oder auch nicht. Manche Menschen sind blind, andere haben einen klaren Blick. Ich halte mich nicht für besonders weise, doch ich glaube an die Güte. Ich vertraue bis zum Beweis des Gegenteils darauf, dass die Menschen gute Absichten verfolgen. Wir sind mit der Macht gesegnet, uns zu entscheiden.

Entscheide dich für das Leben. Entscheide dich für die Güte. Das sage ich allen, die mich fragen.

Ich habe es schon an anderer Stelle in diesem Buch gesagt: Wenn der Allmächtige mich ruft, bin ich bereit. Was werde ich zu Ihm sagen, wenn es so weit ist? Ich werde um Vergebung bitten, weil ich nicht mehr gute Werke getan habe. Ich habe versucht, mich zu bessern, sobald ich persönliche Fehler an mir entdeckte. Doch wahrscheinlich habe ich viele schlimme Dinge getan.

Ich bekenne, dass ich unfreundliche Worte zu Menschen gesprochen habe, die bereits unglücklich waren, und ihre Lage so noch verschlechtert habe. Ich habe unnötig zu ihrer Bitterkeit und ihrem Mangel an Selbstachtung beigetragen. Und ich habe auch den umgekehrten Fall erlebt: Manchmal ging ich zu jemandem und bat ihn um Rat und wurde grob behandelt. Das hat mich traurig gemacht. Und es schmerzte umso mehr, weil ich das Gefühl hatte, man habe mich abgetan als jemand, der der Aufmerksamkeit nicht würdig war.

Mein einziger Trost besteht darin, dass selbst die Gerechtesten unter uns nicht immer gut sind. Wir alle haben menschliche Fehler und Mängel, doch wir haben immer die Möglichkeit, anderen zu helfen. Ich glaube fest daran, dass wir die guten Taten, die wir in dieser Welt vollbracht haben, in die nächste Welt mitnehmen. Wenn Sie einen positiven Geist und einen wohltätigen Charakter haben, wird es Ihnen in der nächsten Welt besser gehen.

Es gibt eine Geschichte von einem erfolgreichen Geschäftsmann, der seine Kinder um sich versammelt, als er spürt, dass es ans Sterben geht. Er hinterlässt ihnen seine Fabriken, seine Häuser und andere Gebäude, doch er gibt ihnen seine millionenschwere Sammlung von Goldmünzen nicht – die will er ins nächste Leben mitnehmen.

Der Mann stirbt, kommt in die Hölle und muss brennen, leiden und schwitzen. Plötzlich sieht er einen Kiosk, wo Sprudelwasser verkauft wird. Er läuft mit seiner kostbaren Sammlung dorthin. »Gib mir Wasser«, keucht er und holt ein paar Goldmünzen heraus, um zu bezahlen.

»Was ist das?«, fragt der Engel durch das Verkaufsfenster.

»Das weißt du nicht?«, ruft der Mann aus. »Diese Münze ist eine Million Dollar wert!«

Der Engel erwidert: »Diese Währung gilt hier nicht als Zahlungsmittel.«

Der Mann ist entsetzt. »Aber welche denn dann?«, fragt er.

»Die kleinen Münzen, die du den Armen gegeben hast«, entgegnet der Engel. »Dieses Geld kannst du hier ausgeben. Doch da du in der früheren Welt niemandem etwas gegeben hast, kannst du hier auch nichts empfangen.«

Mein Rat? Seien Sie so freundlich wie möglich so zu vielen Menschen wie möglich. Wenn Sie spüren, dass Sie es mit einem Menschen zu tun haben, der ein gebrochenes Herz hat, dann gehen

Sie auf diese Person zu. Versuchen Sie, mit ihr zu sprechen, ihr nahe zu sein. Sie können nicht wissen, was die Menschen empfinden, wie sehr sie leiden. Doch Sie können der Balsam auf Wunden sein, die Sie gar nicht sehen.

Wenn ich Menschen sehe, die Böses tun, bin ich nicht wütend auf sie. Sie tun mir leid. Ich bete darum, dass sie besser verstehen, was sie tun. Sie brauchen spirituelle Heilung. Meine Prinzipien sind recht einfach: Gründet Familien und baut sie auf. Lernt von guten und schlechten Beispielen. Und vertraut auf etwas, das größer ist als ihr selbst.

Es gibt Zeiten, in denen ich mich nicht so großartig fühle, um es vorsichtig auszudrücken. Ich denke oft an das, was ich im Holocaust verloren habe. Ich denke viel an meine Mutter und meine Brüder. Ich stelle mir vor, wie sie in die Gaskammern gebracht wurden, wie sie erstickten. Meine Brüder waren noch Kinder, kleine Jungen. Wahrscheinlich klammerten sie sich Trost suchend an meine Mutter. Ich frage mich, was sie dabei empfunden hat, was sie in diesen letzten Momenten zu den beiden gesagt hat.

Einmal, nachdem ich eine ganze ruhelose Nacht mit derlei verstörenden, nicht beantwortbaren Fragen zugebracht hatte, ging ich in einen Laden, um etwas zu kaufen. Der Verkäufer war so grob und unfreundlich, dass ich angewidert wieder hinausging. Ich fühlte mich schlechter als in dem Moment, da ich das Haus verlassen hatte, weil das Unglück des Mannes auf mich abfärbte. Ich hatte eine wichtige Lektion gelernt: Denk an den anderen Menschen, wenn du jemanden siehst, der in trauriger Stimmung ist. Schau über das Offensichtliche hinaus.

Jede und jeder von uns hat eigene Probleme. Vielleicht liefen die Geschäfte nicht gut für den Ladenbesitzer. Vielleicht hatte er Geld verloren. Vielleicht war es zu Hause schwierig. Wer kann das wissen? Vielleicht waren seine Kinder krank. Ich hätte seine

Verzweiflung spüren müssen, hätte ihn einladen müssen, mit mir eine Tasse Kaffee zu trinken, wenn er mit seiner Arbeit fertig war. Wir hätten über das eine oder andere reden können. Ich hätte seine Stimmung und seine Moral heben können.

Ich bin stolz darauf, dass meine Versuche, diese Lektionen an meine Kinder weiterzugeben, einigen Erfolg hatten. Um ein Beispiel zu nennen: Mein jüngerer Sohn Tuvia war es als international angesehener Wirtschaftsstratege an der Wall Street gewohnt, mit Präsidenten, prominenten Politikern und einflussreichen Geschäftsleuten umzugehen. Sein Tag war durchgetaktet, weil so viele Menschen seinen Rat suchten. Doch er behandelte jeden, der auf ihn zukam, höflich und respektvoll. Dabei war es egal, ob es sich um einen Prominenten oder einen einfachen Menschen handelte. Egal, wie beschäftigt er war, er fertigte niemanden kurzerhand ab. Er erwies jedem die Ehre, zuzuhören, unabhängig davon, ob er davon profitieren konnte.

Er war freigebig und nutzte seinen Reichtum und Einfluss in kluger Weise. So finanzierte er dem größten Krankenhaus von Tel Aviv ein hochmodernes CT-Gerät, um seine Dankbarkeit für die Pflege seiner Mutter zu zeigen. Als die Yeshiva University in New York einen Festredner zu Chanukka brauchte, nahm der ehemalige US-Präsident George W. Bush bereitwillig die Einladung seines persönlichen Freundes Tuvia an, vor der Versammlung von fast 1000 jüdischen Studierenden und Wohltätern zu sprechen.

Menschen sind komplizierte Wesen. Das gilt auch für mich. Mein Lebensweg war von meiner Sehnsucht nach einer Familie geprägt, eine Sehnsucht, die mich nach Argentinien brachte. Ich bin gesegnet mit drei Kindern, neun Enkelkindern und 13 Urenkelinnen und Urenkeln. Warum beschloss ich also im Alter von 88 Jahren, mich zumindest räumlich von ihnen zu trennen, indem ich das tat, was wir *Aliyah* nennen – nach Israel umziehen?

Einige Jahre lang hatte ich schon darüber nachgedacht und meinen Entschluss mehrmals umgeworfen. Nach dem Tod meiner Frau, seligen Angedenkens, fühlte ich mich emotional leer, obwohl ich so viele Freunde hatte. Mit Stolz nahm ich 1969 die kanadische Staatsbürgerschaft an. Montreal war ein tröstlicher, vertrauter Ort. Ich mochte die Atmosphäre in der Stadt, mir fehlte es dort an nichts. Meine Kinder flehten mich an, nicht wegzugehen. Doch der Sog meines jüdischen Heimatlandes erwies sich als unwiderstehlich.

Meine Emigration nach Israel wurde tatkräftig von *Nefesh B'Nefesh* unterstützt, einer ehrenamtlichen Organisation, die auch unter dem Namen »Jewish Souls United« bekannt ist und seit dem Jahr 2002 mehr als 60 000 *Olim* – der Sammelname für diejenigen, die übersiedeln – geholfen hat. Gemeinsam mit der Jewish Agency begleiteten sie mich durch die gesamte Logistik dieses Prozesses und auch während der unvermeidlichen Anpassungsphase.

Ich verkaufte mein Haus in Kanada und den größten Teil meines Besitzes. Was mir besonders lieb und teuer war, schickte ich voraus, bevor ich am 21. Juli 2014 mit einem El-Al-Flug vom JFK Airport in New York zum Ben Gurion Airport in Tel Aviv reiste. Kurz zuvor hatte es noch eine Abschiedsparty zu meinen Ehren gegeben, und da es sich um meinen achtundachtzigsten Geburtstag handelte, bekam ich ein Upgrade auf First Class geschenkt. Ich war der älteste Oleh, der jüngste war erst drei Monate alt.

Es gab eine Menge Medieninteresse. Eine vierköpfige Crew des israelischen Fernsehens begleitete mich eine Woche lang. Die Produzentin hatte mich überzeugt, meine Geschichte öffentlich zu machen, weil sie fand, es würde ein interessantes Licht auf unsere Nation werfen, und als es so weit war, nutzten die Fernsehleute ihren Einfluss, um bei den israelischen Streitkräften einen kurzen Urlaub meines Enkels Noam zu erwirken, sodass er mich begrüßen konnte.

Es fällt mir schwer, meine Gefühle in dem Moment in Worte zu fassen, als wir uns umarmten. Freude mischte sich mit Stolz und etwas Unfassbarem. Vielleicht war es das Gefühl, ein Kreis habe sich geschlossen. Eine ganze Reihe meiner Enkelkinder haben in Israel studiert, aber Ziggys Sohn Noam, der sich bis zum IDF-Kommandanten hocharbeitete, bevor er seinen Abschluss in Betriebswirtschaft machte, war der Erste aus der nächsten Generation, der sich zur *Aliyah* entschloss.

Ich war in einer besseren Lage als die meisten anderen, da ich bereits eine Wohnung in einem Bauprojekt besaß, das ich mitfinanziert hatte. Zu dieser Zeit hatte ich einiges Geld in eine US-Firma gesteckt, die Bauvorhaben in ganz Israel durchführte, dann aber infolge der Abwertung des Shekel pleiteging. Die Wohnung hatte einige Zeit leer gestanden, also nutzte ich die Gelegenheit, sie renovieren zu lassen und dann einzuziehen.

Ich fühlte mich sofort zu Hause in dieser eng verbundenen, im Wesentlichen orthodoxen Umgebung. Das einfache Leben sagte mir zu. Jeden Morgen ging ich in die Synagoge, die sich im gleichen Haus befand, und versenkte mich ins Studium von Thora und Talmud. Es erstaunte mich, wie viele Menschen mich erkannten, wenn ich meinen täglichen Spaziergang in einem nahe gelegenen Park machte. Sie waren ungemein freundlich zu mir.

Es heißt, der soziale Status der Überlebenden habe sich nach dem Prozess gegen Adolf Eichmann und seiner Hinrichtung enorm verbessert. Eichmann wurde am 11. Mai 1960 in einer spektakulären Aktion in einem Vorort von Buenos Aires verhaftet und neun Tage später heimlich nach Israel ausgeflogen. Bis heute erstaunt mich der Gedanke, dass Eichmann seinen Tee mit einem anderen Nazi-Ungeheuer, Josef Mengele, einzunehmen pflegte, und zwar in einem Stadtviertel der argentinischen Hauptstadt, das an das meine angrenzte.

So nah und doch so fern …

Im Rückblick denke ich, dass es vielleicht ein Fehler war, vor meiner Vergangenheit wegzulaufen. Ich habe viel Zeit gebraucht, bis ich den Wert meiner eigenen Geschichte erkannte. Ich hatte einen großen Plan, als ich heiratete. Ich arbeitete hart, um meinen Kindern die bestmögliche jüdische Erziehung zuteilwerden zu lassen, aber ich wollte ihnen das Gefühl ersparen, man müsse leiden, um ein richtiger Jude zu sein.

Wenn wir beieinandersaßen, redete ich mit ihnen über alles Mögliche, nur nicht über den Holocaust. Ich genoss ihre Gegenwart, behandelte sie als meine Freunde. Ich bin stolz auf ihre Werte und ihre Lebensentscheidungen. Sie haben diese Werte auch an ihre eigenen Kinder weitergegeben. Sie rufen mich jeden Tag an, damit ich mich nicht einsam fühle, auch wenn ich jetzt ganz allein in Jerusalem lebe.

Ziggy, mein ältester Sohn, wurde Rabbi und Arzt. Er geht mit wissenschaftlichem Interesse an die heiligen Schriften heran und wird oft um eine Auslegung gebeten. In seiner Ausbildung hat er sich auf Kinderpsychologie spezialisiert und in einem Krankenhaus, später auch in einer privaten Praxis gearbeitet, bevor er den medizinischen Beruf plötzlich aufgab. Als ich ihn nach dem Grund fragte, gab er mir die aufschlussreiche Antwort: »Ich kann das Leid meiner Patienten nicht mehr ertragen. Ich kann mit ihren Qualen nicht mehr leben. Es geht einfach nicht mehr.«

Er ist wirtschaftlich nicht so erfolgreich wie ich, doch er ist ein großartiger Redner und ein Genie mit seinen Händen. Er kann alles reparieren, vom Auto bis zum Computer. Er ist glücklich, ein wunderbarer Vater und Großvater. Seine Frau Rivi hat einen Abschluss in Literaturwissenschaft und entwickelt Prüfungsaufgaben für Universitäten. Sie hat Onlinekurse in Englisch für chinesische Studierende gehalten, bis das dortige Bildungssystem mit dem Rest der Welt gleichgezogen hatte.

Meine Tochter Sheila ist ein Schatz, genau wie ihre Mutter.

Dreißig Jahre lang hat sie in einer großen Schule in Cedarwood, New York, unterrichtet. Das Ziel dieser Schule, der Hebrew Academy of Long Beach (HALB), besteht darin, »mitfühlende, stolze Juden hervorzubringen, die sich den Anforderungen moralischer, bürgerschaftlicher und gemeinschaftlicher Verantwortung gewachsen fühlen«. In letzter Zeit spricht sie von Ruhestand, doch warum sollte man mit etwas aufhören, was man so offensichtlich genießt?

Man muss geistig rege bleiben. Ich bin tatsächlich 2007 in den Ruhestand gegangen und habe nur noch gelegentlich etwas nebenbei gemacht, wenn man mich darum bat. Geld spielte für mich keine große Rolle mehr, weil meine Kinder gut für ihren Lebensunterhalt sorgen konnten und ich genug besaß, um hier und da Geschenke zu machen. Doch es ist schwer, vollständig aufzuhören, und so halte ich noch ein paar kleine Beteiligungen in New York. Hier und da kommt ein bisschen Geld von dort, das meine Opferrente aufbessert. Sie beträgt stolze 23 Euro pro Monat!

Auch auf die Gefahr hin, mich zu wiederholen: Familien sind von unschätzbarem Wert. Sie besitzen eine Fülle und Tiefe, die große Freude und großen Kummer mit sich bringen können. Daniel Pearl, der Wall-Street-Journalist, der 2002 von Terroristen in Pakistan entführt und enthauptet wurde, war ein Urenkel von Chaim, dem Onkel meiner Frau. Er wurde ermordet, weil er Jude war. Ich kann mich noch gut an den lebhaften kleinen Jungen erinnern, der er einmal war. Sein Name und seine Werte leben in einer Stiftung weiter, die seine Eltern Judea und Ruth gegründet haben.

Vier Generationen meiner Familie versammelten sich 2016 zu meinem neunzigsten Geburtstag in Israel. Ich erfreue mich sehr an dem Familienfoto von diesem Tag und verwöhne die Kinder immer noch gern mit Eiscreme, zum Entsetzen ihrer Eltern. Einer meiner Enkel hat es gut auf den Punkt gebracht: »Saba«, sagte er, das jüdische Wort für Opa, »wenn du es nicht geschafft hättest, wäre keiner von uns hier.«

Doch es schmerzt mich auch, dieses Foto anzusehen. Denn da, gleich hinter mir, den Arm um die Schulter seines Bruders gelegt, steht Tuvia mit seinem schönen, sanften Lächeln. Ich kann immer noch nicht recht glauben, dass er am 1. Oktober 2021 starb, einen Monat, nachdem er von einem Auto angefahren wurde, als er die Straße in Hewlett auf Long Island, New York, überquerte. Es war am frühen Abend, und er war gerade auf dem Weg zur Synagoge.

Nach Auskunft der Polizei war sein Zustand zunächst recht stabil, als er im Krankenhaus lag. Doch der Aufprall war so stark gewesen, dass die silberne Fünf-Złoty-Münze, die er an einer Kette um den Hals trug, in einem Vorgarten gefunden wurde. Es war jene Münze, die ein chinesischer Mithäftling in Melk mir aus Dankbarkeit umgearbeitet hatte, nachdem ich für ihn ein Stück Brot aus der Villa von Julius Ludolf geschmuggelt hatte.

Tuvia war 60 Jahre alt und hatte 33 Jahre als leitender Anlagestratege für die Citigroup Inc. US gearbeitet. Er galt als Wall-Street-Ikone und als *Ish Anak* (starker Mann). Bei seiner Beerdigung sagte sein Sohn Arel, sein Vater sei ein Beispiel für eine Parabel aus dem Talmud gewesen, in der es heißt: »Eizehu Chacham? Ha'Ro'eh Et HaNolad.« Frei übersetzt: »Wer ist ein weiser Mann? Ein Mensch, der die Fähigkeit besitzt, das Ergebnis jeder Bemühung vorherzusehen.«

Was für ein Sohn. Er war weltberühmt und ein Schatz seines Vaters, solange er lebte. Ein vielbeschäftigter Mann. »Daddy, ich muss laufen, ich habe nur zwei Minuten zwischen zwei Meetings. Wollte nur schnell Hallo sagen, wie geht es dir?« So viel Verantwortung! Er war sehr gebildet und sehr freigebig. Wenn man ein

Kind verliert, verändert sich die ganze Welt. Kinder sollten ihre Eltern beerdigen.

Eine Woche saß ich Schiwa, ohne mich zu waschen oder zu rasieren, wie es die Tradition verlangt. Hunderte Menschen kamen zu Besuch. Weise, prominente Rabbis, sogar der New Yorker Bürgermeister, der Tuvia kannte und mir sagte, er wolle auch mir als einem Holocaust-Überlebenden seinen Respekt erweisen. Die Menschen brachten so viel zu essen mit, dass die Küche voll war. Wir verteilten es in der Nachbarschaft.

Meine Tochter Sheila bat mich, bei der Familie in New York die Totenwache zu halten, doch als ich erklärte, ich wolle lieber in Israel bleiben, kam sie herüber, um bei mir zu sein. Sie kam in Begleitung von Freundinnen, wunderbare Frauen, die kochten und putzten, während sie mich tröstete. Unsere Rituale reichen ja bis in biblische Zeiten zurück. Wir sprachen über unseren Verlust, ehrten das Gedächtnis unserer Lieben und setzten uns mit unserer Trauer auseinander.

Erst einige Zeit später begriff ich, welchen Einfluss mein Sohn auf die Menschen gehabt hatte, denen er begegnete. Viele lobten seinen Geist, sein Mitgefühl und seine Menschlichkeit. Sie beschrieben ihn als »bescheidenen Mann mit großem internationalem Ruf und vielen Auszeichnungen. Besonders berührt war ich von den Gedanken seines engen Freundes Doug Kass.

»Tuvia war ein besonderer Mann«, schrieb er. »Freundlich, bescheiden und von ruhigem Temperament. Er hatte einen ausgeprägten Gerechtigkeitssinn, suchte immer das Gute im Menschen – und Menschen wie ich suchten seinen Rat. Er arbeitete voller Hingabe und entwickelte eine persönliche Verbindung mit seinen Freunden, seinen Kollegen bei Citigroup, seinen Kunden und vielen außerhalb der Welt des Investmentbanking. Er liebte seine Familie und seine Gemeinschaft. Er war gerecht, wohltätig und tiefreligiös. Er freundete sich mit allen an, den Erfolgreichen und den Erfolglosen – das spielte keine Rolle –, und knüpfte Tausende von guten persönlichen Verbindungen innerhalb und außerhalb der Welt des Investmentbanking. Er wusste, dass wir nicht für uns selbst auf dieser Welt sind, sondern für andere. Für mich war das Zusammensein mit Tuvia eine große Freude.«

Vor seinem Tod hatte er eine besondere Ausgabe der heiligen Schriften finanziert. In der Widmung heißt es: »In liebevoller Erinnerung an unsere Eltern, Großeltern und Urgroßeltern, die uns die Werte der Thora eingeimpft haben.« Das ist unsere Aufgabe, nicht wahr? Die Flamme lebendig zu erhalten.

Die Wall Street kannte ihn unter dem Namen Tobias. Für seine Familie, seine Freunde und die jüdische Gemeinschaft war er Tuvia. Auf Hebräisch bedeutet dieser Name: »Gott ist gut.« Manchmal fällt es schwer, das anzunehmen, aber ich muss daran glauben, dass es wahr ist. Was wäre ein Mensch ohne seinen Glauben?

KAPITEL 18

ÜBERLEBENDER

Mein Urgroßvater erzählte von einem Mann namens Shimon Yaroslavova, der aus einer uralten Stadt nördlich von Moskau kam. Er war ein frommer Mann, der in seinem ganzen Leben mit keinem einzigen guten Tag belohnt worden war. Er war bettlägerig, seine Kinder waren gestorben, er besaß keinen Pfennig. Und doch war er zufrieden und hatte ein hohes Alter erreicht – 100 Jahre alt war er geworden.

Einer der gefeierten Weisen seiner Generation hörte von ihm und beschloss, sein Geheimnis zu erforschen. Er wusste, er musste sich beeilen, denn in jenen Tagen galt man schon mit 50 Jahren als alt. Über seine Anhänger schickte er ihm Botschaften, doch es dauerte Monate, bis diese ihn erreichten. Diese Zeit jedoch nutzte er in kluger Weise und kaufte eine Balogola, einen Pferdewagen.

Die Reise des Rabbis war lang und mühsam, doch sie lohnte sich. Shimon begrüßte ihn gnädig, wenn auch ein wenig vorsichtig. Er dankte dem Besucher für sein Interesse und erklärte sich bereit, seine Fragen zu beantworten, doch er brauchte lange, bis er sich zu einer Antwort auf die erste dieser Fragen durchrang, die Frage nach den Gründen für seine Langlebigkeit. Schließlich sagte er: »Ich habe keine Fragen.«

Der Weise war verwirrt, und nach einer Pause, um seine Gedanken zu sammeln, fragte er, wie der alte Mann es geschafft habe, mit seinem Los so glücklich zu sein, trotz all der Tragödien und Fehlschläge. Wieder brauchte Shimon lange, dann sagte er: »Ich habe keine Fragen.«

Der verwirrte Besucher rief aus: »Keine Fragen? Wie kann das sein nach allem, was dir widerfahren ist?«

Shimon bewegte sich ein wenig in seinem Bett und räusperte sich, dann sprach er den Rabbi direkt an. »In dieser Welt habe ich keine Fragen«, sagte er so langsam, als wolle er jedes Wort abmessen. »Du wünschst dir Antworten? Dann komm hinauf, komm hinauf in die andere Welt, in den Himmel. Dort oben gibt es keine Fragen, nur Antworten in leuchtenden Buchstaben.«

Ich habe Millionen von Fragen. Warum hat Gott es zugelassen, dass das jüdische Volk eine solche Katastrophe erleben musste? Was hat Er sich dabei gedacht, als er zuließ, dass Unschuldige dahingemetzelt wurden? Hätten wir mehr tun müssen, um uns zu wehren? Dies sind zutiefst persönliche, extrem verstörende Fragen, doch ich verstehe, worauf Shimon hinauswollte.

Es gibt so vieles, worüber man redet, ohne wirklich etwas zu sagen. Ich will nicht bei den Fragen verweilen, die sich aus dem ergeben, was mir widerfahren ist, weil ich weiß, ich werde erst dann Antworten finden, wenn ich an einen anderen Ort komme. Gott hat mir die Gelassenheit geschenkt, das zu akzeptieren, und die Kraft, meine Erfahrungen mit anderen zu teilen. Wenn Menschen zu mir sagen, ich sei alt, erwidere ich, dass ich nur älter bin als die meisten anderen. Wer akzeptiert, dass er alt ist, gibt sich auf.

Ich glaube, wir durchlaufen drei Lebensabschnitte. Der erste ist im Leib unserer Mutter, wo wir nach Auskunft der heiligen Schriften das Wissen über die Thora aufsaugen. Wir leben und essen dort. Es ist ein Wohnort. Der zweite Abschnitt ist der von der Geburt über unsere Kindheit, das Erwachsensein und das Alter bis zum Tod. Und der dritte ist die Ewigkeit.

Nach irdischen Maßstäben dünnt meine Generation aus. Auch Überlebende des Holocaust unterliegen den Beschränkungen menschlicher Lebenszeit. Irgendwo habe ich kürzlich gelesen, dass noch etwa 300 von uns, die die Vertreibung und die Konzentrationslager überlebt haben, in Israel leben. Ich persönlich kenne nur noch einen polnischen Juden mit diesem Hintergrund, der in unserem Heimatland lebt: einen Mann, der ein paar Jahre jünger ist als ich und in Tel Aviv wohnt.

Wenn ich andere Überlebende treffe, versuche ich, mit ihnen über alles Mögliche andere zu sprechen als über unsere gemeinsamen Erfahrungen. Wir haben ein tiefes Verständnis für Furcht und Barbarei, Leiden und Opfer, also lohnt es sich nicht wirklich, über unseren Erinnerungen zu brüten. Lieber frage ich sie, wie viele Kinder sie haben oder ob sie mit Enkelkindern gesegnet sind.

Ich versuche, mit ihnen über ihr Arbeitsleben nach dem Krieg zu sprechen, über die Freundschaften, die sie geschlossen haben, und die Orte, die sie besucht haben. Unvermeidlich in unserem Alter, sprechen wir auch über die Gesundheit. Wir alle haben unsere Schmerzen und Zipperlein. Viele von uns haben ihren Ehepartner verloren. Wir erinnern uns an sie, erzählen von dem Glück, das wir mit unseren Seelengefährten erfahren haben. Auf diese Weise feiern wir die kleinen Wunder in unserem Leben. Wir alle haben Unglaubliches überwunden, um es bis hierher zu schaffen.

Ich glaube, auf meine eigene Weise habe ich mich an den Nazis gerächt. Nicht auf eine bösartige, vergeltungssüchtige Weise, sondern auf eine beruhigend menschliche Art. Meine Rache ist die Freude, wenn sich eine große Familie versammelt, wenn wir zusammen eine Hochzeit feiern, wenn meine Enkelkinder lachen. Die sogenannte Endlösung sollte dafür sorgen, dass solche Familien nicht mehr existieren. Die Nazis stellten den Hass über die Liebe. Ungeheuer wie Amon Göth jagten kleinen Kindern eine Kugel in den Kopf, ohne lange darüber nachzudenken.

Oft werde ich gefragt, was mich aufrecht hält. Solange mir Gott die Zeit und die Kraft dafür gibt, werde ich meine Mission fortsetzen. Meine letzte Aufgabe im Leben besteht darin, weiterhin zu reden, zu erzählen, zu unterrichten. Ich bitte Sie, sich zu erinnern, mit anderen darüber zu reden und jedem entgegenzutreten, der die Wahrheit der eiskalt organisierten Vernichtung meines Volkes anzweifelt.

Mit Leidenschaft unterrichte ich junge Menschen. Sie geben mir Kraft mit ihren Idealen und ihrem Eifer, ein besseres Leben zu erlangen. Natürlich gibt es Momente, in denen ich hundemüde bin. Wenn ich zu Hause bin, sitze ich oft auf meinem Sofa und schmiege mich in ein spezielles Polster, das meinen unteren Rücken stützt. Ich ziehe die Schuhe aus, schließe die Augen für zehn oder 15 Minuten, und danach fühle ich mich erfrischt.

Wenn ich junge Menschen unterrichte, kann ich mich nicht so leicht ausruhen, doch es lohnt sich ungeheuer. Eine Gruppe kam zu mir und fragte, ob mir das Lied gefallen habe, das sie gesungen hatten. Ehrlich gesagt, hatte ich nur mit halbem Ohr zugehört, doch ich sagte: »Ja sicher, das war sehr hübsch.« Offenbar überzeugte sie das nicht, denn sie fragten: »Haben Sie auf den Text geachtet?«

Nein, ich musste zugeben, das hatte ich nicht, jedenfalls nur teilweise. Sie lachten und sangen das Lied noch einmal, wobei sie gemeinsam in die Hände klatschten und sich hin und her bewegten. Erst da wurde mir klar, dass sie von mir sangen: »Rab Josef, du hast wirklich mein Leben verändert, du hast *mamish* (hebräisch für ›sicher‹) mein Leben verändert.« Zu viel der Ehre. Ich hatte sie doch nur an ihr Erbe erinnert.

Am Yisrael Chai. Das Volk Israel lebt.

Kürzlich sprach ich mit einer anderen Gruppe von etwa 100 Studierenden, die in Polen gewesen waren und meinen Lebensweg während dieses Besuchs an verschiedenen Stationen nachvollzogen hatten. Sie hatten die Orte meiner Kindheit in Krakau gesehen und den Opfern der Lager ihren Respekt erwiesen. Wie ich, empfanden sie Belzec als einen verstörenden Ort. Sie berichteten mir, dass sie dort einen Gedenkgottesdienst für meine Familie abgehalten hatten.

Als sie sich in großer Zahl um mich scharten, nachdem ich so viele Fragen wie möglich beantwortet hatte, und mich um einen Segen oder ein Foto baten, stellte ich fest, dass sie alle Armbänder in verschiedenen Farben trugen. Jedes dieser Armbänder trug einen Namen – den meiner Mutter oder eines meiner Brüder. Es war ein einzigartiger Moment, der mich zu Tränen rührte.

Ich treffe viele junge Menschen, die verloren scheinen. Sie wissen nichts über unsere Geschichte, sie sind verdorben von einer Welt voller Reichtum und Verschwendung. Sie gehen niemals hungrig zu Bett. Es ist zu einfach, nur das zu sehen, was man besitzt, ohne zu schätzen, was man verloren hat.

Doch noch ist nicht alles verloren, es gibt Anlass zur Hoffnung. In dem Moment, von dem ich gerade erzählte, fühlte ich eine Welle von Zufriedenheit und neuer Hingabe. Wie könnte ich damit aufhören zu erzählen, wenn die, die die Zukunft formen werden, sich die Zeit nehmen, das Leben und die Geschichte von Menschen wie mir zu schätzen? Ich muss weitermachen, einfach weil es wichtig ist.

Das alles ist viel größer als ich, obwohl die Bücher mit Botschaften von Schülerinnen und Schülern, von Studierenden, die ich getroffen habe, sehr schmeichelhaft sind. Immer wieder scheint dabei ein Thema auf: »Deine Kraft ist ein Licht für unser Volk … Danke, dass du mir eine Flamme gezeigt hast, die selbst in den dunkelsten Zeiten brennen kann … Dein Licht hat alle

Finsternis und Zerstörung durchdrungen und ein hohes Maß an jüdischem Stolz hervorgerufen … du bist so voller Licht und positiver Energie …«

Das Licht des Lebens. Ich komme immer wieder auf dieses Bild zurück.

In unserer modernen Welt kann dieses Licht so leicht und ohne wirklichen Grund ausgelöscht werden. Ich bin ganz verzweifelt, wenn ich von den steigenden Selbstmordraten bei jungen Menschen lese. Jeder dieser Todesfälle ist eine schreckliche Tragödie, ein unbegreiflicher Verlust. Es scheint, als wären einige schlicht gelangweilt vom Leben. Ihre Existenz ist von einer großen Leere geprägt. Es scheint in Mode gekommen zu sein, an nichts und niemanden zu glauben. Das innere Sein wird nicht mehr genährt.

Was würde ich, ein Mann von jetzt 96 Jahren, einem Sechzehnjährigen sagen, der die ganze Zukunft noch vor sich hat?

In diesem Alter war ich im Lager und in wirklichen Schwierigkeiten. Ich würde ihm das sagen, was ich damals auch mir gesagt habe: Sei stark. Gib nicht auf. Halte dich ans Leben. Der Lebenswille ist so wichtig. Wenn du aufgibst, bist du verloren. Halte am Leben fest. Vertraue darauf, dass alles gut wird. Brich nicht zusammen, stürze nicht. Tu, was auch immer nötig ist – schmeicheln, überreden, notfalls betrügen –, um noch ein Stück Brot zu bekommen.

Kämpfe um alles. Wenn du ins Geschäftsleben gehst, tu alles, um im Wettstreit zu bestehen. Wenn du das Glück hast, den richtigen Partner oder die richtige Partnerin zu finden und eine Familie zu gründen, musst du sie ab und zu verlassen. Ich musste reisen, um die Waren zu beschaffen, die ich verkaufen wollte. Ich ließ meine Lieben ungern zurück, doch auf diese Weise vermied ich Zwischenhändler. Denke daran, wenn du deinem Konkurrenten eine Nasenlänge voraus bist, hast du schon gewonnen.

Kämpfe mit aller Kraft, aber tu Gutes, wann und wo immer es möglich ist. Es wird sich lohnen. Wohltätigkeit ist eine Medizin. Freundlichkeit heilt. Wenn dein Feind hungrig ist, gib ihm ein Stück Brot. Wenn er durstig ist, gib ihm einen Schluck Wasser. Wenn du deinem Feind hilfst, wird er zum Freund. Wir können nicht allein leben. Wir müssen andere verstehen und sensibel für ihre Bedürfnisse und Motivationen sein. Vor allem aber, um kurz ins Hebräische zu fallen, würde ich sagen: *Chazak v'ematz* – sei stark und mutig.

Reden ist billig – außer, man spricht mit oder durch einen Anwalt. Aber es kommt sehr auf das Publikum an. Anlässlich des Gedenktages für die Märtyrer und Helden im April 2022 bekam ich die Einladung, vor mehr als 100 Würdenträgern zu sprechen, darunter 35 Botschaftern. Eine passende Gelegenheit, an einem ernsten, symbolträchtigen Tag den Mächtigen die Wahrheit zu sagen.

In Israel heulten die Sirenen, und die Nation hielt zu Ehren der sechs Millionen Juden inne, die im Holocaust ermordet worden sind. Fußgänger blieben wie angewurzelt stehen, Autofahrer hielten an, stiegen aus ihren Fahrzeugen und gesellten sich zu den anderen, die an den Straßen standen, die Köpfe im stillen Gebet gesenkt. In unserer internationalen Gedenkstätte Yad Vashem und im Parlament fanden Feierstunden statt.

Es war nicht meine Absicht, respektlos zu sein, doch ich hatte keine Rede vorbereitet. Ich sprach ohne Manuskript, einfach aus meinem Herzen heraus. Zunächst berichtete ich den VIPs von meiner früheren Hoffnung, dass die Welt eine schreckliche Lektion gelernt habe. Ich betonte das Offensichtliche: dass der Holocaust sich nicht wiederholen dürfe. Doch dann blickte ich auf mein Leben zurück und sprach von meiner größten Enttäuschung: dass sich mein ursprünglicher Optimismus nicht bewahrheitet hatte.

Wieder einmal herrschte Krieg, diesmal in der Ukraine, so nah an der Region, in der ich aufgewachsen bin. Die Russen töteten aus reiner nationaler Selbstverherrlichung und wegen der niederträchtigen politischen Ambitionen eines Despoten. Und ganz in unserer Nähe wurde Kindern vom Iran bis nach Palästina beigebracht, die Juden müssten vom Angesicht der Erde verschwinden. Hitler hätte da sicher zugestimmt.

Wir alle hatten die mörderischen Folgen ethnischer Säuberungen gesehen, sei es in Ruanda, Biafra oder im ehemaligen Jugoslawien. Eine ganze Generation war in Kambodscha im Dienst einer irrsinnigen politischen Ideologie dahingemetzelt worden. Afghanistan lag immer noch im Todeskampf. Gott hat eine schöne Welt erschaffen, die von menschlicher Schwäche in Gefahr gebracht wird.

Der Antisemitismus ist eine wachsende Bedrohung. Eine subtile Form von Verleugnung des Holocaust macht sich auf den höchsten Ebenen mancher Regierungen breit. Neonazi-Organisationen werden immer dreister. Ich sprach meine Zuhörerinnen und Zuhörer direkt an und sagte ihnen, es liege in ihrer Verantwortung, ihren Einfluss klug zu nutzen. Sie alle hätten die Verpflichtung, niemals zu vergeben oder zu vergessen.

Ich überzog die mir zugestandene Redezeit um etwa 20 Minuten und fragte mich, wie sie reagieren würden. Als ich meine Rede beendet hatte, schlug eine Welle von Applaus über mir zusammen. Die stehenden Ovationen gingen weiter, als ich zur Seite der Bühne ging, um ein Glas Wasser zu trinken. Sie dauerten geschlagene fünf Minuten. Dann kamen die Zuhörerinnen und Zuhörer nach vorn und auf mich zu.

Der französische Botschafter war der Erste, der mich erreichte. Er lobte die Ehrlichkeit meiner Rede, und ich gratulierte ihm ebenfalls, weil sein Chef, Präsident Emmanuel Macron, bei den Präsidentschaftswahlen soeben seine rechtsextreme Gegenkandidatin Marine Le Pen geschlagen hatte. Der spanische Botschafter berichtete mir stolz von der Initiative, Juden mit spanischer Herkunft die Staatsbürgerschaft anzubieten.

Ich schätzte den Ernst des deutschen Botschafters, der mich umarmte und sagte: »Ich dachte, ich müsste einfach kommen. Ich muss Sie um Verzeihung bitten für das Leid, das meine Vorfahren Ihnen persönlich zugefügt haben.« Er war ein guter Mann in einer sicher schwierigen Situation. Gern hätte ich auch mit dem polnischen Botschafter gesprochen, aber er kam nicht auf mich zu.

Insgesamt jedoch verschwamm der Rest des Abends in Umarmungen, Küssen, guten Wünschen und besten Absichten. Mag sein, dass sich die Leute ans diplomatische Protokoll hielten, doch es war mir eine Ehre, dass so viele wichtige Persönlichkeiten meine Botschaft gehört hatten. Ich hoffte, dass ich alle Überlebenden mit Würde und ein wenig Trotz vertreten hatte.

Wie so oft in solchen Situationen war ich zu beschäftigt mit Reden, als dass ich ans Essen gedacht hätte. Eine nette Frau bemerkte das und flüsterte mir zu, sie würde einen Teller für mich zusammenstellen. So konnte ich eine hübsche Mischung aus Canapés, Keksen und Kuchen mit nach Hause nehmen. Solche kleinen Gesten menschlicher Güte lassen mich glauben, dass noch nicht alles verloren ist.

Ich hoffe, dass ich noch viele Jahre hier sein werde. Doch wenn man eines Tages nach meinem Tod meiner gedenken sollte, würde ich mir wünschen, dass man mich als bescheidenen, bodenständigen Menschen in Erinnerung behält, nicht als irgendetwas Besonderes. Wie ich schon zu Beginn des Buchs sagte: Ich bin kein Held. Ich bin ein ganz normaler Mann, der durch eine Reihe von Wundern überlebt hat.

Ich habe versucht, mich um andere zu kümmern. Wenn ich ein Stück Brot hatte, das für zwei Menschen nicht reichte, habe ich es trotzdem geteilt. Ich fürchte immer, wenn ich so etwas sage, lenke ich zu viel Aufmerksamkeit auf mich. Ich bin kein Egoist. Ich versuche, nicht zu prahlen und die Sünde des Stolzes zu vermeiden. Ich achte auf den Satz aus der Thora, dass Gott die Hochmütigen auf den Boden zurückholt. Ich habe nur getan, was ich tun musste.

Das Leben ist kostbar, ein Privileg. Unser Gedenken sollte uns nicht davon abhalten, die kleinen Freuden des Alltags zu genießen. Eine dieser Freuden, zumindest für mich, ist ein Schluck Scotch Whisky. Ich danke Ihnen, dass Sie sich für meine Geschichte interessiert haben, und wünsche Ihnen und den künftigen Generationen nur das Beste. Es wäre mir eine Ehre, wenn Sie mit mir in einen Trinkspruch einstimmen würden:

L'Chaim. Auf das Leben.